JN098261

グラフィック経営学ライブラリ ❶

グラフィック
経営学入門

上田隆穂・榊原健郎 編著
佐々木　聡・深見嘉明・中野　勉・西原彰宏
井上真里・工藤秀雄・河合亜矢子・伊藤匡美
西村孝史・大塚成男・落合孝彦・境　睦・森　治憲 著

新世社

ライブラリ編者のことば

社会においては，自治体，企業，その他の組織体が中心となって動いており，多くの人々がこれらに関わり，その生活は成り立っている。これらの組織体の運営を効率的・効果的に行うための考え方・原理を究明する学問が経営学であり，いわゆる社会科学の一分野となる。経営学の主な対象は企業だが，それと関わる人々も対象となっている。最近では経済学も行動経済学など類似領域が登場して来ているが，経営学の方が扱う範囲に多様性があり，かつ実践的だと言えよう。

経営学のより具体的な内容としては，企業などが事業の継続に必要な，人，モノ，カネ，情報などの経営資源をうまく配分し，製品やサービスなどを生み出し，それを市場において対価と交換して，再び経営資源に変えることにより，永続しようとするための考え方が中心である。

なぜ経営学を学ぶかというと，混沌とした状態を解明し，その構造を明らかにし，どう対応すれば良いかの方針を指し示してくれることが多いからだ。卑近な例えでは，料理をするにしてもどうすれば美味しくなるかには一定の知識が必要である。つまり，過去の料理の歴史やどのように料理を作れば美味しくなるかの理論がいる。そして料理を食べる人々の好みを知る必要がある。費用がいくらかかるかを整理する必要もあるなどだ。そしてこれらをうまく組み合わせることにより，食べる人の喜ぶ美味しい料理を，想定内のコストや時間で作り出すことができる。料理と同様に経営にも多様な領域がある。企業などを対象として，これらの領域をミックスして組織体を管理・運営するものだ。何も知らずに管理・運営に関わっていくことは可能だが難しい。経営学の基本を学べば正しい判断を時間効率よく行える可能性が高まっていくのである。

この「グラフィック経営学ライブラリ」の特徴は，わかりやすく，楽しく学べるが統一的な視点となっている。見開きページの左側に解説があり，右側に図，表が来ていて，直観的な理解を促進してくれる。解説を読み，理解する左脳と図表で直観的に把握する右脳，両方のサポートで理解を促す。ただし図表を多用し，理解しやすいテキストを書くのは執筆者にとって実は大変なのである。読者対象となる学生やビジネスマンなどの方々は，各執筆者と編者の努力の結実をしっかり楽しみ，かつ学んで頂ければ幸いである。

上田　隆穂

はじめに

本書は，本書を除く『グラフィック経営学ライブラリ』の13巻（経営組織論，経営戦略論，マーケティング，ヒューマン・リソース・マネジメント，経営史，会計学，経営財務，経営統計，経営情報システム，グローバル・ビジネス，流通論，アントレプレナーシップ論，イノベーション・マネジメント）の先頭に立つ巻となる，「経営学入門」という位置づけの教科書であり，

経営学を学ぶ必要性，経営学の全体像・基本部分・学び方

を中心に解説している。

本書の対象読者は，経営学を初めて学ぶ大学生のみならず，就職して間もなく経営というものがよくつかめない経営学未修の社会人，また，改めてこれから経営学を学び直そうとする社会人，さらには受験する学部を検討中の高校生まで，幅広く想定している。

●経営と経営学との違い

「経営」というと企業のみならず，全ての組織全般の運営について当てはまるが，本書では企業に限定している。序章において具体的に詳しく書かれているが，「企業経営」とは簡単にいうと「日々移り変わる外部環境に対して，人，モノ，カネ，情報を巧みに組み合わせ，論理と直感の合わせ技で適応していく複雑な営み全体」（青島（2022））のことである[1]。

ここに「学」がつくとどう変わるのか。伊丹・加護野（2022）では，直接，経営学を定義したものではないが，「1.経営現象の理解のための枠組み，概念，理論の提供，2.有効な経営行動の提示と，それがなぜ有効かの論理の提供」と述べられている[2]。

また前出の青島（2022）では「企業経営が直面する課題や疑問を原理に立ち返って理解し，汎用性の高い解答を導き出す力」を提供するものと書かれており，さらに「企業にかかわる現象の「なぜ」を解明する学問」であり，「一定の学術的ハードルを越えると「理論」と認められる」と説明されている[3]。

これは，本書の扉裏にある「ライブラリ編者のことば」において述べられた，経営学を学ぶ意義を料理に例えた説明に近い。経営には多様な領域があり，

様々な領域をミックスして組織体を管理・運営する必要があるが，経営学の基本を学べば正しい判断を時間効率よく行える可能性が高まっていく。経営学は混沌とした状態を解明し，その構造を明らかにし，どう対応すればよいかの方針を指し示してくれるのである。

本書は，このような経営学を読者の方々に関心を持って学んでいただくために編まれたものである。

●本書のコンセプト

経営学の入門書を編集するにあたって，既刊の経営学入門書を集めてみたが，傾向として1人あるいは2人の手によりまとめられており，経営学全般というよりも主要な経営学分野に絞って限定的な範囲の内容であることが多かった。それゆえ，経営学全般を網羅する入門書の必要性を痛感し，本ライブラリの経営学諸分野をほぼ網羅することを目指した。

ただし，そうなると多くの異なった分野の執筆陣が参加するため書籍として一貫性の観点から読みづらくなる可能性が高くなり，初学者が読了するには，相当な気力を要することになる。

そこでこの一貫性を作り出すものとして，誰もが知っているような著名な企業を本の各章を通じた共通事例として用いて，本書に背骨にあたる部分を作り，初学者が学ぶ意欲を高め，自発的に関心を持って本を最後まで読み通せる工夫を行うこととした。

●本書の成り立ち

このようなコンセプトを実現する，共通する統一事例とした企業は，ライオン株式会社（以下，原則としてライオンと略記させていただく）である。そのため，ライオンの取締役を務められて，現在アドバイザーとして残られている榊原健郎氏に編者をお願いすることとした。

榊原氏には，もう一人の編者である上田が勤務する学習院大学の経済学部経営学科において2008年度から現在に至るまで「産業事情」という科目で非常勤講師をお願いしており，氏は博士号を取得し2010年には『マーケティング・チャネル政策の再構築 ― 日用雑貨業界におけるチャネル・パワー関係からの考察 ―』（唯学書房）を出版されている。ビジネスの第一線で様々な現場を経験される一方，アカデミックな世界でも活躍されており，本書の編者として，まさに適任の方である。

榊原氏には，上田からのやや無謀とも思える申し出を受け入れていただき，編者としてお立ちいただくことに快諾をいただいた。そして，ライオンの数多の公開資料をもとに，その経営を共通事例として用いることについて尽力いただき，第1章〜第12章13名の執筆者の各章執筆のためのインタビューならびにデータ収集について十全の対応をいただいた。榊原氏には，序章の「経営とは」についても執筆をお願いしたが，これらの負担は相当に大きかったことと推察する。榊原氏の存在なくしては，本書の企画は成立しなかった。

●本書の構成

本書では，1つの企業を共通事例として用いるコンセプトを活かすため，冒頭の2章に特別の役割を設けた。すなわち序章では，「経営とは何か」というテーマを概説しつつ，現在のライオンの経営について紹介している。続く第1章では，どのようにして同社が成り，企業として成長してきたか，経営史の立場から解説している。

通常，経営史が経営学入門書に入ることは少ないが，この第1章がヒストリカルな視点による本書の「縦糸」としての解説となっている。序章と第2章以下の章が「横糸」となる経営学各領域からの切り口であり，両者が織りなす織物のごとく経営が捉えられることを意図している。

本書は，企業を「価値」に関する側面から捉え，4つの部によって構成している。第1部は，「企業価値の創造を学ぶ」であり，第2部の「企業価値の拡大と存続を学ぶ」，第3部の「企業価値の実現を学ぶ」と続き，最後の第4部の「企業価値の測定と予測を学ぶ」で締めくくっている。

次頁の図は各部の関連を説明している。図に描かれているように，第1部の「企業価値の創造」は，経営史，経営戦略，経営組織，マーケティングから構成され，企業価値を生み出す分野を取り扱っている。

第2部の「企業価値の拡大と存続」は，グローバル・ビジネスとイノベーション・マネジメントから構成され，世界への進出，そしていかにイノベーションを生み出し，企業価値を存続させるかを論じている。

そして第3部の「企業価値の実現」は，経営情報システム，流通論，ヒューマン・リソース・マネジメントから構成され，企業価値を実際に実現する分野を取り扱っている。

最後に第4部の「企業価値の測定と予測」は，企業会計，経営財務，そして経営統計から構成されており，文字通り，企業価値を測定または予測し，企業の意

本書の構成

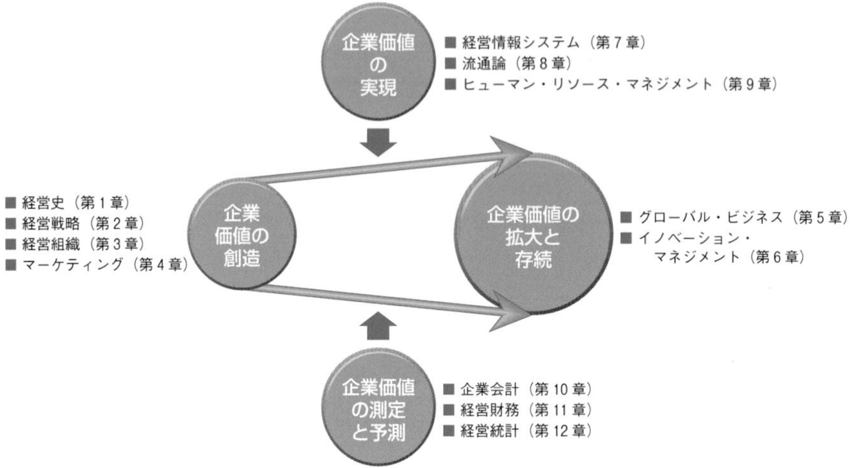

思決定に関する判断材料を生み出す分野を取り扱っている。以上によって本ライブラリの各巻の分野をほぼ全て網羅している。

なお，本書のライオン株式会社に関する解説内容は基本的に2023年1月時点の情報に基づいている。

●謝　辞

本書は，編者の上田が経営学の各分野において第一線で活躍される強力な研究者の皆様に直接・間接にお声掛けし，執筆していただいた。その中には，本ライブラリの既刊および近々に刊行が予定されている巻の著者も含まれている。各執筆者には，先述の本書のコンセプトについて充分理解いただき，各章の構成・執筆に取り組んでいただいた。通常の概説書・入門書にはない大きな負担をおかけしたが，前向きに進めていただいたことに心より感謝を申し上げたい。

また編者の榊原氏を通じ，ライオン株式会社の関係者の皆様には，社史をはじめとし様々な公開資料を整理・準備いただくとともに，各執筆者の求めに応じ，インタビュー対応や事業拠点の見学等，数多の情報を詳細に提供いただいた。特に同社の，鈴木均様，南川圭様，望月則孝様，新井将英様，谷元啓太様，宮崎紗絵子様，三浦葉一様，横手弘宣様，内藤厚志様，黒川博史様，岡田小百合様，川口謙一様，河野淳様，土岐育子様，福島浩様，そして藤澤靖様には，情報の提供に加え，一部原稿等の確認も含め多大なるご協力・ご尽力をいただいた。ここに厚く御礼を申し上げたい。

本書が経営学に関する，これまでにない素晴らしい書籍として，多くの読者にとり役立つことを祈りたい。

2023 年 2 月

編著者を代表して　上田　隆穂

目　次

第2章　経営戦略とは　41

第3章　経営組織とは　61

第4章　マーケティングとは　79

第2部　企業価値の拡大と存続を学ぶ　99

第5章　グローバル・ビジネスとは　101

第6章　イノベーション・マネジメントとは　119

第3部　企業価値の実現を学ぶ　137

第7章　経営情報システムとは　139

序　章

経営とは

経営とは何か，さらには企業とは何かについて，以下の製品を製造・販売している企業，ライオン株式会社を事例に説明する。

■ライオンの一般用消費財事業

オーラルケア分野
ハミガキ，ハブラシ，デンタルリンス等

ビューティケア分野
ハンドソープ，ボディソープ，制汗剤等

ファブリックケア分野
洗濯用洗剤，柔軟剤，衣料用漂白剤等

リビングケア分野
台所用洗剤，住居用洗剤，調理関連品等

薬品分野
解熱鎮痛薬，点眼剤，皮膚薬等

その他の分野
ギフト品，ペット用品等

（出所）　ライオン株式会社（2022）「ライオン統合レポート 2022」8 頁の図を一部修正（閲覧日：2023 年 1 月 31 日）。

0.1 企業とは

企業とは，広辞苑（第7版）によれば，「生産・営利の目的で，生産要素を総合し，継続的に事業を経営すること。また，その経営の主体」である。端的にいえば，営利を目的に経済活動を行う主体である。

営利とは，その経済活動の成果として獲得した売上から，活動に要した費用を差し引いた財産上の利益を稼ぐことである。利益は，その企業に投資した人に分配されるか（配当），将来に向け継続的に経済活動を行うために活用するか（投資），企業が潰れないように保管するか（内部留保）される。

企業は，その経済活動に要した費用を上回る価値を創造しなければ，社会から利益を獲得できない。その価値とは，獲得する金銭の多寡によって評価される有形財産としての価値（**経済価値**）と，社会や個人の生活に対して有益性・便利性をいかに創出し貢献したかで評価される無形財産としての価値（**社会価値**）という2つの側面から捉えることができる。社会価値を軽視し，単に金銭（経済価値）だけを追求する企業は，長きにわたって社会には受け入れられない。企業は，社会価値に裏付けされた経済価値に基づいて，利益を獲得し，事業を継続させなければならない。つまり企業は，経済活動を営む経済主体であると同時に，社会的存在でもある。ゆえに企業は，その存在意義を常に明確に認識し，そのあるべき姿を目指していかなければならない。

ライオンは，1891年10月に小林富次郎商店として創業した，ハミガキ，ハブラシ，衣料用洗剤等の日用雑貨品および一般用医薬品等を製造・販売する企業である（詳しくは**第1章**参照）。それから130年後の2021年12月期の連結売上高は，3,662億円，連結営業利益は311億円（国際財務報告基準（IFRS）に基づく。なお，同社の利益指標である事業利益は309億円），海外の売上構成比は27%である。

ライオンは，創業以来，暮らしを見つめ，より良い習慣づくりを通じて，人々のより良い毎日に貢献してきた。例えば習慣づくりについては，日常生活で当然のようになった「歯磨き習慣」「洗濯習慣」の定着，コロナ禍において改めて認識された「手洗い習慣」の浸透が挙げられる。そして，第2次世界大戦後の寄生虫感染を防ぐための台所用洗剤の開発や，洗濯排水による湖沼の富栄養化を防ぐ無リン洗剤の開発等々，社会や個人の生活における有益性・便利性を追求した技術・製品を開発・発売してきた。その結果として，経済価値とともに社会価値を獲得してきた企業である。そして，こうした活動を日本から北東・東南アジ

■図表 0-1-1　ライオンの事業概要（2021 年度）

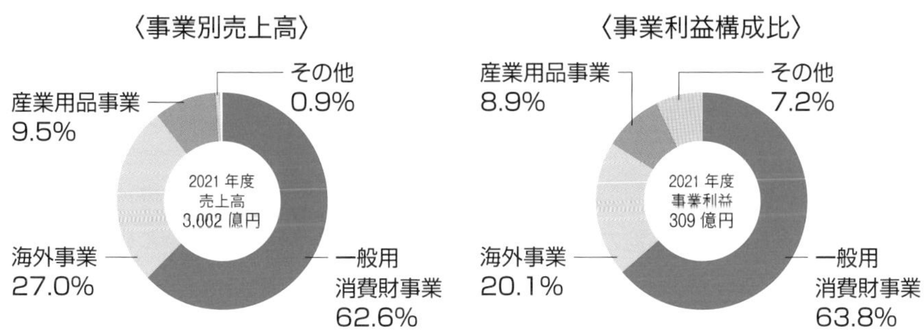

（注）売上高構成比は，各事業部門の売上高から部門間の内部売上高・振替高を控除した外部顧客への売上高に基づき算出。
事業利益は，売上総利益から販売費および一般管理費を控除したもので，恒常的な事業の業績を測るライオンの利益指標である。

（出所）ライオン株式会社（2022）「ライオン統合レポート 2022」8 頁（閲覧日：2023 年 1 月 31 日）。

■図表 0-1-2　ライオンの一般用消費財事業の主な事業分野

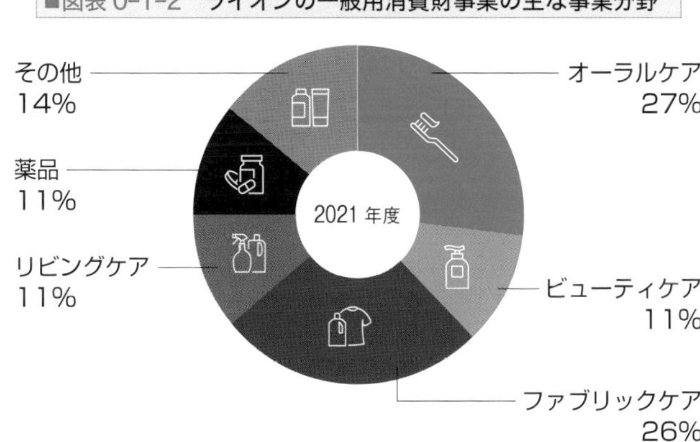

●オーラルケア分野
ハミガキ，ハブラシ，デンタルリンス等

●ビューティケア分野
ハンドソープ，ボディソープ，制汗剤等

●ファブリックケア分野
洗濯用洗剤，柔軟剤，衣料用漂白剤等

●リビングケア分野
台所用洗剤，住居用洗剤，調理関連品等

●薬品分野
解熱鎮痛薬，点眼剤，皮膚薬等

●その他の分野
ギフト品，ペット用品等

（出所）ライオン株式会社（2022）「ライオン統合レポート 2022」32 頁の図に一部加筆（閲覧日：2023 年 1 月 31 日）。

アへと拡大し，海外事業を展開している。

すなわち，ライオンは，顧客満足を最優先とする製品開発・サービスの提供，そして習慣づくりを通じて，社会課題の解決にアプローチするというユニークネスを最大限に発揮する企業なのである。

0.2 企業における戦略

経営者は，不確実な環境の中で，将来目指す姿を常に見据え，そこに到達すべく，社会・経済に対し有益な価値を提供するために，限られた情報に基づき様々な意思決定を繰り返している。意思決定する時点においては，限られた情報の中から様々な視点で合理的に考え抜き，かつ納得したものでなければならない。そして，その意思決定に基づいて組織を統制・運営し，意図した成果を上げなくてはならない。しかしながら，その意思決定の成果・評価は，後で決まるというのが実際である。

経営とは，その企業の存在意義に基づき，自らが進むべき方向・あるべき姿に向けていかに事業を展開するかを合理的に意思決定し，それを的確に実行し，経済価値・社会価値を創造することである。「自らが進むべき方向・あるべき姿に向けていかに進めるか」が「戦略」であり，「その戦略を的確に実行する」ためには，「組織」を効率的かつ効果的に運営しなければならない。その結果として，経済価値・社会価値が創造され，それが会社の成果すなわち利益となる。では，「戦略」とは何か，ライオンの事例をもとに考えてみたい。

0.2.1 存在意義の定義

まず，戦略とは何か，を考える前に，その戦略を考える主体，つまり企業とは何かを考える必要がある。企業は，何のために社会に存在するのか，何をしようとしているのか，すなわち，その企業の社会における存在意義を明確にし，その目指す究極の姿・目標を定めなくてはならないのである。

そのためには，創業の理念に始まり，これまでの発展の歴史や獲得してきた資産を再確認するとともに，自らの強み・弱み・将来の可能性等を客観的に評価する必要がある。

ライオンは，1980 年にライオン歯磨とライオン油脂が合併した会社だが，合併に際し「社是（わが社は「愛の精神の実践」を経営の基本とし，人々の幸福と生活

■図表 0-1-3　ライオンの従業員数ならびに事業所・拠点

■ 従業員数　7,587 名（グループ連結）（2022 年 12 月 31 日現在）
■ 事業所・拠点
　国内　事業所 12（オフィス 6 拠点・研究所 2 拠点・工場 4 拠点）
　　　　関係会社 9
　海外　 10 拠点（シンガポール・バングラデシュ・タイ・マレーシア・インドネシア・ベトナム・韓国・中国・香港・台湾）

（出所） ライオン株式会社ウェブサイト「会社概要」（https://www.lion.co.jp/ja/company/about/）（閲覧日：2023 年 6 月 16 日）。

BOX0.1　近年のライオンの経営① ——2010 年代

2010 年代のライオンにおける収益力向上のポイントは 3 つに集約できる。

第 1 は，経済価値と社会価値を兼備した**高付加価値商品**の開発・販売を進めたことに加え，独自に新たな需要を開拓したことである。

ここ 10 年でハミガキ・ハブラシ等のオーラルケアや，住居用洗剤等のリビングケア市場の商品単価は 20～30%上昇しているが，こうした市場の付加価値化に対するライオンの貢献は大きい。

例えば，オーラルケア分野では，高齢化社会を見据え歯周病予防の中高価格帯の製品ラインを充実させるとともに，専門家や行政と協働した啓発活動に取り組む中で，主要ブランドのリステージを着実に進めてきた。

また住居用洗剤では，掃除の手間を省くとともに高い性能を担保した製品の開発・発売により新たな需要を喚起した。

他にも，ペット関連市場ではペットのオーラルケア用品を充実させ，獣医師を通じた啓発活動を徹底することで市場を拡張させ，また，業務用洗浄剤分野でも従前の野菜洗浄方法とは異なる，野菜の鮮度を落とさない独自の洗浄システムを開発し，外食産業等の顧客の開拓を進めた。

いずれも単発的な新製品・新技術の導入ではなく，それらが顧客の生活・活動に浸透・定着し現在に至っている。いわゆる付加価値による習慣づくりが奏功し，高い経済価値・社会価値を創出し続けたのである。

第 2 は，製品改良や製造プロセスの見直し等，過去から継続的に行ってきた様々な**コストダウン施策の累積的効果**が発現したことである。

そして第 3 は，付加価値の高い商品の構成が高まったこと，および，効果的なマーケティング手法を展開したことにより，**販売促進費の低減・効率化**が図れたことである。具体的には，価格訴求を主眼とした費用投下を極力抑制し，主力販売先のドラッグストアを中心に相互に win-win となる企業間連携のためのプロモーションに費用投下を傾斜させるとともに，機能性食品においては消費者にダイレクトに販売する仕組みを構築した。

また，こうした高付加価値商品の開発・販売は，**海外事業**においても成長ドライバーとなった。アジア圏における高付加価値商品のニーズの高まりとも合致し，この 10 年で海外売上高を 1,000 億円レベルまで成長させることができたのである。

の向上に寄与する)」と「経営理念」が制定された。

そして，2010 年代後半に，今後の長期の方向性を考えるにあたり，改めて創業以来の事業活動の歴史・資産を振り返った。そして，従前の社是に示す〈愛の精神の実践〉を経営の礎としたうえで，自らの**パーパス**（**企業の存在意義**）を〈より良い習慣づくりで，人々の毎日に貢献する（ReDesign)〉とし，企業理念体系を改めて 2021 年に制定した。そして，10 年後（2030 年）の目指す姿として「次世代ヘルスケアのリーディングカンパニーへ」という経営ビジョンを掲げたのである。

0.2.2　戦略課題の策定

次に，その目標の達成に向け，どのようにアプローチするのか，言い換えれば，将来の目指す姿と現在の姿のギャップをどのように具体的に埋めていくのか，を考えなくてはならない。

その際に重要なことは，自らが目指す姿を明確にするとともに，競合にどのように伍していくかを考えることだ。いくら理想の姿を目指しても，競争に劣後すれば，市場から淘汰されてしまう。

例えば，ライオンは，2010 年代の中期経営計画を通じて目指したのは，まずは「収益力の向上」であり，その目標は「営業利益率 10％水準，ROE 8％以上」であった。(ROE：自己資本利益率，当期純利益を自己資本で除したもの。)

そして，2021 年に策定した中長期経営戦略フレーム「Vision2030」では，2030 年の売上ターゲットを 6,000 億円（うち海外売上比率 50％水準）とした。これまでの 10 年間で収益力を向上させたその収益体質を維持したうえで，次の 10 年で規模の成長に方向を転じようとしている。アジア地域で競合に伍する水準の事業規模，ユニークなプレゼンスを獲得しようという考えである。

こうした戦略の基本的方向性のもと，どのように事業を展開し，さらにはビジネス・モデルをいかに変革していくのか，を考えるのが「狭義の戦略」であり，そのメインは「**マーケティング**」である。市場をどう捉えるか，その市場のどこにフォーカスするか，その対象に対してどういう製品・サービスをどのように届けるか，情報を伝えファンになってもらうか等々を考えるのである。

0.2.3　経営資源の配分

これらの戦略課題を解決するために，会社が保有する資源をどのように調達し，いかに適切に配分するか（配分しない，さらには撤退するかも含めて)，を考えなく

■図表 0-2-1　ライオンの企業理念ならびに企業スローガン

【企業理念】
■PURPOSE——存在意義
より良い習慣づくりで，人々の毎日に貢献する (ReDesign)

■BELIEFS——信念
●価値は顧客が決める　●自分の心に従い，自ら動こう　●スピードは世界を救う
●化学反応を起こそう　●変化こそ，私たちを進化させる

■DNA——創業から受け継ぐ想い
愛の精神の実践

【企業スローガン】
今日を愛する。

＊ 詳細はライオン株式会社ウェブサイト「企業情報－企業理念」に掲載。
(https://www.lion.co.jp/ja/company/philosophy/)

BOX0.2　近年のライオンの経営② ——2021 年以降

ライオンは，2010 年代，事業の体質改善・収益力の向上に努めてきた。研究開発，生産，マーケティング，営業等，バリューチェーンを構成する各単位において，付加価値の高い商品を生み出し，その価値を効率的に顧客に伝える能力を強化したのである。その結果，連結営業利益率は，2012 年の 2%水準から 2020 年には 10%水準まで高まった。

この改善成果は一過性のものではなく，ライオン全体に収益体質としてしっかりと根づいてきた。この体質を基に，2019 年以降鈍化しつつあった売上成長を回復させ，次の時代の成長ステージに飛躍すべく新たな事業方向性を定め，成長投資を優先する方向を指向した。そのためには，従前の習慣づくりのやり方を続けていくだけでは不十分と感じたのである。

こうした中，事業環境が著しく変化した。

第 1 は，地球環境の悪化が加速しつつあること，第 2 は，新型コロナウイルス感染症のパンデミックである。そのため，改めて，ライオンのアイデンティティ，存在意義とは何か，を再考した。

それは，創業以来，続けてきた習慣づくりを通じた社会への貢献，すなわち，生活に欠かせない商品の提供とともに，歯磨き習慣，洗濯習慣や手洗い習慣等の適切な浸透・定着によって，人々の心と身体の健康に貢献することである。

ライオンの強みは，この習慣づくりに関わる様々なケイパビリティ，すなわち創業以来の歴史を通じて組織に浸透・定着している能力である，と考えた。こうした背景から，ライオンは自らのパーパス（存在意義）を「より良い習慣づくりで，人々の毎日に貢献する (ReDesign)」と定めた。習慣は，それを通じて，心と身体を健康な状態に保つ大きなパワーを持っており，地球環境の維持に向けても，人々の習慣を環境に優しいものに変えることによって大きな効果をもたらすものと考えたからである。

てはならない。ここでいう資源とは，いわゆる**ヒト**（人財），**モノ**（設備・技術），**カネ**（資金），**情報**（知的財産，経営情報システム含む）である。

ライオンが2010年代に収益力の向上のために取り組んだ戦略課題は，高付加価値製品へのシフト，コストダウンの推進，販売促進費の効率化に加え，構造改革の推進（化学品事業の統合，国内物流会社の統合，国内製造拠点の再編，小売店頭管理体制の合理化等）と成長分野への投資であり，その結果，利益率は大きく改善した（図表0-2-2）。

すなわち，戦略とは，社会における自らの存在意義を明確にし，存在意義に即して中長期視点に立脚した目標・方向性を定め，それに向けての具体的アプローチ・道筋を考え，それを実行するための資源を的確に調達し配分すること，なのである。

0.3 企業における組織

組織とは，戦略を効率的かつ効果的に推進するための体制である（詳しくは**第3章**で説明する）。

その要素の第1は，**組織の構造**（形）である。調達した人財をどのように配置するか，縦に長い**ライン組織**とするのか，比較的フラットな**スタッフ組織**にするのか，はたまた緊急性の高い特殊な課題に取り組むゆえに**タスクフォース組織**にするのか。組織の役割を定めたうえで，その組織にどのくらいの人財を，どう配置するか，を考えなくてはならない。例えば，ライオンでは，営業や生産部門はライン型，マーケティング部門はスタッフ型だが，新規事業創出等イノベーティブな機能についてはタスクフォース型を採用する場合がある。

第2の要素は，**組織内のコミュニケーションの仕組み**である。まずは組織の構造に従って，指示・命令・報告等の仕組みを形式として規定する必要がある。一方で，メンバー間の交流を円滑にするために，暗黙的なものも含め，相互交流・相互理解の場を提供しなければならない。

そして第3の要素は，**組織メンバーの参画意欲**をいかに向上・維持させるかである。まず前提として，働く環境の安全性・快適性を担保しなくてはならない。次に，メンバー自らが新たな技能獲得やキャリア伸長に必要な能力開発のツールを充実させ実際に活用してもらう必要がある。ライオンでは，社内カレッジ（ライオンキャリアビレッジ）の受講や資格取得の推奨に加え，他部門のメンバーとの情

■図表 0-2-2　ライオンの 2011 ～ 2021 年の業績の推移（2021 年度）

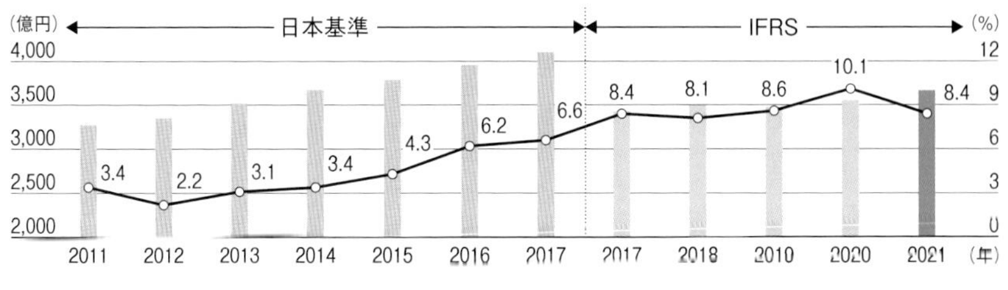

（出所）　ライオン株式会社（2022）「ライオン統合レポート 2022」18 頁（閲覧日：2023 年 1 月 31 日）。

BOX0.3　近年のライオンの経営③ ――Vision2030

BOX0.2 で述べた課題認識の下，2021 年に定めたのが 2030 年までの中長期経営戦略フレーム「Vision2030」である。

そのビジョンは「次世代ヘルスケアのリーディングカンパニーへ」である。「Vision2030」の業績ターゲットは，「2030 年連結売上高 6,000 億円，EBITDA 800 億円水準，事業利益 500 億円水準，ROIC 8～12%，ROE 10～14%」としている。（EBITDA：事業利益に減価償却費（使用権資産の減価償却費を除く）を合算したもの。ROIC：投下資本利益率，税引後営業利益を投下資本（株主資本＋有利子負債）で除したもの。）

この背景には，2030 年にはアジア地域でトップ 10 に確実に入る事業規模を目指すとともに，2030 年以降トップ 5 入りを目指せるポジションを確保しようという考えである。

「Vision2030」では，ライオンの習慣づくりの進化を狙って「3 つの成長戦略」を定めている。

第 1 は，**提案する習慣そのものの進化を目指した戦略**である。オーラルヘルス，インフェクションコントロール，スマートハウスワーク，ウェルビーイングと，4 つの提供価値領域を設定し，それぞれの領域でより進化した習慣の提案によって提供価値の質を高めようとする考えである。

例えば，オーラルヘルスの領域では， オーラルケアを単なる口腔健康維持から，全身健康維持のための手段として位置づけ，従前の「歯磨き習慣」から，家庭でのセルフケアと，歯科医院でのプロケアを効率的に組み合わせる「予防歯科習慣」へと進化させることを目指している。そのためにも，これまでのハミガキやハブラシ等の製品提供に加えて，様々な新規事業を立ち上げてセルフケアとプロケアを強く結びつけていく考えだ。

第 2 は，こうした**提供価値の進化を支える事業基盤の充実**である。意思決定を迅速化するための情報基盤の整備や，生産ラインのデジタル技術活用による生産性向上等のデジタル・トランスフォーメーション（DX）施策，生産能力拡大のための施策が含まれている。

第 3 は，**人と組織のダイナミズム**である。様々な戦略を，情熱を持って俊敏にかつ確実に実行するには，人と組織が最も重要である。3 つの成長戦略の中でも最も重要な戦略といえ，企業活動の礎となるべきものと考えている。

報交換や事業提案の機会を設け，様々な能力開発のツールを整備している。3つ目に重要なのは，組織参画への動機づけである。メンバー自らが納得できる評価制度と評価に見合った報酬の実現といった経済的要素に加え，この企業でこの仲間と一緒に仕事ができ自己実現が図れる喜びといった非経済的要素の相乗によって，参画意欲が一層高まり維持されると考えられる。

ライオンでは，2019年から「働きがい改革」に取り組んでいる。働く場の提供である「ワーク・マネジメント」，働く環境整備の「ワーク・スタイル」，キャリア開発や管理職の能力向上のための「関係性向上」，そして，健康経営のための「“GENKI”アクション」，の4つのテーマを並行して進め，参画意欲の向上に取り組んでいる。

0.4 企業価値とは

企業が，戦略を組織的に遂行した結果，生まれるのが「価値」である。

価値の見え方は，稼得する利益やキャッシュフローの多寡で評価される**経済価値**といった経済的視点からの見え方と，社会にとっての有益性・便益で評価される**社会価値**といった社会的視点からの見え方とが，表裏一体となっている。

例えば，ライオンは1960年代からハミガキやハブラシを中心としたオーラルケア製品を数多開発し，売上を伸ばし利益を上げてきた。その一方では，財団法人の研究所（現・公益財団法人ライオン歯科衛生研究所）を設立し，行政に加え歯科医師会や歯科衛生士会と連携し，口腔衛生保健に係る普及啓発活動を行い，日本人の虫歯の本数の削減に貢献してきたのである。単にオーラルケア製品を製造・販売するのでなく，人々の口腔環境を改善するといった社会貢献活動と併せて相乗的にオーラルケア事業を拡張させ，その価値を高めたのである。他にも，洗濯習慣，部屋干し習慣，手洗い習慣等々，経済価値だけではなく，社会や生活者の便益を高める社会価値を提案し，各事業を成長させてきた。

そして，これら創出された価値によって稼得した利益を，適切な手段で算定・評価し，次の成長に向けての投資，配当等の株主還元，そして財務安全性を確保するための内部留保に合理的に配分しているのである。こうしたライオンの経営によって創出される価値創造の流れを図示したのが，次頁の「価値創造プロセス」である。

BOX0.4　近年のライオンの経営④ ――「人と組織のダイナミズム」についての取組み

BOX0.3で述べた「人と組織のダイナミズム」に関してライオンは，2019年から，従業員の「働きがい改革」を最重要テーマと位置づけ，4つのテーマを並行して進めている。

- ●従業員が自律的に成長する環境の整備や，獲得した能力を発揮する場の提供（ワーク・マネジメント）
- ●個人個人が状況に応じて場所や時間等を自由に選択して生産性を上げるための環境整備（ワーク・スタイル）
- ●従業員の長期的なキャリア開発やチーム・ビルディングに力点を置いた管理職の能力向上（関係性向上）
- ●従業員の健康状態の改善を目指す健康経営（"GENKI"アクション）

また，ライオンのパーパス（存在意義）の理解と共感を起点とするコーポレート・ブランディングも，従業員がライオンで働く価値を感じることで，従業員のエンゲージメントを高めるという目的から，成長戦略の第3のテーマ「人と組織のダイナミズム」の一つとして位置づけている。

BOX0.5　近年のライオンの経営⑤ ―― サステナビリティ重要課題への取組み

また，「Vision2030」では，これら成長戦略に加えて，サステナビリティ重要課題への取組みを相乗的に進めることとしている。

中でも，「健康な生活習慣づくり」と「サステナブルな地球環境への取組み推進」の2つを最重要課題として重点的に注力する考えだ。

前者においては，生活者1人1人のQOL（生活の質）の向上，後者においては，脱炭素社会，資源循環型社会への貢献という社会価値の実現を目指している。習慣づくりを通じたアプローチは，ライオンの経済価値を高めるとともに，その社会価値を高めることにもつながるのである。

ライオン株式会社グループ事業による，ライフサイクルにおける環境負荷の割合（CO_2の排出割合，水の使用割合）と低減に向けた活動（2021年）

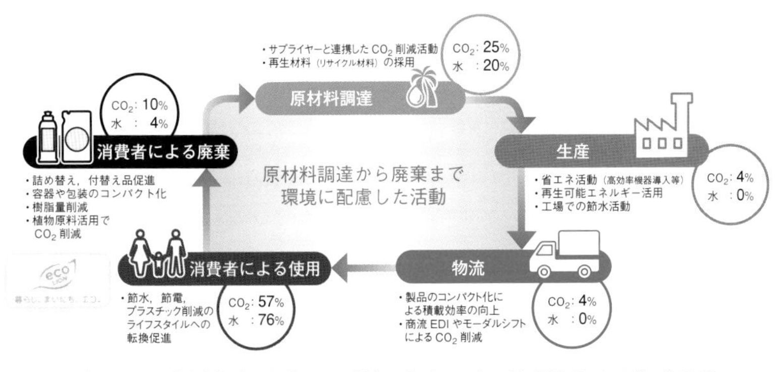

（出所）　ライオン株式会社（2022）「ライオン統合レポート2022」54頁（閲覧日：2023年1月31日）。

■図表 0-4-1　ライオンの価値創造プロセス

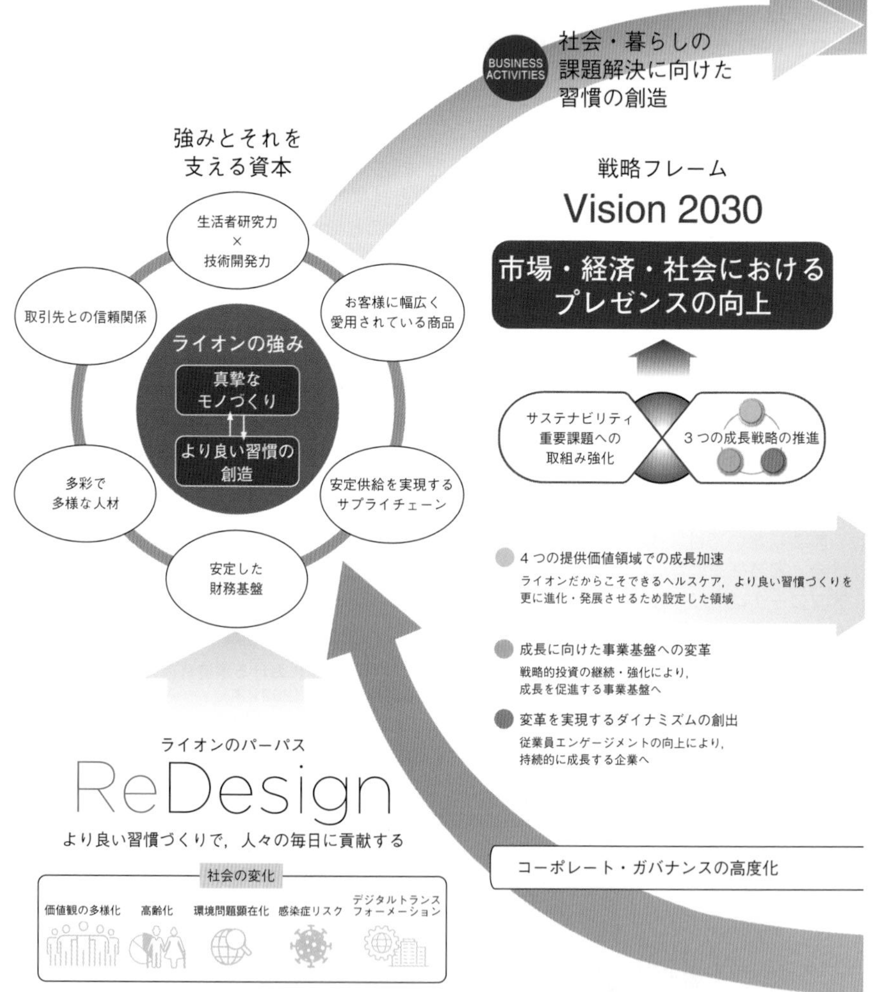

（出所）　ライオン株式会社（2022）「ライオン統合レポート 2022」6，7頁（閲覧日：2023年1月31日）。

習慣づくりに
つながる
商品・サービス

OUTCOME より良い習慣の定着

オーラルヘルス
口から心身の健康を支える

心地よく食べ，
話し，笑い，
自分らしく
い続けられる

インフェクションコントロール
これからの衛生を支える

目に見えない
感染リスクから
人々の生活を守る

スマートハウスワーク
一人ひとりに合った家事習慣をつくる

その人にとって
最適な家事を通じて
生活により良いリズムが
生まれる

ウェルビーイング
健康と幸福の循環を支える

毎日の
「ちょっとしたコト」に
幸せを感じられる

資本の再投資・配分

次世代ヘルスケアの
リーディングカンパニーへ

社会価値

2030 年の目指す姿

サステナブルな
社会への貢献

- 生活者一人ひとりの QOL 向上への貢献
- 脱炭素社会，資源循環型社会への貢献

経済価値

2030 年の目指す
業績イメージ

売上高	6,000 億円 水準（海外構成比 50% 水準）
EBITDA*1	800 億円 水準
事業利益*2	500 億円 水準
ROIC*3	8 〜 12%
ROE	10 〜 14%

*1: 事業利益に減価償却費（使用権資産の減価償却費を除く）を合算したもの
*2: 売上総利益から販売費及び一般管理費を控除したもの
*3: NOPAT（税引後事業利益）を期中平均の投下資本（資本合計 + 有利子負債）で除したもの

第1部
企業価値の創造を学ぶ

企業価値の創造

第1章　経営史とは

第2章　経営戦略とは

第3章　経営組織とは

第4章　マーケティングとは

企業価値の拡大と存続

第5章　グローバル・ビジネスとは

第6章　イノベーション・マネジメントとは

経営学

企業価値の実現

第7章　経営情報システムとは

第8章　流通論とは

第9章　ヒューマン・リソース・マネジメントとは

企業価値の測定と予測

第10章　企業会計とは

第11章　経営財務とは

第12章　経営統計とは

第 1 章

経営史とは

経営史とは，企業などの経営体の発生とその発展あるいは限界の動因を探り，現在と近未来の経営のあり方を展望する学問である。したがって，その動きの中心となった企業家の経営理念や経営戦略，戦略にしたがって構築される組織，組織を構成し機能させる人やシステムの管理，財・サービスの創案，生産・販売の方法など，あらゆる経営事象が検討の対象となる。

本章では，ライオンの創業にいたる過程とそこで培われた経営理念，経営の継承に伴う事業展開を追いながら，創業期の経営理念の進化的継承の軌跡を学んでみることにしたい。

■慈善券付ライオン歯磨袋入（左）と袋の裏面に記載された券（右）

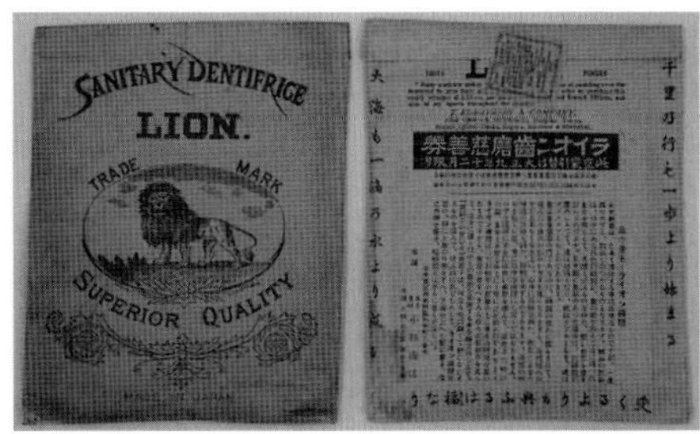

（出所） ライオン株式会社社史編纂委員会（2014）『ライオン 120 年史』ライオン株式会社，20 頁。

1.1 経営史を学ぶ

企業が創業される際，多くの場合，一個人ないし少数の人たちの創意・工夫を製品やサービスに実現させてスタートする。

それがもたらされる側に受け入れられ関係者の信用を得ると，次第に業容が拡がる。技術や手法の**革新**（innovation）によって付加価値の高い製品やサービスを実現する可能性が高まると，経営者によって**経営戦略**（方針）が打ち出され，人員を再配置する**組織**が構築される。

組織をより良く運営するために，経営の諸側面の**管理**（人事・労務，生産，購買，販売・マーケティング，事務，情報）システムが導入され，その諸システムも新しい技術革新や現場のより一層の創意・工夫によって漸次高度化していく。このような連動する諸経営機能を持つ有機体としての企業によって，社会的意義を持つ価値が創出され利益が生み出される。

経営史は，このような社会的価値を生む経営の主体的な動きや諸側面を時系列的かつ因果論的に検討し，それぞれの事象の発生と展開の過程と諸事象をもたらした諸要因を解明する社会科学の一分野である。

諸経営事象の大きな起点となり，かつ転換を生むのは，革新を担う企業家的な創業者や経営者および革新マインドを持った人々の集団である。そうした人間的要因に焦点を当てて研究する企業者史も，経営史研究の一分野である。経営史および企業者史の研究から，社会的価値を生む人間や人間集団としての経営主体の発展ないし消滅の特徴や傾向を学ぶことができる。

国際比較史・国際関係史的な経営史からは，各地域の経営風土に規定された企業の経営の特徴や空間・時代の制約を越えた共通項，さらにはグローバルな展開の時空的特徴や歴史的な傾向を学ぶことができる。時には「歴史上の人物が残したその人自身も自覚しなかった事実の真相」[1]を学ぶこともある。その意味で，経営史は付加価値を生む経営構想を考える人々にとって，大いに参考になる実際的かつ学際的な学問領域といえよう。

さて，本書はライオン株式会社の事例を主たる検討対象としている。そこで本章では，ライオンの創業者が試練を伴う経験を経て創業に至る過程，創業直後の事業内容，2つの事業に分かれて事業を展開するそれぞれの経営，2つの事業を統合して新たな歩みを進めるまでの諸過程を概観することにしたい（図表 1-1-1）。

これによって，革新マインドを持った人々の営為が新しい事業や製品としてい

■図表 1-1-1　ライオン株式会社の系譜

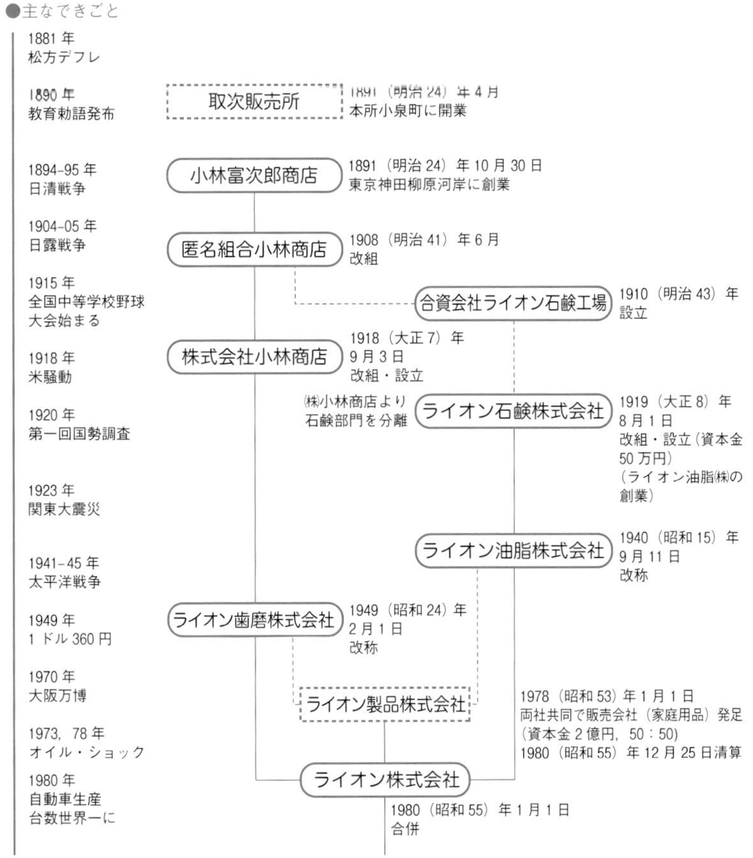

●主なできごと

（出所）　ライオン株式会社社史編纂委員会（2014）『ライオン 120 年史』ライオン株式会社，368 頁に「主なできごと」を編集部加筆。

かに開花していったかを学ぶ。そこには，事業を通じた社会貢献という理念を継承して展開させた人々の軌跡を見ることになろう。

1.2 創業者・小林富次郎のおいたちと初期の試練

ライオンの創業者・小林富次郎の創業に至るまでの過程は，試練の連続であった。そのことが，創業者の企業家資質の形成に大きく影響し，ひいては，ライオンの企業理念の礎の一部にもなったと見ることができる。

ライオンの創業者の小林富次郎は，1852（嘉永5）年1月15日，武蔵国北足立郡与野（現・さいたま市）で，酒造業を営む7代喜助の三男として生まれた。兄弟は五男二女であったが，上の二男二女が早世したため三人兄弟となった（図表1-2-1，図表1-2-2）。与野は父 喜助が出稼ぎで移住し酒造業を営んでいた場所であった。

富次郎は4歳から16歳までの間，喜助の郷里の越後国中頸城郡柿崎村字直海浜（現・新潟県上越市）という半農半漁の村で祖母の下で育てられた。富次郎は地元の寺子屋に通ったが，12歳の頃に眼病にかかり，一時は失明も危ぶまれたため十分な読み書きを習えなかった。支えの一つは，越後で広く信仰された浄土真宗の教えであった。

眼病が癒えた富次郎は与野に帰って兄 虎之助（後に清蔵，8代喜助）の酒造業を手伝い，1875（明治8）年に23歳で結婚した。酒造業の経営が傾く中で，富次郎は兄 虎之助とともに当時流行した豚と兎の売買で打開を図ろうとしたが失敗し，酒造業からも手を引いた。その後，東京に出て，前途ある仕事を探した。

1877年，25歳のとき，富次郎は堀江小十郎（**Column** 1.1）が前年に設立した石鹸工場・鳴春舎に入った。たまたま寄食しつつあった家の付近にこの工場があり，石鹸製造は当時の新事業でもあったので，これに将来を託そうとしたのである。翌年，鳴春舎が株式会社となったとき富次郎は共同出資者となった。しかし経営は安定せず，84年に会社は解散した。その際，富次郎は，株主でもあった問屋に製品を全て渡して関係者の損失を最小限にした。

堀江の個人経営となった石鹸工場で奉公人の立場に戻った富次郎は，石鹸を焚き自ら荷車を引いて販売にあたり，妻も夜なべに石鹸の箱貼りを手伝った。他方で，富次郎は兄の進めていた官有林の払下げ運動にも多額の運動費を投じていたが，政府の方針が一変して頓挫し大きな損失を被った。

1885年，富次郎は，鳴春舎株式会社の株主の一人でもあった横浜の貿易商・

■図表 1-2-1　小林富治郎の家系図

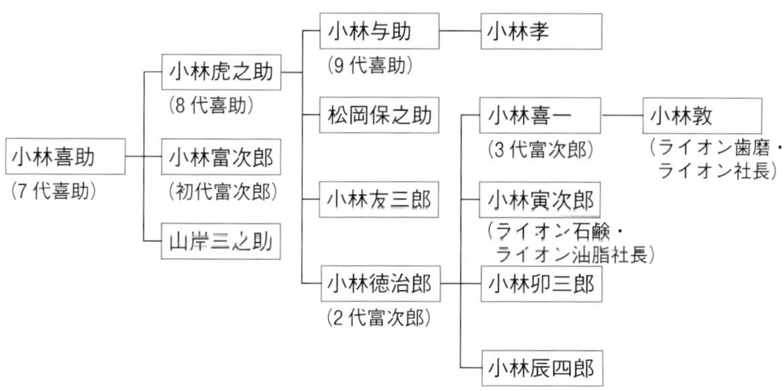

（出所）ライオン株式会社社史編纂委員会（1992）『ライオン 100 年史』ライオン株式会社，6 頁。

■図表 1-2-2　小林富治郎の家族写真

（注）中段左 3 人目から初代富次郎，8 代喜助，上段左 2 人目から徳治郎（2 代富次郎），保之助，友三郎，与助。
（出所）ライオン株式会社社史編纂委員会（1992）『ライオン 100 年史』ライオン株式会社，1 頁。

Column 1.1　石鹸製造の先駆者

日本の民間での石鹸製造のパイオニアは，1873（明治 6）年に横浜市で堤石鹸製造所を開設した堤磯右衛門とされている。

堀江小十郎は，その 3 年後に鳴春舎を東京府下葛飾郡中ノ郷（なかのごう）村（現・墨田区向島・押上（おしあげ）近辺）に設立し，堤石鹸製造所にいた村田文助を招いて石鹸製造を始めた（石鹸の製法については Column 1.10 参照）。

「花王石鹸」の製造やライオン石鹸工場の設立に関わる村田亀太郎も，この鳴春舎で職人技術を磨いた。

松村清吉の出資を得て，上海での石鹸の製造・販売の事業に取り組むこととした。ところが，富次郎の勧めで石鹸の製造を始め，輸出もしていた神戸の貿易商の播磨幸七から，富次郎との上海での競合を懸念され，病床にあった播磨の妻からも夫との共同経営を託された。富次郎は松村からの出資を返済して播磨の営む鳴行社（めいこうしゃ）の経営に加わる途を選び，85 年の暮れに神戸に移住した。しかし小林富次郎による鳴行社の経営も，逆風の連続となる。

1.3 度重なる試練とライオンの創業

鳴行社の経営者となった小林富次郎（図表 1-3-1）は，需要の季節変化がある石鹸だけでなく，比較的需要の安定していたマッチの事業にも目を向けた。石鹸とマッチの販路を拡げるため，1886（明治 19）年に香港支店が開設され，現地商人と一手販売契約を結んだ。しかし神戸の本店に現金で買い付けにくる商人にも販売されたため，香港支店と本社との方針に齟齬（そご）を来し，結局，翌年 1 月，富次郎は支店を閉鎖して帰国することとなった。

他方，マッチの軸木事業は，外国製より価格は安いが軸木の品質が劣るため，良質の原木を求め，水運に恵まれた石巻港を拠点とすることに決め，宮城県令のはからいで工場も貸与された。そして，原木を筏（いかだ）に組んで北上川の流れで石巻まで運ぶことにしたが，1890 年 8 月，北上川の水勢が著しかったため，切り出した多くの原木が流出し流域の堰（せき）を破壊し，大きな被害を与えてしまった。

その責任の重さに耐えかねた富次郎は自殺まで考えて，北上川にかかる橋の上にたたずんだ。そのとき富次郎は，「すべてのこらしめ今は悦ばしからずかえって悲しきと思わる，しかれども後之によりて鍛錬する者には義の穏やかなる実を結ばせり」（ヘブル人への手紙 12 章 11 節）という聖書の一句を思い出す。富次郎は，2 年前の 1888 年 11 月 4 日に洗礼を受けていたが，この一句はたまたま神戸の多聞教会の長田（おさだ）時行牧師から送られた葉書の端に書かれていた言葉であった。この一句によって，富次郎は自殺を思いとどまり，困難を乗り切る覚悟を決めたという。受洗前，富次郎は鳴行社の従業員のための夜学校を設け，また岡山で石井十次の運営する孤児院への寄付をしている。

心労が重なった小林富次郎は再び眼を患い，他の病にも伏した。1890（明治 23）年，38 歳の富次郎は治療のため，鳴行社を辞して東京に戻った。家族の支えと播磨幸七の応援と助言を受けて，小林富次郎はこれまでなじんできた石鹸と

■図表 1-3-1　鳴行社での集合写真

（注）　前列右から 2 人目が小林富次郎，その左隣（前列右から 3 人目）が播磨幸七。
（出所）　ライオン株式会社社史編纂委員会（1992）『ライオン 100 年史』ライオン株式会社，4 頁。

■図表 1-3-2　創業時の小林富次郎商店

（出所）　ライオン株式会社社史編纂委員会（2014）『ライオン 120 年史』ライオン株式会社，9 頁。

マッチの事業で新たな一歩を踏み出すこととした。91 年 4 月，本所小泉町（現・JR 両国駅西口の南側）で，富次郎の勧めで石鹸製造を営んでいた甥（兄 喜助の長男）の小林与助の工場の一隅を借りて，石鹸とマッチの取次販売の店を開いた。播磨は石鹸原料の牛蠟（ぎゅうろう）を提供し，鳴春舎時代の人望とそれまでの事業経験が活かされて，順調なスタートとなった。

そして，半年後の 1891 年 10 月 30 日，神田柳原河岸 22 号地（現・千代田区神田 2 丁目）に店舗を移し，**小林富次郎商店**を開業した（図表 1-3-2）。ここに，現在のライオン株式会社の創業を見たのである。今日の花王株式会社（以下，花王）の創業者・長瀬富郎が「花王石鹸」を発売した翌年のことである（*Column* 1.2）。

1.4 歯磨事業の成功

開業当初の小林富次郎商店は，石鹸原料の椰子（やし）油とマッチの事業によって基盤を固めた。1892（明治 25）年，富次郎は播磨とともに南洋産のコプラ（椰子実）を買い入れ搾油して販売し，これが当時流行の一つになった椰子油速製石鹸（**1.7 節** *Column* 1.10）の原料として大いに売れた。国産椰子油を高品質の外国産椰子油と偽って安価で販売し，それを納得のうえ購入する業者もあったが，富次郎は「正直にまさる商略なし」とし，これを自らの経営の基本とした。

辛酸をなめたマッチの軸木事業も，東北産の軸木を神戸に移出して大きな利益を生んだ。1893 年 2 月には小石川久堅町 161 番地（現・文京区小石川 4 丁目）に石鹸工場を建設し，「高評石鹸」「軟石鹸」「絹煉石鹸」などを製造・販売し順調に売上を伸ばした。石鹸の委託製造や鳴行社の石鹸の委託販売も営んだ。富次郎の統括の下，仕入を徳治郎（兄の虎之助の子，富次郎の養子となる，後の 2 代富次郎），製造部門は徳治郎の兄の友三郎，販売部門を 93 年 6 月に入店した井口昌蔵が担当した。

友三郎は，需要の閑散期に手の空く職工が従事できる仕事を探す中で，1891（明治 24）年 6 月に平尾賛平商店（*Column* 1.3）が発売した「ダイヤモンド歯磨」が月額 3,000 円もの売上を上げていることを知った。当時の小林商店の売上は月額 1,200 円程度であったから，友三郎は大いに有望視し，副店主の徳治郎や販売担当の井口も富次郎へ歯磨（はみがき）事業を勧めた。

1896 年 7 月，富次郎は成分や組成配合にこだわりながら歯磨の製造に着手した。その拠点となったのは，長瀬富郎商店（後の花王）が同年 4 月まで「寿考散

Column 1.2 ● 創業期から2代経営者までの花王とライオンの共通点

花王の創業者の初代長瀬富郎は，幼名を富二郎といった。1887（明治20）年6月に日本橋馬喰町に洋物店・長瀬商店を開業する前年から書簡などに富郎と記すようになった。したがって，花王の創業者の当初の名前とライオンの創業者の小林富次郎とは，同名異字ということになる。また長瀬富郎も，岐阜から上京して，最初に手を出したのは米相場であったが，失敗する。小林富次郎が豚や兎の売買で失敗したのと同様，この失敗の経験が教訓となって，2人とも「浮利を追う」投機的なビジネスを戒めとすることになったと思われる。Column 1.1で紹介した村田亀太郎は，石鹸製造で2人に貢献した人物であるが，初代富郎の三男の2代富郎は本郷教会に通ったので，海老名弾正（本郷協会牧師，後の同志社大学総長）は初代小林富次郎と2代長瀬富郎との共通の知人ということになる。

Column 1.3 ● 平尾賛平商店

平尾賛平商店は，フランス語の「LAIT」（乳）に由来する化粧品ブランド「レート」を発売しており，大正期まで「東のレート，西のクラブ」と称された化粧品企業である。「クラブ」は，大阪の中山太陽堂（後のクラブコスメチックス）のブランドである。

平尾賛平商店は，1878（明治11）年夏，三井組を辞した初代平尾賛平が神田淡路町で売薬業の岳陽堂を開き，そこで同年12月に「小町水」（化粧水）を発売したのが始まりである。翌年2月に日本橋馬喰町に店舗を移し，91年6月に「ダイヤモンド歯磨」を発売した。商号は「岳陽堂 平尾賛平」と称したが新聞広告では単に「平尾賛平」と記すことが多かった。1904年に大阪支店を開設したときから「平尾賛平本店・平尾賛平大阪支店」と称するようになり，1918（大正7）年12月に株式会社となったときから「株式会社平尾賛平商店・株式会社平尾賛平商店大阪支店」の登記名を取引上使用することとなった。なお，作曲家で歌手でもあった平尾昌晃は初代平尾賛平の曾孫である。

Column 1.4 ● 慈善券付ライオン歯磨袋入

「慈善券」は，販売価格3銭の「ライオン歯磨」小袋1個について1厘の金額分を印刷したものである（本章扉部分参照）。「ライオン歯磨」を購入した者が「慈善券」の付いた空袋を近くの孤児院や育児園などの施設に届けて，それを施設が小林富次郎商店に送ると，1枚について1厘を寄付金として届けるという仕組みであった。捨てられて未回収となる空袋の分も現金に換算して全国の施設に按分したという。

歯磨」を製造していた工場の跡地を石鹸製造のために購入した場所である。ライオンは百獣の王で吠声も雄々しく縁起が良く，その歯牙は強くて純白であることから，商品名は「獅子印ライオン歯磨」と決め，香料も工夫されて同年同月に発売された。当初は市場に受け入れられなかったが，98 年には月額売上が目標の 3,000 円に達し，その後は順調に売上を伸ばしていった。小林商店は 99 年に製造拠点を小石川に移し（石鹸は向島工場へ），1907 年には工場内に原料試験と新製品研究のための小林試験所も設けた。さらに全国の有力問屋と特約店契約を結んで販売網を拡げた。

小林富次郎は，新聞や雑誌での広告や楽隊を使っての宣伝に努める一方，鳴行社時代と同様に岡山孤児院へ寄付し，「慈善券付ライオン歯磨袋入」（**Column** 1.4）も発売した。また夜学校を開設するとともに店則を定めて，従業員の資質の向上を図った。晩年も病に苦しみながら欧米やアジアを視察し，欧米向け「萬歳（ばんざい）歯磨」も発売した。そして，1910（明治 43）年 12 月 13 日，58 年の波乱に満ちた生涯を閉じたのである（**Column** 1.5）。

1.5　歯磨専業化と創業者理念の継承

1910（明治 43）年 12 月 19 日，小林徳治郎が 2 代小林富次郎を襲名した。小林商店はその 2 年前の 6 月に同商店を商号とする匿名組合（**Column** 1.6）に改組していた。歯磨業界では，中山太陽堂が 10 年 3 月に発売した「クラブ歯磨」ほか有力商品が市場に出ており，体制を強化する必要があった。そこで 10 年に合資会社ライオン石鹸工場を分離・設立して別途の展開を図るとともに，1912（大正元）年からは他社製品の取次業も止めて歯磨事業を専業とする施策を進めた。

2 代小林富次郎は，実兄の松岡保之助，小林友三郎と井口昌蔵および初代富次郎が招聘した神谷市太郎とともに，初代の方針を継承して事業を展開していった。初代富次郎には，浄土真宗からキリスト教の受洗を通じて見られる宗教性（the religious）と社会貢献の志向があり，商取引や仕事では縁や信義を尊重した。事業経営では，人材養成に努め，高品質を追求し広告・宣伝にも注力し海外も展望した。

高品質の新製品の面では，1911 年に最初の「チューブ入煉（ねり）歯磨」（図表 1-5-1）を発売して，それまでの粉歯磨や固煉（かたねり）歯磨からの転換を方向付け，22 年にはその量産化に着手した。1909（明治 42）年に「骨柄（こつえ）およびセルロイド柄歯刷子（はぶらし）」を姉妹品として発売していたが，14 年には，東京歯科医学専門学校（現・東京歯科

Column 1.5 ● 小林富次郎の葬送の映像フィルム

丸善出版の『ビジュアル日本経営史 日本の企業家群像 II』(DVD 教材，全 7 巻) の第 3 巻『健康と美に奉仕する産業の開拓者 福原有信（資生堂)/小林富次郎（ライオン)』(佐々木聡監修) の制作過程で，丸善からライオンへ協力をお願いしたところ，1910（明治 43）年 12 月 16 日の小林富次郎の葬列の模様を撮影したフィルムが発見された。ライオンの調査により，それが日本で撮影された最初期のフィルムであることが分かり，同社は 2003（平成 15）年 9 月に東京国立近代美術館フィルムセンター（現在の国立映画アーカイブ）に寄贈した。2011 年 6 月には動画映像としては史上 3 番目となる国の重要文化財の指定を受けた。

神田柳原河岸の小林商店から，斎場の神田の東京基督教青年会館までの 1.5 キロメートルの道のりを進む葬列となった。棺は二頭立ての馬車に載せられ，その両側をシルクハットを被った喪服の友人 12 名が歩いた。沿道は小林富次郎を偲ぶ多くの人々で埋め尽くされた。ライオンの調査によると，映像には島田三郎（ジャーナリスト，後の衆議院議員)，江原素六（衆議院議員，麻布学園の創立者)，海老名弾正（*Column* 1.2 参照)，小崎弘道（東京 YMCA 初代会長，霊南坂教会創立者)，安藤太郎（外交官，日本禁酒同盟会会長)，森下博（森下仁丹創業者）および村田亀太郎ら多くの友人，キリスト教，慈善団体の関係者を映像から見いだすことができるという。また，当日の会葬者は，2,000 名あまりで，弔文・弔電は 1,000 通を超えたという。

小林富次郎は，度重なる病気や事業の失敗という試練を乗り越え，新たな事業の成功とともに人格の輝きを増し「そろばんを抱いた宗教家」と称された。その偉業と人徳を偲ぶ人々の数と思いは，相当なものであったといえよう。

Column 1.6 ● 匿名組合小林商店

匿名組合とは，営業者が匿名組合員からの出資を受けて，営業から生じた利益を匿名組合員に分配することを約束する契約形態のことをいう。出資者である匿名組合員は，取引上の権利・義務はなく，名前も匿名とすることができる。小林商店の匿名組合の約款の骨子は，次の通りであった。

1. 組合の目的は，歯磨，石鹸，化粧品の製造販売ならびに工業用原料薬品および諸種雑貨の販売とする。
2. 組合の商号は小林商店と称する。営業所は，東京，大阪，天津，漢口に設ける。
3. 総出資額は 300,000 円とし，配分は次の通りである。

140,000 円	小林富次郎	20,000 円	松岡保之助
30,000 円	小林徳治郎	20,000 円	神谷市太郎
30,000 円	小林友三郎	20,000 円	杉田儀市
30,000 円	井口昌蔵	10,000 円	小林幸吉

4. 小林富次郎が組合を代表する。
5. 純利益額の半額を配当し，残り半額を積立金および組合員および店員一般の賞与金に充当する。

■図表 1-5-1
「チューブ入煉歯磨」

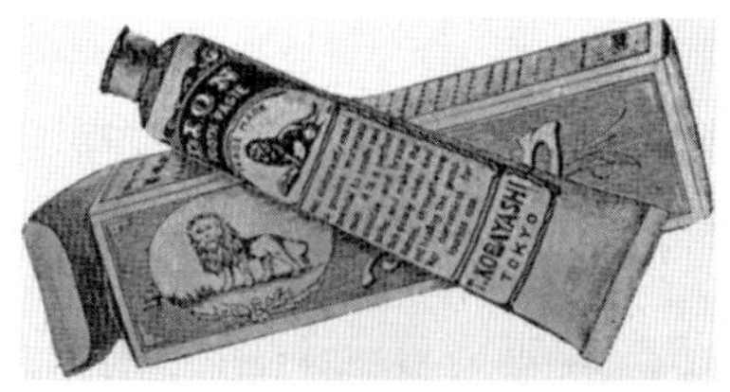

（出所） ライオン歯磨株式会社社史編纂委員会（1973）『ライオン歯磨 80 年史』ライオン歯磨，94 頁。

大学）の指導を得て開発された「萬歳歯刷子」を発売した。15 年には中国向け「獅子牙粉小袋」を発売している。生産・研究設備は 15 年の類焼のため，翌年 5 月に本所の厩橋橋畔（うまやばしきょうはん）の隅田川沿いに最新式歯磨製造（歯刷子も製造）工場（東京工場）と小林商店化学研究所を竣工した（**Column** 1.7）。18 年には匿名組合を株式会社小林商店に改組し，関東大震災の罹災後の仮工場時代を経て，1934（昭和 9）年 4 月に厩橋に新工場を竣工させた。

広告宣伝にはさらに力を入れて，初代時代の全国巡回楽隊パレードを受け継ぐとともに，販売店の店頭装飾を競うキャンペーンを開催した。発展する丸の内には，丸ビル 1 階に丸の内ライオン歯磨出張所を設けて拠点とした。社会的存在価値を高めるうえで大きな意義を持ったのは，1913 年に始めたライオン講演会（図表 1-5-2）や，21 年 6 月に創設されたライオン児童歯科院（図表 1-5-3），歯磨教練や衛生展覧会などの口腔衛生活動であった。他方，おとり廉売をなくし流通価格を安定させるため，1927（昭和 2）年に東京・大阪・名古屋に値段協定会を設け，31 年にはそれを発展させて 3 都市にライオン会を設立し，以後，各地にも設立された。海外では，天津・上海・漢口の 3 支店，インド各地の出張所のほか，中国の他の地域，台湾・朝鮮・満州さらには南方へと販路を拡げた。なお，35 年 9 月に初代の信頼の厚かった井口が急逝し，63 歳となった 2 代富次郎は，同年 10 月に長男の喜一副社長に社長を引き継いだ。

1.6 ライオン歯磨の経営展開

軍靴の音が高まる中で，小林商店は歯刷子事業を独立させ，歯槽膿漏対策はじめ薬品分野を拡充させペニシリンの量産化も実現した。戦時経済統制（**Column** 1.8）と戦災を経て，1945（昭和 20）年 8 月 15 日の終戦を迎えた。戦後，東京工場の被災を想定して設けた工場や臨時に設けた工場で生産を再開し，大阪工場も新設された。戦後インフレと物資不足の中，仕入先や問屋の協力で生産と販売を継続し，49 年 2 月，社名を**ライオン歯磨株式会社**（以下「ライオン歯磨」という）と改め株式上場も決めて再スタートした。

ライオン歯磨は 1951 年に新素材のナイロン植毛の歯刷子，翌年にプラスチック柄の歯刷子を発売し，同年には科学技術研究所と生産部門の研究部を一本化してライオン歯磨研究所を新設した。53 年には新製品委員会を設置し，粉歯磨から半煉歯磨さらに煉歯磨へと変化していく消費者の需要に応える新製品を市場に

Column 1.7 ● 科学的管理法の導入

ライオン歯磨の厩橋のたもとの東京工場では，1920（大正 9）年に，上野陽一の指導により，粉歯磨の袋詰の手作業の時間研究と工程管理の研究を実施した。作業を流れ作業に切り替えることによって，1 人当たりの生産量を増加させ，作業場面積の節減を実現できたという。日本の能率研究や経営コンサルタントの先駆者と称される上野陽一であるが，彼にとっては，初期の実践的な指導の場がライオン歯磨の工場であった。

■図表 1-5-2　第 1 回ライオン講演会

（出所）ライオン株式会社社史編纂委員会（2014）『ライオン 120 年史』ライオン株式会社，34 頁。

■図表 1-5-3　ライオン児童歯科院

（注）東京・京橋区山城町 6 番地（現・中央区銀座）に開設当時。1923 年 10 月には赤坂区伝馬町 3 丁目に移転し，27 年 2 月には四谷区四谷見附にも開設した。
（出所）ライオン株式会社社史編纂委員会（2014）『ライオン 120 年史』ライオン株式会社，35 頁。

Column 1.8 ● 戦時経済統制と歯磨業界団体の設立

1937（昭和 12）年 7 月の日中戦争勃発後，歯磨の製造面では，香料の輸入制限や包装材の錫の使用禁止などの影響が大きかった。とはいえ「日常必需品化せる石鹸，歯磨，歯刷子の類は，寧ろ戦地への官給品となりたる関係もありて，製造多忙を極めた」（株式会社小林商店『第 39 回営業報告書』）のである。1939 年 9 月 1 日の物価賃金等停止令の施行によって，あらゆる商品の価格が 9 月 18 日に釘付けされることになった。歯磨については同年 11 月 30 日に中央物価委員会があらゆる公定価格を決定し，石鹸の公定価格とともに，12 月 1 日付け新聞で公表され，40 年 1 月の商工省告示として公布された。そこでは，仁丹粉歯磨を除いて，小売業者利益の方が卸売業者のそれよりも高めに設定されていた。

しかし，その他の商品価格（ライオン歯磨では 4 種類以外）が前年 9 月 18 日の価格に釘付けされている状況では歯磨製品全体の価格統制維持が困難であり，取引上の不都合も発生した。そこで同業者の協議によって，公定価格の指定を受けていない商品についても各業者が自らの商品について公定価格に準じた価格を算定し商工省に提示して了解を求めることにした。政府は認める筋合いのものではなく黙認状態であったが，この方法で価格秩序の維持を図ることにした。1940 年 7 月 6 日には，奢侈品等製造販売制限規則が公布され，翌日から施行された。このいわゆる「七・七禁止令」により，商品ごとに，公定価格品，協定価格品（歯磨の場合は東京府協定商品），九・一八停止価格品（歯磨の場合は公定価格を基準に算定した価格），新製品などに区分して表示することが求められた。なお歯刷子についても，40 年 12 月 1 日に公定価格が公表されている。

この年の 10 月，東西 19 社が参加して日本歯磨業工業協会が設立され，小林商店社長の小林喜一（3 代富次郎）が理事長に就任した。それまで化粧品業界の一部とされていた歯磨業界は，独立した専門業界となったのである。

1941 年 2 月に歯磨の公定価格は改定され，同年 12 月には粉歯磨を除いて物品税が課税されることになった。そこには，粉歯磨以外の製品の原材料すなわちグリセリンや殺菌薬などの原料およびブリキ・錫・アルミ・鉄などの容器や輸送箱の材料が軍需用として優先されるという背景もあった。これらは民生品としての入手が困難となり，43 年 10 月 21 日には商工省告示によって煉歯磨や潤製歯磨の製造が禁止され，粉歯磨のみ製造が許可されることになった。この規制は終戦後まで続き，潤製・半煉歯磨の製造が許可されたのは 45 年 10 月，煉歯磨の製造が許可されたのは 47 年 10 月のことになる。

送り出していった。51年9月の民間放送ラジオ，53年8月の民間放送テレビのそれぞれの放送開始とともに，双方で番組提供を行った。生産面では設備や管理の合理化と近代化を図り，54年10月には東洋一の規模の大阪工場（大阪市東住吉区杭全町（くまたちょう））を竣工させ，東京と大阪の2拠点体制とした。販売面では51年9月に全国ライオン会連合会を結成して，卸売店の組織化と小売店の情報集約を図った。1967年12月の再販制導入（独禁法の例外規定）に際しては「1店1帳合制」を採用して，約21万店もの販売登録店を確保した。

新興メーカーの台頭などで1954年以降減収減益が続き，これを打破すべく58年6月に副社長に就任したのが38歳の小林敦であった。喜一（同年11月20日の父2代富次郎の逝去に伴い翌59年5月に3代富次郎を襲名）社長の長男で，米国の留学経験もあった。小林副社長は，第1次（59年6月〜61年11月）と第2次（62年12月〜66年11月）に分けた長期経営計画を掲げ，教育訓練と市場細分化に努め，「ホワイトライオン」（61年）・「タバコライオン」（62年）・「デンターライオン」（64年）の機能別の主力3製品を市場に浸透させた。

またマレーシア，台湾，タイに現地法人を設けるとともに，米国企業との提携により，解熱鎮痛剤「バファリン」・整髪料「バイタリス」・制汗剤「バン」などを日本市場に導入した。

1967年1月に社長に就任した小林敦は，歯磨分野の拡充と海外展開を進めながら，第3次長期計画（67年12月〜71年11月）で薬品事業のほか食品や生理用品の分野も手がけた。第4次長期計画（71〜73年度）では，ライオン油脂との提携強化をはじめとした7原則（**Column** 1.9）を明示し，歯磨分野の圧倒的シェアを基本に新たな飛躍を期することとした。

1.7 ライオン石鹸工場からライオン油脂へ

1910（明治43）年に2代富次郎が初代富次郎と関係のあった村田亀太郎との共同出資で設立した合資会社ライオン石鹸工場（向島須崎町）は，欧米との規模の格差を認識した初代富次郎が廃止まで考えた石鹸事業を充実した設備で発展させようという2代富次郎の強い意思を形にしたものであった。

ドイツから輸入したオートクレーブ（高圧反応釜）と農商務省から貸し下げられたドイツ製グリセリン蒸留精製機と併せて脂肪酸の製造に成功し，1912（大正元）年には一般向け脂肪酸石鹸第一号の「ライオン洗石鹸（あらいせっけん）」を発売した（**Column**

Column 1.9 ● 第４次長期計画（1971〜73 年）の７原則

LA project（All Lion Project）：ライオン油脂との提携強化
LB relation（Lion & Bristol Myers' Relation）：海外企業との連携強化
LC system（Lion Circle System）：流通のシステム化
LD plan（Lion Deming Plan）：科学的品質管理体制の全社的確立
LE plan（Lion Employees' Plan）：人間指向の諸制度を確立
LF plan（Lion Financial Plan）：経営資産の有効活用と効率的運用
LG project（Lion Global Project）：新規事業・新製品の積極開発による海外進出の推進

（出所） ライオン株式会社社史編纂委員会（2014）『ライオン 120 年史』ライオン株式会社，54 頁。

Column 1.10 ● 石鹸の主な製法上の分類

石鹸の製法は，鹸化法と中和法に大別される。鹸化法の原料は，牛脂や椰子油や大豆油などの動植物である。油脂には脂肪酸とグリセリンが含まれていて，苛性ソーダを加えるとアルカリ分と脂肪酸が結合して脂肪酸ナトリウムができる。これを鹸化という。具体的には，容器に油脂を入れて苛性ソーダを加えて加熱するという工程である。容器を鹸化釜，加熱することを焚くという。鹸化後に食塩を加えると，石鹸分が浮き上がってくると同時に，グリセリンを含む重い石鹸廃液が下方に分離される。この工程を塩析といい，この製法を釜焚き塩析法という。釜焚きには職人的な技能を要し，塩析には時間がかかるが，最もオーソドックスな方法である。

鹸化法には，さらに塩析工程を欠いた焚き込み法と冷製法がある。焚き込み法は，油脂を苛性ソーダ水溶液とともに煮沸し，そのまま製品に仕上げる。製品には油脂の不純物やグリセリンが含まれるが，簡便な製法であり，コストも安い。冷製法は，低級脂肪酸を多く含む椰子油等などの原料に濃厚な苛性ソーダを加え，その反応熱を利用して油脂の鹸化を促す。外部からの加熱を要しないため，焚き込み法よりさらに安価な石鹸が生産できる。

中和法は，油脂を脂肪酸とグリセリンに分けたうえで，脂肪酸だけを原料として苛性ソーダを加えて中和し製造する方法である。純度の高い製品が生産できる。きめ細かな品質管理も可能であり，大規模な量産に向いた製法である。

なお石鹸は仕上工程の違いから，枠練と機械練という２つのタイプに分けられる。枠練は，石鹸生地に香料や色素などを加えてから枠に取って冷やし，棒状にしてから乾かし，それを小さく切って型打ちしてつくる。機械練は石鹸生地を冷却しチップ状にしてから乾燥し，香料や色素などを加え機械で練り固めて棒状にし，それを型打ちして製品にする。枠練石鹸は，製造日数が長いが固くて溶けにくいので「氷砂糖」に例えられる。これに対して，機械練は軟らかく溶けやすいので「角砂糖」に例えられる。

1.10)。2代富次郎に14年に招聘された技術者・竹井俊郎は，精製グリセリンの生産や石鹸原料となる硬化油の工業化を進めた（**Column** 1.11)。19年8月には，前年に株式会社となった小林商店の100％子会社としてのライオン石鹸株式会社となり石鹸販売も継承した。これがライオンの油脂事業の起点とされる。2代富次郎が社長となったが，実際の経営は常務となった竹井が担った。

1920年に発売された「植物性ライオン洗濯石鹸」は技術開発の成果であったが，「軟らかく羊羹のようだ」との苦情を受けて，翌年にその改良型をすぐに販売し，好評を得て市場に浸透していった。1932（昭和7）年には，エチルアルコールの分留技術と，油とアルコールを反応させるエステル化技術を開発し，これが初めての特許となった。

販売面では，高品質ながら価格の高い「植物性ライオン洗濯石鹸」（図表1-7-1）の積極販売のために都市部での小売直販を進め，軍隊・工場・各種組合への販売も推進した。さらに「なぜこまめに洗濯をすることが望ましいのか」の理解と納得を得るための活動も展開した。ライオン歯磨の口腔衛生活動と同様に，主製品を通じての社会貢献活動である。

1923（大正12）年9月の関東大震災の大きな被害からの復興過程では，問屋委託や自社銘柄の化粧石鹸，初の洗濯用粉石鹸も発売し，さらに小売店との共存共栄を図る専売店制度も導入した。4期にわたる工事を重ねて1936（昭和11）年3月，原料の硬化油から石鹸までの一貫生産を担う平井工場が竣工した。これにより，向島，製造委託の吾嬬とともに3工場体制となった。

1933年に向島工場に家庭洗濯相談所を開設していたが，36年の平井工場完成を機にそれを発展的に解消してライオン洗濯科学研究所を設けた。戦時体制の資源不足の中で，切削油や航空潤滑油など様々な油脂技術の研究・開発が進められ他企業との技術や資本の提携も進展した。40年9月11日，日本化成工業の資本参加を得て小林家の封鎖的所有から蝉脱したのを機に，ライオン石鹸株式会社を**ライオン油脂株式会社**（以下「ライオン油脂」という）に改称した。石鹸のみならず，油脂関連製品全般への事業拡大を目指してのことでもある。

1.8 粉石鹸工場から合成洗剤へ

空襲の被害を経て終戦を迎え，ライオン油脂は，戦後の石鹸配給規則によるクーポン集券（**Column** 1.12）を他メーカーと競った。朝鮮動乱前後の過剰生産・

Column 1.11 ● 硬化油

硬化油とは，常温では液体であるが，水素添加して融点を上げることによって固形となった油脂である。1902 年にドイツのノイマンが，空気中の酸素と結合して悪臭を放つため長く使用されていなかった不飽和脂肪酸に水素を添加することで飽和脂肪酸に変える技術を開発し，3 年後にイギリスのクロスフィールド＆サンズが工業化したことによって，ヨーロッパで硬化油工業が成長した。日本では，第 1 次世界大戦に伴う石鹸原料の牛脂・椰子油の輸入途絶に伴い，硬化油工業が発展した。

■図表 1-7-1
「植物性ライオンせんたく石鹸」

（出所） ライオン株式会社社史編纂委員会（2014）『ライオン 120 年史』ライオン株式会社, 59 頁。

Column 1.12 ● 石鹸配給規則とクーポン集券

1949（昭和 24）4 月に石鹸配給規則が制定・公布され，翌月から施行された。メーカーは，消費者 ⇒ 小売登録店 ⇒ 卸売登録店 ⇒ 石鹸メーカーという経路でクーポンを集めてその集券実績に応じて原料が割り当てられることとなった。ライオン油脂は都市部では小売店との直接取引を進めていたので，卸店からの協力を得るのが難しい面もあり，都市部の集券実績は地方でのそれよりも低くなった。

Column 1.13 ● 花王の販社と「三強政策」

1962（昭和 37）に林周二の『流通革命』が出版され，「問屋無用論」が話題となった。花王では，1960 年代に，花王製品の専門の卸売機能を担う花王製品販売会社（販社）を全国に約 130 社も設立した。これらは，卸売店の花王製品部門を独立させて個別に設立したり，複数の卸店が共同で設立したものであったが，花王製品の販売部分が卸店の本体から分離された形となった。中には，花王製品の販売に関する商権が奪われるということで騒がれた地域もあった。これに対して，ライオン油脂では，「強い卸店，強い商品，強い結びつき」という「三強政策」の方針を打ち出して，卸店と協力すなわち卸店による中間流通機能を尊重する方針をとった。なおその後，花王販社は，合併や整理が進められて全国 8 社の広域販社となった後，全国統一 1 社となり，それが KCM（花王カスタマーマーケティング株式会社）となる。

過剰在庫と新三品（油脂，ゴム，皮革）の暴落，各社の換金売りなどによる原料高・製品安で各社とも経営難となった。各社とも，輸入原料の高騰と先高予想感および石鹸ブームによる原料不足の見通しから高値で原料を確保していたためである。1951（昭和 26）年 6 月，小林寅次郎社長は全社員に会社再建の協力を求める声明を発するとともに，卸売店組織のライオン会を都市型・地方型に分けてライオン石鹸会として再組織し，63 年には全国 8 地区の石鹸会を母体とする全国ライオン石鹸会を設立する。これを基盤に 68 年には，花王製品専門卸売の花王販社に対抗する「三強政策」（*Column* 1.13）を打ち出し，卸売店との連携強化を図った。1957 年には，ライオン洗濯科学研究所の役割を継承していた家事科学課を改組してライオン家庭科学研究所を設立した。

1953 年頃から電気洗濯機が普及し，ライオン油脂は同年 6 月に「電気洗濯機用ライオン粉石鹸」を発売して大ヒットとなった。合成洗剤の時代となり（図表 1-8-1），ライオン油脂も，50 年発売の工業用の洗浄剤に続く 2 つ目の鉱油系合成洗剤「トップ」（図表 1-8-2）を 56 年 6 月に発売したが，苦戦となった。同年 8 月，台所用洗剤「ライポン F」を発売，3 年後には液体タイプを発売して台所衛生の向上に貢献した。台所用で「野菜・果物・食器洗浄用」と多様性を打ち出したが，衣類洗剤では一般衣類とおしゃれ着とに用途を分けて，台所用と合わせて 3 つの合成洗剤分野とした。衣料分野で巻き返しを実現したのは 62 年 4 月の制泡性洗剤「ハイトップ」の発売によってであった。1 年後には，おしゃれ着用の「アクロン」を発売した。その後，消費者ニーズの多様化に伴い，複数ブランド化へと舵を切り，衣料用では 65 年 3 月に「ブルーダイヤ」，台所用では 66 年 10 月に「ママレモン」を発売した。排水による泡が問題となると，ライオン油脂は，LAS よりも生分解性の高い AOS を用いた「ダッシュ」を 67 年 2 月に発売した（図表 1-8-2, *Column* 1.14）。その後も，新しい衣料用新洗剤を次々と発売する一方，本州製紙（現・王子ホールディングス）との提携で新分野の「リードペーパータオル」を発売した。赤潮発生等への環境問題にも対応し，73 年には日本初の無リン洗剤「せせらぎ」を発売し，その後もコンパクト化製品のほか，仕上剤や柔軟剤の新製品も発売した。香粧品では 65 年 8 月発売の「エメロンシャンプー」の好調以降，次々と新製品を発売した。

1970 年 9 月 29 日，病気療養中の小林寅次郎が他界した。本郷慰與男が社長を引き継いだ後，73 年 2 月，寅次郎の女婿（じょせい）の小林宏が社長となった。小林宏社長は，就任の年に起きた洗剤パニックを乗り切り，ライオン油脂の進むべき新しい方向への経営を担うこととなった。

■図表 1-8-1　石鹸と合成洗剤の生産量の推移

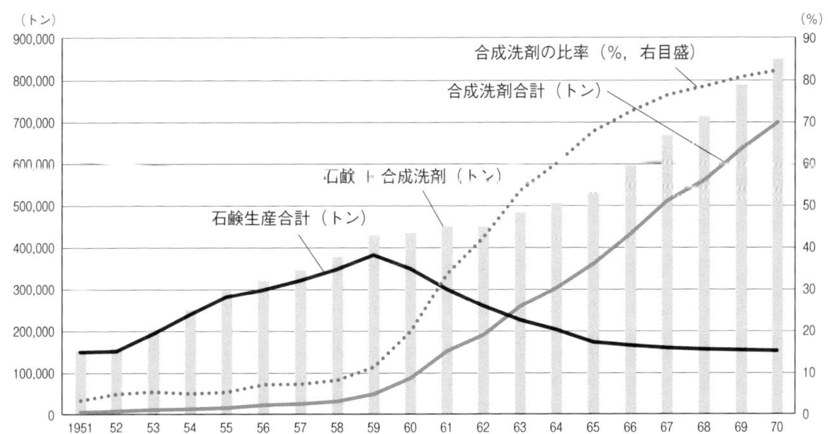

（出所）佐々木聡（2016）『産業経営史シリーズ 10 石鹸・洗剤産業』日本経営史研究所，96 ～ 97 頁より作成。原資料は日本油脂工業会（1972）『油脂工業史〔資料編〕』日本油脂工業会，16 ～ 17 頁。

■図表 1-8-2　「トップ」と「ダッシュ」

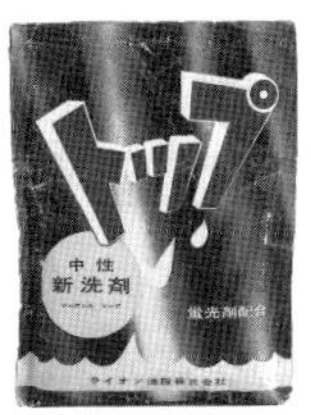

（出所）ライオン株式会社社史編纂委員会（2014）『ライオン 120 年史』ライオン株式会社，72,77 頁。

Column 1.14 ● ABS，LAS と AOS

1960 年代後半になると，それまで合成洗剤の多くで使用されていた界面活性剤 ABS（Alkylbenzene Sulfonate）の生分解性が悪く河川で泡を浮き出す問題が顕在化した。このため，比較的生分解性の良い LAS（Linear Alkylbenzene Sulfonate）が使用されるようになった。ライオンがアメリカのシェブロンから開発途上で導入した AOS（Alpha Olefin Sulfonate）はそれよりも，一段と生分解性が高いとされた。

1.9 新生ライオンの発足と事業展開

1980（昭和55）年1月1日，ライオン歯磨とライオン油脂による2年あまりの準備期間を経て両社が合併し，**ライオン株式会社**として新たな歩みを始めることとなった。会長にライオン油脂の小林宏，社長にライオン歯磨の小林敦が就いた。新生ライオンは，小林敦社長のリーダーシップの下，長期経営計画を立てて，随時，その修正をしながら，総合力を発揮して企業成長を図り，次々と画期的な製品を市場に送り出していった。準備過程の79年に発売された酵素パワーの「トップ」や手肌に優しい「ママローヤル」に続いて，80年に「無りんトップ」を発売した。洗浄助剤のリンに代えて高価なクエン酸を使った「せせらぎ」の泡切れの悪さや使用感の難点を克服するべく，AOSと酵素と洗浄助剤にゼオライトを活用した製品である。82年には無リン洗剤専用の千葉工場も竣工し，生産能力の一層の拡充が図られた（図表1–9–1）。

一方，1981年9月に歯垢分解酵素デキストラナーゼを配合した「クリニカライオン」，翌82年10月には抗炎症・止血効果を持つトラネキサム酸を配合した「デンターTライオン」（図表1–9–2）をそれぞれ発売した。合併直後の新製品は，環境や消費者ニーズを追求する新生ライオンの記念碑的な製品となった。

その後，ライオンは芳香剤やパイプ洗浄剤等に市場を拡げるとともに，1970年発売の「リードペーパータオル」の製品ラインも進化・充実させていった。86年には米国ダウケミカル社の技術導入による「Ziploc ストックバック」と「Ziploc フリーザーバック」（図表1–9–3）も「リード」ブランドで発売し，翌87年にはペット事業にも参入した。香粧品では，84年に若年層男性向けと女子中高生向けのシャンプー&リンスを発売し，翌年にはリンスインシャンプーも発売した。88年4月には，前年4月に花王から発売された「アタック」が売上を伸ばしたため，ハイテク酵素の「ハイトップ」（図表1–9–4）を発売してシェアの回復を図った。

その後，1976年発売の「スマイル」に続く世代別や女性用の新しい点眼剤，外用消炎鎮痛剤，外傷救急薬，うがい薬，妊娠検査薬，水虫・たむし治療薬などの新製品も発売した。技術開発も，バイオ，省エネルギー，油脂などの関連技術を中心に推し進めた。技術開発と多角化を進める一方で，ゼオライト技術の導入などで信頼関係のあった独ヘンケル社との基本契約はじめ国際化も進めた。

他方で，歯磨（化粧品系）と油脂（雑貨系）の卸売店の全国組織を統合して卸売

■図表 1-9-1　石鹸・家庭用合成洗剤の生産量（1971 ～ 90 年）

単位：トン

年	石鹸								家庭用合成洗剤								石鹸・家庭用合成洗剤合計
									粉末			液体				家庭用合成洗剤合計	
	浴用	手洗用液体	洗濯用固形	洗濯用粉末	繊維用	工業用	その他	石鹸合計	有リン	無リン	粉末合計	洗濯用	台所用	住宅・家具用	液体合計		
1971	94,952	―	18,994	14,403	5,731	5,844	4,009	143,933	―	―	481,192	―	―	―	166,088	647,280	791,213
1972	97,740	―	15,076	14,984	5,907	6,270	4,478	144,455	―	―	516,438	―	―	―	187,385	703,823	848,278
1973	101,540	―	16,603	20,670	8,058	10,108	5,889	162,868	―	―	575,982	―	―	―	189,201	765,183	928,051
1974	104,383	―	16,566	15,605	4,990	10,019	6,109	157,672	―	―	624,223	―	―	―	207,188	831,411	989,083
1975	75,352	―	10,453	21,425	4,931	5,590	4,464	122,215	―	―	408,696	―	―	―	183,025	591,721	713,936
1976	96,031	―	10,791	23,233	5,668	4,204	7,265	147,192	―	―	450,299	―	―	―	228,530	678,829	826,021
1977	97,949	―	11,785	24,652	5,362	4,232	6,589	150,569	―	―	474,409	―	―	―	244,828	719,237	869,806
1978	103,940	―	10,806	26,507	4,710	4,185	5,903	156,051	―	―	531,573	44,804	192,343	54,090	291,237	822,810	978,861
1979	109,478	―	13,384	33,329	4,818	5,748	7,633	174,390	―	―	608,637	46,048	217,540	61,004	324,592	933,229	1,107,619
1980	108,801	―	12,877	51,910	4,276	8,201	12,411	198,476	475,400	―	475,400	37,912	202,969	58,233	299,114	774,514	972,990
1981	103,828	―	10,966	43,731	3,996	9,136	18,026	189,683	386,895	136,919	523,814	40,774	205,598	58,294	304,666	828,480	1,018,163
1982	99,786	―	11,416	36,641	4,127	9,747	19,454	181,171	236,854	325,560	562,414	41,008	222,006	59,700	322,714	885,128	1,066,299
1983	106,797	―	10,493	35,255	3,223	13,783	18,414	187,965	77,354	488,019	565,373	39,829	231,992	62,235	334,056	899,429	1,087,394
1984	109,257	―	10,864	36,622	2,687	16,499	21,189	197,218	44,404	523,718	568,122	51,054	238,065	58,088	347,207	915,329	1,112,547
1985	105,703	4,049	10,817	37,924	―	19,563	6,360	184,416	37,314	568,951	606,265	56,649	238,055	66,862	361,566	967,831	1,152,247
1986	107,342	4,174	9,782	34,904	―	19,965	5,744	181,911	33,335	586,111	619,446	53,919	247,046	62,684	363,649	983,095	1,165,006
1987	109,423	4,923	8,912	33,581	―	22,741	6,561	186,141	23,854	620,935	644,789	64,415	250,409	68,148	382,972	1,027,761	1,213,902
1988	111,794	5,168	8,381	26,844	―	24,420	6,921	183,528	16,455	534,371	550,826	30,438	254,591	66,795	351,824	902,650	1,086,178
1989	108,033	4,677	7,595	26,449	―	25,473	7,866	180,093	14,915	555,210	570,125	30,647	258,752	74,195	363,594	933,719	1,113,812
1990	106,396	5,026	7,338	27,072	―	29,257	8,254	183,343	19,367	603,110	622,477	33,327	255,561	82,389	371,277	993,754	1,177,097

（注）　繊維用石鹸は，1983 年から工業用石鹸に含まれる。

（出所）　佐々木聡（2016）『産業経営史シリーズ 10 石鹸・洗剤産業』日本経営史研究所，129 頁。原資料は日本石鹸洗剤工業会（1981）『油脂石鹸洗剤工業史－最近 10 年の歩み－』日本石鹸洗剤工業会，256 ～ 257 頁，日本石鹸洗剤工業会（1992）『油脂石鹸洗剤工業史－1980 年代の歩み－』日本石鹸洗剤工業会，276 ～ 278 頁。

■図表 1-9-2　「デンターＴライオン」

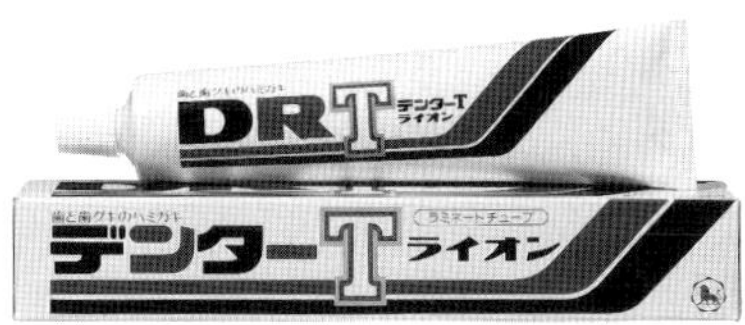

（出所）　ライオン株式会社社史編纂委員会（2014）『ライオン 120 年史』ライオン株式会社，133 頁。

■図表 1-9-3　「リードストックバック」，「リードフリーザーバック」

（出所）　ライオン株式会社社史編纂委員会（2014）『ライオン 120 年史』ライオン株式会社，158 頁。

■図表 1-9-4　「ハイトップ」

（出所）　ライオン株式会社社史編纂委員会（2014）『ライオン 120 年史』ライオン株式会社，177 頁。

店との連携を強化し，1983 年には卸売店を通じて小売店の販売情報を集約するシステムを構築した。そのシステムを基盤に，85 年 8 月には日本初の VAN（Value Added Network）運営企業，株式会社プラネットを誕生させた。

1.10 小林敦社長から専門経営者による新たな経営へ

小林敦社長は，家事や口腔衛生の社会貢献を推進する一方，低コスト経営，責任と権限の委譲による市場ニーズへの即応，人材育成とコミュニケーションのスピードアップ，さらには新しい商品供給システムの構築を進めて組織的能力（organizational capability）の向上を図った。さらに，原料から製品までの一貫体制や地球環境を重視した経営を進め，パーム油を主成分とする「スパーク」（1991 年 3 月）や植物原料からなる「植物物語」（92 年 4 月）などを発売した。

1994（平成 6）年 3 月，小林敦社長に招聘されて前年に通産省から入社した高橋達直が社長に就いた。これ以降，ライオンの社長は内部昇進の専門経営者（salaried manager）である藤重貞慶（2004 年 3 月），濱逸夫（12 年 1 月），掬川（きくかわ）正純（19 年 1 月）そして竹森征之（23 年 3 月）へと引き継がれていく。

高橋社長時代は，社内情報システムを構築するとともに，情報技術の活用による研究開発のスピードアップが図られた。小林敦社長時代の 1992（平成 4）年発売の「エメロン植物物語」は，翌年以降，ボディソープ，シャンプー，リンス，洗顔フォームなどの「植物物語」シリーズとして躍進し（図表 1-10-1，**Column** 1.15），97 年 6 月発売の「キレイキレイ」は薬用石鹸市場の主役に成長した。技術革新と研究開発による成果は，96 年発売のコンパクト洗剤「スーパートップ」などの衣料用洗剤をはじめ，住居用洗剤，オーラルケアなどの各分野の市場へ新製品として投入された。口腔衛生活動を継承する一方で，95 年に発生した阪神淡路大震災の際には，自社製品と義援金を提供した。

藤重社長時代，従来の日用品に，OTC 医薬品（一般用医薬品），機能性食品を加えた 3 分野の事業を新しい市場概念として融合し，「新・快適生活産業」という大枠の中で商品の軸をつくるという方針が打ち出された。事業や生産体制を見直すとともに営業やマーケティングも刷新し，ガバナンス体制も強化した。研究開発体制を強化して，「快適生活」の実現のための新製品を各分野で発売した。2011（平成 23）年には広報センター（後のコーポレートコミュニケーションセンター）内にライオン快適生活研究所を新設した。またアジアや欧米での事業展開

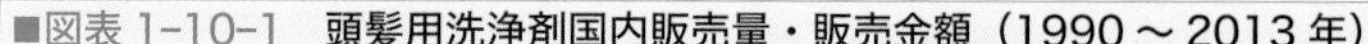

■図表 1-10-1　頭髪用洗浄剤国内販売量・販売金額（1990～2013年）

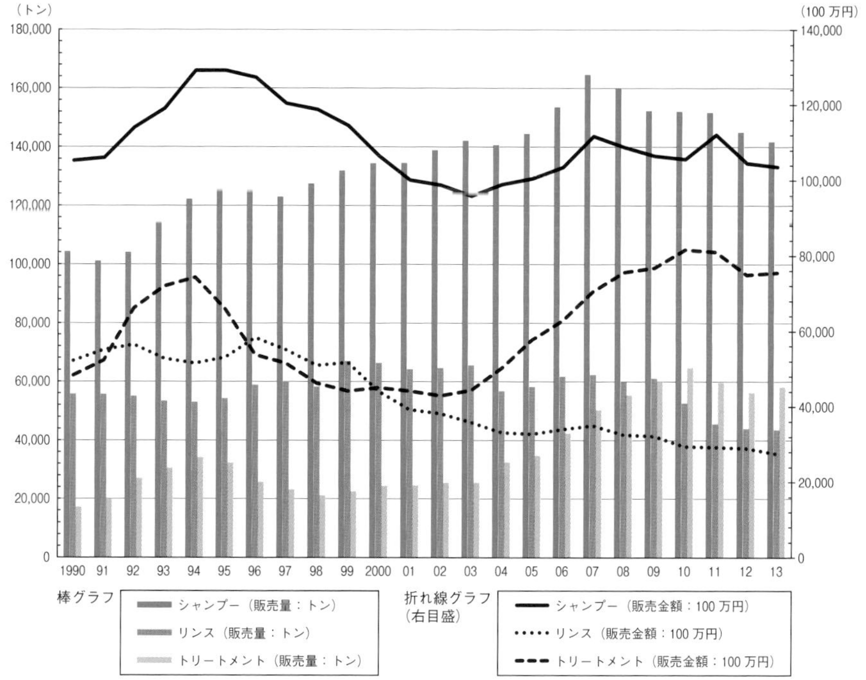

（出所）佐々木聡（2016）『産業経営史シリーズ 10 石鹸・洗剤産業』日本経営史研究所，160頁より作成。原資料は日本石鹸洗剤工業会（1992）『油脂石鹸洗剤工業史－1980年代の歩み－』日本石鹸洗剤工業会，81～82頁，日本石鹸洗剤工業会（2000）『油脂石鹸洗剤工業史－1990 年代の歩み－』日本石鹸洗剤工業会，64～68 頁，日本石鹸洗剤工業会（2011）『油脂石鹸洗剤工業史－2000年代の歩み－』日本石鹸洗剤工業会，33～36頁。

Column 1.15 機能性シャンプーの登場

1990年代に，リンスも配合されたシャンプーや，髪への優しさと指通りの良さを特長とするシャンプーがより多く発売されるようになった。ライオンが，89年に発売したリンス成分配合シャンプー「ソフトインワン」や，93年4月に発売した「植物物語シャンプー」「植物物語リンス」も，新しいニーズに応える製品の一つであった。その後，若い女性の間で，毎日あるいは毎朝のシャンプー（「朝シャン」）が一般化すると，ダメージヘアーのケアや髪と地肌への優しさを機能面で重視したシャンプーやリンスが求められるようになった。リンス性能の向上により，リンスとトリートメントの間の境界が不鮮明になると同時に，トリートメントの中でも洗い流さないタイプ（アウトバス）も登場し，ヘアートリートメントとヘアースタイリングの間の境界も不鮮明になって，融合する傾向が見られるようになった。2000年代には，その延長線上でシャンプー，リンス，トリートメントおよびスタイリングを1つのブランドとしてラインナップする傾向が高まっていった。機能面でも，ダメージや癖毛，エイジングへの対応が求められ，高付加価値製品も登場した。

も推進していった。同年に発生した東日本大震災の際も，製品・義援金・支援物資の提供をはじめ様々な支援を行った。

濱社長も，事業の高付加価値化とグローバル化を通じて，企業体質の転換を図り，継続的な成長のための礎を築いた。掬川社長も 2030 年に向けた中長期経営戦略フレーム「Vision2030」によって，「次世代ヘルスケアのリーディングカンパニーへ」の実現を目指して経営を展開し，23 年 4 月からは掬川会長・竹森社長の二頭体制でその展開を加速させようとしている。それらの内容を見ても，高品質の追求，事業を通じた社会貢献，ビジネス上の縁や信頼の重視，人材の育成による組織的能力の向上といった創業者・初代小林富次郎の経営理念は変わることなく，健康と衛生と美に関する市場を創出し続ける中で進化的に継承されてきたといえる。

第 2 章

経営戦略とは

経営学に関連する用語の中で，「経営戦略」ほど，様々な場面で多用されるのにもかかわらず，その定義が共有されていないものはないのではないだろうか。

経営戦略を「策定し，実行する」とは具体的にどのようなことなのか。本章ではライオンの歴史上の事例を紐解きながら，会社の将来の方向性を定め，全社で具現化するという企業活動の根幹をなすダイナミズムの基盤となる経営戦略の理論的枠組みを解説する。

■ライオンの中長期経営戦略フレーム「Vision2030」において定められた「4 つの提供価値領域」

（詳しくは *Column* 2.3,2.6 を参照。）

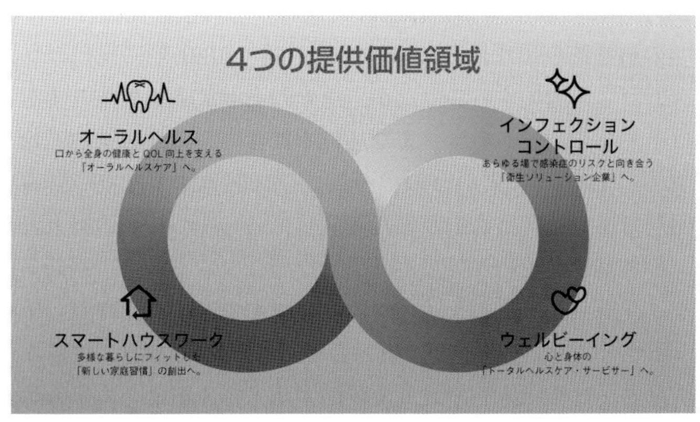

（出所）　ライオン株式会社ウェブサイト「中期経営計画」（https://www.lion.co.jp/ja/company/vision/）（閲覧日：2023 年 6 月 7 日）。

2.1 経営戦略とは何か

経営戦略とは，序章にある通り企業が「自らが進むべき方向・あるべき姿に向けていかに進めるか」を検討する営みである（図表 2-1-1）。では，あるべき姿をいかにして見いだすのであろうか。将来のあるべき姿を導き出すのは，人間個人にとっても難しい。私は大学で教鞭をとっており，毎年 120 名程度の新入生を迎える。18 歳前後の 120 名それぞれにとって，10 年後はどのような状態であるべきか，というのはバラバラである。つきたい職業，交友関係，家族構成，経済状況など個人の生活を形成する要素は多様であり，個人によって理想の形態は異なるであろう。そして，全ての個人が将来的に「望んでいた自分」になれるわけではない。

例えば，大学に勤務し経営学を専門とする研究者である私が，10 年後に歌手としてワールドツアーを実施し，グラミー賞を受賞する，なんて可能性はほとんどない。これまでの職業経験や研究業績を生かして，教育や研究活動で社会に貢献しつつ，その活動を通じて収入を得て生活を成立させていくことになるだろう。自分がどのような姿になれるのか，は自身の能力や周囲の環境，例えば経済情勢であったり，科学技術の進化であったりに大きく依存する。そして，自身の能力や周囲の環境に将来（像）が左右されるというのは企業でも同様である。

企業が進むべき方向性やあるべき姿を規定し，実現するためのシナリオを設計するためには，外部環境と自社資源に依存する。ライオンを創業した初代小林富次郎は，1877 年に石鹸工場の鳴春舎に入社し，その後共同出資者となったことで起業家への道を踏み出す。その後鳴行社を経て 1891 年に現在のライオンである小林富次郎商店を開業するわけだが，その際石鹸製造を生業（なりわい）とすることを選択することは自然なことであろう。また，日本において石鹸製造が開始されたのは 1872 年であり，19 世紀末というのは石鹸並びに関連する産業が立ち上がったばかりの黎明期である。産業構造がまだ確立しておらず，多数の参入者が競争していた当時，小林富次郎商店が将来どのような姿になりうるかは不確実性が高い。そのような状況から，現在のライオンはハミガキやハブラシなどのオーラルケア製品，ハンドソープなどのビューティケア製品，食器や衣料，住居など多様な用途向けの洗剤といった幅広い消費財を供給するメーカーとしてその地位を確立している。

創業 130 年目の 2021 年にライオンは，自らのパーパス（存在意義）を「より良い習慣づくりで，人々の毎日に貢献する（ReDesign）」と定め，2030 年に向け進

■図表 2-1-1　経営戦略の概念

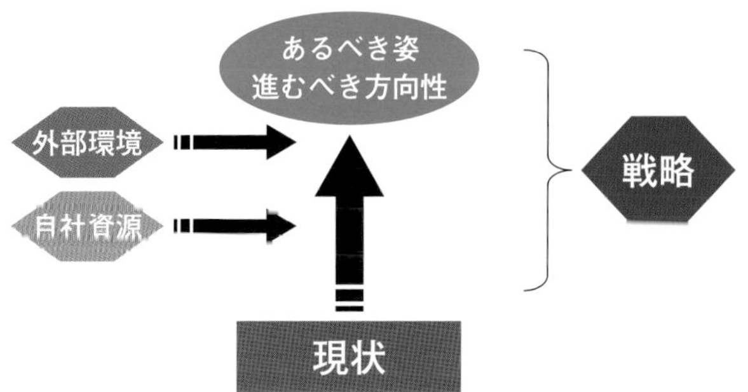

Column 2.1 ライオンの中長期経営戦略フレーム「Vision2030」

ライオンが属する日用品・消費財業界は，国内外に多数の競合企業が存在している。そういった環境下でライオンという企業が，自社の強みをどのように解釈しているのか，その強みをどのように活かして競争優位や事業継続性を実現しようとしているのかが，中長期経営戦略フレーム「Vision2030」においてまとめられている。

Vision2030 の起点として特に注目すべきは「より良い習慣づくりで，人々の毎日に貢献する（ReDesign）」というパーパスであろう。日本に口腔衛生という概念が存在しない時代から，歯磨きという生活習慣を根付かせることで市場を生み出してきた経験，ノウハウを活かしてさらなる成長を目指すという基本的な方向性・会社の存在意義が明確に規定されている。

■図表 2-1-2　Vision2030 の概念図

（出所）　ライオン株式会社ウェブサイト「中期経営計画」(https://www.lion.co.jp/ja/company/vision/)（閲覧日：2023 年 6 月 7 日）。

むべき方向性として中長期経営戦略フレーム「Vision2030 [1]」を明示し，その経営ビジョンを「次世代ヘルスケアのリーディングカンパニーへ」としている（*Column* 2.1，図表 2-1-2）。

2.2 事業領域の定義

2.2.1 ドメインとは何か

世の中には数多くの企業が存在するが，それぞれ活動する領域が異なる。ライオンはハミガキやハブラシといった口腔衛生用品やハンドソープおよび衣料用洗剤などのトイレタリー製品（*Column* 2.2）を製造販売する企業である。また，解熱鎮痛薬のバファリンや点眼薬のスマイルといった一般用医薬品の製造販売も手掛けている。

トイレタリー製品で競合関係にある花王株式会社（以下，花王）は，ライオンと同じく石鹸・油脂製造から始まった企業であるものの，2023 年時点では医薬品の製造は手掛けていない一方でソフィーナやカネボウといったブランドで化粧品を手掛けている。

創立時に似通った背景を持つ企業であっても，展開する事業領域が異なることが多い。企業が手掛ける事業の領域，つまり企業ドメインの定義は，重要な意思決定の対象である。なぜなら，企業が保有する経営資源には限りがあり，無秩序に手掛ける事業を広げていくと，それぞれの事業に十分に資源を投入できず，競争優位を確立できなくなってしまうリスクがある。逆に事業領域に関する検討を行わず，事業領域が過度に固定化すると，市場構造の変化に対応できなくなるリスクが生じることがある。自社が保有する資源と市場環境を踏まえ，適切に事業領域を定義し，見直していくことが事業の継続性を保つのに必要なのである。

2.2.2 ドメインをどう定義するか

20 世紀初頭，トイレタリーや口腔衛生用品市場がまだ未成熟である時期は，自社の資源を活かして製品開発することによって自ずと事業領域が規定されていった。しかし企業が成長して経営資源が蓄積されるとともに，市場が成熟するにつれて企業ドメイン，また企業ドメインに基づいて展開する事業内容，つまり事業ドメインの規定は詳細なものとなっていく。

石鹸製造によって創業したライオンは，石鹸を製造するための原料調達能力や

Column 2.2 トイレタリー製品市場の特徴

トイレタリー（toiletry）製品とは，日用品の中でも身体の洗浄や身だしなみを整えることを目的として用いられる製品の総称である。ハミガキやハブラシ等の口腔衛生用品，シャンプーやハンドソープ，制汗剤や日焼け止め，生理用品などが含まれる。広義のトイレタリー製品には衣料用・食器用・住居用洗剤なども含まれる。本書では広義の意味合いでトイレタリーという言葉を用いている。

トイレタリー製品は日常で継続的に用いるため高頻度に購買されるが，一般的に買い回りやすい価格で，スイッチングコスト（ブランド変更するための手間や制約）が小さいため，小売店で特売品として用いられることも多い。そのためブランドへのロイヤルティを高め，価格訴求によるブランドスイッチを防ぐような商品企画やマーケティング施策が求められる市場である。

Column 2.3 ライオンの事業ドメインの変遷

ライオンはハミガキやハブラシといった口腔衛生用品，ハンドソープや衣料用洗剤などのトイレタリー製品を製造販売する企業であるが，その起源は石鹸原料の椰子油とマッチ製造販売を手掛ける小林富次郎商店である。**第1章**にあるように1891年，創業者の初代小林富次郎は石鹸工場の鳴春舎を経て石鹸事業を手掛ける企業を立ち上げる。創業後すぐに参入したのがハミガキ事業であり，その後1910年にライオン石鹸工場を分離してハミガキ専業化に踏み切る。

ハミガキを主な事業領域とした経緯は，小林富次郎商店創業後，1893年に小石川石鹸工場を建設したことによる製造能力の余剰活用であった。当時のハミガキ市場は，品質が良い製品は高価である一方，安価で質の悪い製品が数多く出回っていた。そこで手頃な価格で高品質な商品に対する需要が大きいと判断したのであった。

なお分離したライオン石鹸工場は後にライオン油脂と名称変更し，洗剤や家庭用品などに進出することとなる。1970年代にはヘアケア製品などライオン歯磨・ライオン油脂の2社間で競合する製品が供給されるという状況に至った。一方，油脂会社は歯磨会社へ原料を供給する役割を担うなど，両者は協力関係にもあった。「油脂会社は科学技術を背景とした川上型，歯磨会社は消費者の好みを捉える川下型」という分業関係にあった両者は1980年に合併する。これにより，口腔衛生用品・洗剤・トイレタリーという今に続く事業領域が確立することとなった。

2021年に定められたVision2030において提供価値領域，つまり事業ドメインはオーラルヘルス（口腔健康）・スマートハウスワーク（洗剤をはじめとする家事の改善に資する商品）という旧ライオン歯磨・旧ライオン油脂それぞれの主な事業領域に加え，インフェクションコントロール（感染症予防／衛生ソリューション）・ウェルビーイング（口腔健康を起点とした，生活のあらゆる側面を向上させる商品やサービス）が加わっている（本章扉部分参照）。ライオンには口腔衛生用品，医薬品，洗剤などといった「清潔」と「健康」を実現するための製品ラインアップが揃っていた。既存の事業領域における活動で形成されてきた資源の活用形態を，2020年代の社会経済環境に応じて検討し，拡張したものといえよう。

製造技術を活かして口腔衛生用品や洗剤などの製品を製造する企業として発展してきた。石鹸製造に必要な中核的な能力は油脂化学の技術となるが，この技術を磨くことによって展開できる事業は口腔衛生用品や洗剤だけとは限らない。化粧品や薬品，また接着剤や潤滑剤など多様な製品が油脂化学の技術から生み出されている（**Column** 2.3）。ただし，それぞれの領域によって製品化やマーケティングに必要な資源は異なるため，やみくもに事業領域を広げるのは合理的ではない。企業は自社が保有する資源や，市場構造を踏まえて自社の事業領域を規定するのである。

2.3 市場構造分析

世の中には数多くの企業が存在するが，それぞれが活動する領域が異なる。その企業が，活動する領域において持続的に利益を創出するためには外部環境に適応した戦略を展開する必要がある。そのために行うのが**市場構造分析**である。

市場構造分析手法としてはいくつかのフレームワークが存在する。その代表的なものを紹介しておきたい。

2.3.1 5つの競争要因

市場を構成する要素を理解するのに広く活用されるのがポーター（Porter, M.）による**5 forces，5つの競争要因**である[2]。5 forces は，**競合者**，**買い手**，**供給業者**，**新規参入業者**，**代替品**によって構成され，各要因の分析に基づいて競争対抗施策を講じる必要がある（図表 2-3-1 に分析例を示した）。

2.3.2 プロダクトライフサイクル

プロダクトライフサイクル（製品の市場投入から衰退までの段階）は一般的には「**導入期**」「**成長期**」「**成熟期**」「**衰退期**」と区分する考え方が主流である。新製品が世に登場して間もない導入期は積極的に購入する消費者も少なく，一方開発にかかる研究開発費用やマーケティング費用は大きい。そのため利益を創出することは難しい。成長期に達すると需要が広がり，売上が増加していくと同時に，規模の経済が働いて製造コストも低減していく。成熟期になると市場規模は頭打ちとなり，限られた需要をライバル製品と争うこととなる。衰退期は代替製品・サービスの登場や，社会構造の変化によって需要が減退する状態となる（図表 2-3-2）。

■図表 2-3-1　5つの競争要因と分析例

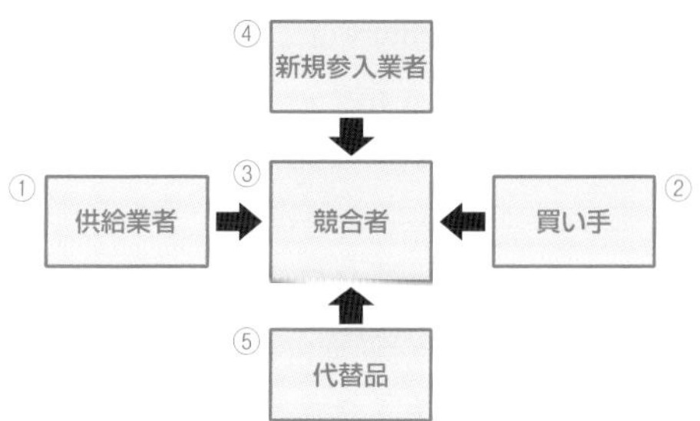

（原典）Porter, M. E. (1980), *Competitive Strategy: Techniques for Analyzing Industries and Competitors*, New York, NY: Free Press, Figure 1-1 (p.4) を一部改変の上訳出。
（出所）上田隆穂・澁谷覚・西原彰宏（2020）『グラフィック マーケティング』新世社，67頁の図を一部修正。

①・②　製品やサービスの供給は，原材料を調達し，それを加工して提供するというプロセスによって実現される。供給業者とは，その企業が原材料を購入する先の事業者であり，買い手とは，その企業の製品・サービスの売り先である。

原材料が希少である場合，供給業者の交渉力が大きくなって調達金額が上昇して利益率が低下したり，購買できないために製品が作れず機会損失をもたらされたりする場合がある。

ライオンのようなトイレタリーメーカーの流通には，スーパーやドラッグストア等の消費者に製品を販売する小売業者や，メーカーから製品を仕入れ小売業者に販売する卸売業者といった中間流通業者が，メーカーの買い手として存在する。

買い手に力がある場合，具体的には全国に多くの店舗をチェーン展開し売上規模の強大な小売業者は，大量発注するかわりに仕入価格の引下げや追加リベートを要求してくることがある。

③　競合者とは，同一カテゴリーの製品を供給し市場で競合する事業者を指す。ライオンの主な競合者は，国内では花王，P&Gジャパン合同会社，サンスター株式会社であり，グローバルではP&G，コルゲートやグラクソ・スミスクラインなどが挙げられる。

④　新規参入業者は新たにその市場に参入し，市場占有率を奪う可能性がある事業者である。例えばトイレタリー市場では，スーパーやドラッグストア等の大規模小売業者によるプライベートブランド製品の投入や，化成品・化粧品等の隣接業種のメーカーによる製品供給が行われることがある。大規模小売業者のプライベートブランド製品は，独自に企画開発された安価でかつ一定の品質を確保した製品が多く，このような場合彼らが同水準の品質であるメーカーの製品を併売する動機は弱い。そのためメーカーはこれらプライベートブランド製品に対し充分対抗し得る高機能・高付加価値製品を開発投入するなどの施策が求められる。

⑤　代替品は同様の便益を実現する新たな製品を指す。口臭予防効果を訴求する歯磨きに対して，マウスウォッシュのような洗口液が代替品として該当する。CDに対する音楽のサブスクリプションサービスなど，代替品に取って代わられることもある。このような事態に対応するため，現行製品で利益を確保しつつ，代替品への対抗手段を開発したり，必要に応じて自ら代替品を供給できるようにするといった事業変革を実現させなければならない。

■図表 2-3-2　プロダクトライフサイクル

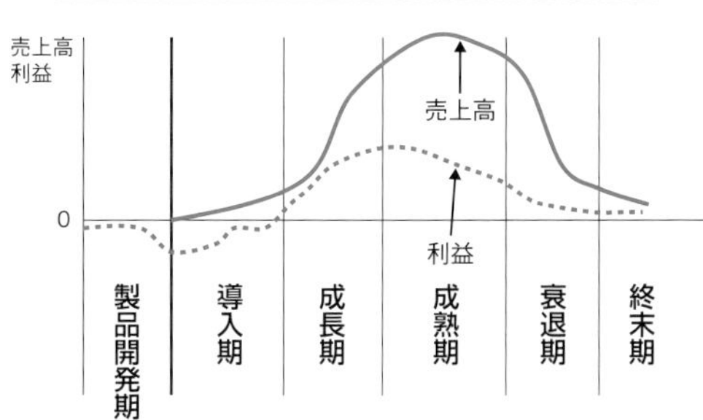

（出所）上田隆穂・澁谷覚・西原彰宏（2020）『グラフィック マーケティング』新世社，79頁。

2.3.3 PEST 分析

PEST 分析とは，ビジネスに影響を及ぼす可能性のある「政治（Politics）」「経済（Economy）」「社会文化（Society and Culture）」「技術（Technology）」に関する外部環境の変化を分析するフレームワークを指す。

ライオンは Vision2030 において 4 つの提供価値領域の一つに，「インフェクションコントロール」を挙げている。これには，2000 年代に入ってからの様々な感染症の拡大に加え，2020 年の新型コロナウイルス感染症の世界的流行が大きく影響していると考えられる。その影響を PEST フレームワークによって解釈すると，例えば図表 2-3-3 のようになる。このような状況を踏まえて，新しい日常をできるだけ早期に確立し，経済活動の活性化を実現するための製品・サービス市場の継続的な拡大を予測できるという分析がなされ，戦略に反映されたのではないかと考えられる。

2.3.4 バック・キャスティング

PEST は現時点の状況を分析して意思決定する手法だが，本章の冒頭で述べた通り経営戦略は将来のあるべき姿を規定して，その実現のためにどのような意思決定をすべきかという指針を規定する枠組みである。であれば将来の社会がどのようになっているのか予測し，将来の社会において自社はどのような状態であるべきかを検討することが必要となる。現在から未来を演繹的に予測するアプローチをフォア・キャスティング，未来の姿を想像し，その状態に向けてどのように行動すべきかを規定するのがバック・キャスティングである（**Column** 2.4）。

2.4 経営資源とその展開

会社が会社として成立するために必要な要素として，「ヒト・モノ・カネ・情報」という 4 つの要素で説明されることがある。経営者と従業員（ヒト）がいなければ，そもそも組織として成立しないし，製造業であれば工作機械などの製造設備（モノ）がないと製品を作れない。人を雇ったり，製造設備を購入したりするには資金（カネ）が必要であり，資金があっても需要を把握できていないと（つまり必要な情報を有していないと）売り上げられる製品を企画し，製造することはできない。ということで，この 4 要素が重要とされているわけである。

とはいえ，この 4 要素は全ての組織が保有している（保有していなければ企業と

■図表 2-3-3 PEST フレームワークによる分析の例

政　治（Politics）
世界的な，政府や自治体による新型コロナウイルス感染症対策の推進
経　済（Economy）
感染防止対策用品市場の拡大
社会文化（Society and Culture）
あらゆる施設への入場時や帰宅時の手洗い・手指消毒の習慣化の急激な普及
技　術（Technology）
ワクチン開発と広範な接種実施，高効率な空調技術に基づくウイルス拡散抑制の技術による外出制限措置の緩和

Column 2.4 ● 口腔衛生市場の創出

ライオンがハミガキ事業を始めた当時の日本は，口腔衛生の概念がまだ普及していない状況だった。その状況を変革するためにライオンが始めた活動の一つに，「歯磨きをする場所を作る」というものがあった。ライオンは専門家とともに，歯磨きを習慣的に行うのにふさわしい場所＝洗面所の概念と必要条件を提示したり，洗面所の設計図を懸賞募集したり，全国各地の小学校や公共施設に洗面所を寄贈したりまですることにより，「毎日歯磨きをする習慣」を普及させ，口腔衛生用品の市場を作り出したのである[3]。

参入当時の状況を PEST 分析すると，政治的には歯科検診制度などが法制化されておらず，歯科医師会などの団体も立ち上がったばかりであった。当時の社会はまだ公衆衛生の概念が普及しておらず，製品も技術的にはまだ未成熟な市場であった。収益を上げる機会を充分見いだすことができ，かつプロダクトライフサイクルとしては導入期であり，成長期へと転換させる施策が必要であった。

学校などでの啓発・教育事業，家庭や公共空間において実践する場の導入など，ライオンはハミガキ市場が成長し，成熟した後の姿，すなわち公衆衛生の習慣が広がった状態を想定し，そのために必要な要素をバック・キャスティングして一つずつ実現していったのである。

懸賞に応募された洗面所の設計図

（出所） ライオン歯科衛生研究所ウェブサイト「歯みがき 100 年物語　⑪歯みがき習慣には欠かせない！洗面所の普及に務めたライオン」（https://www.lion-dent-health.or.jp/100years/article/familiar/006.htm）（閲覧日：2023 年 6 月 7 日）。

して成立しない）ので，単に保有しているだけでは競争優位にならない。競争優位を実現する経営資源とはどのようなものかを理解することが非常に重要となる。逆に，保有している経営資源によって競争優位を作り出しやすい戦略と，そうでない戦略があるということもできる。

経営戦略の策定においては，保有している資源が競争優位を生み出すかどうかを正しく判別することが重要である。その資源の強み・弱みを客観的に評価する視点が **VRIO フレームワーク**である（図表 2-4-1）。それは，経済価値（Value），希少性（Rareness），模倣困難性（Inimitability）そして組織（Organization）の 4 つの視点である。例えばライオンは 1890 年代から口腔衛生用品市場に参入し，直後から歯科医師会等との協働を展開している。単に市場参入から長い年月事業を展開しているだけでなく，専門家とのネットワーク，口腔衛生教育を通じた医療機関や学校などとの連携経験など，他社には保有できない資源を数多く有している。

これらの資源は最新の歯科学に基づいた製品開発を行うのに有用であり，歯科医院などの販売チャネルの維持形成につながるなど経済価値が高いと評価できる。また，長期にわたる施策やステークホルダーとの関係性構築によって得られた地位は希少性があり，競合他社にとって模倣は困難である。また，ライオン歯科衛生研究所など公衆衛生の研究開発，教育，普及活動を担う組織を設置しているという点で，非常に強い競争優位を確立できる資源を保有しているといえよう。

このように，保有している資源が競争優位を生み出す戦略を規定するという考え方が**資源ベース戦略論**（リソース・ベースド・ビュー）である。こうしてハミガキ，ハブラシから始まったライオンの口腔衛生用品のラインアップは，ライオン独自の資源をもとにして，歯槽膿漏薬や入れ歯用品，歯間清掃用具にまで広がったのである。

2.5 競争戦略

市場の規模には限界がある。日本においてハミガキは，在住者の全員が 1 日に 3 回歯磨きをしていると仮定しても，年間で人口×3 回×365 日分しか消費されない。その限定された市場において利益をより多く獲得するためには，競合他社に優先して顧客に自社製品・サービスを選んでもらうか，競合が存在しない／参入してこない市場をいち早く見つけ出して製品・サービスを提供するほかない。

競合が存在する市場において優位性を確立するための基本的な戦略には，(1)

■図表 2-4-1　VRIO フレームワーク

Value（経済価値）	その資源は企業の製品・事業展開のうえで重要な役割を果たす価値あるものか？
Rareness（希少性）	その資源は他社があまり有していないという意味での希少性はあるか？
Inimitability（模倣困難性）	その資源は他社が容易に模倣できるか？
Organization（組織）	その資源の可能性を強化・育成し，活用していくような組織・システムが用意されているか？

（出所） Barney, J.（2002）*Gaining and Sustaining Competitive Advantage*, 2nd ed. Upper Saddle River, N.J:.Prentice Hall.

Column 2.5 ライオンの口腔衛生概念の普及活動の歴史

石鹸とマッチの原料取次を手掛ける企業として 1891 年に創業したライオン（当時，小林富次郎商店）は，その 5 年後である 1896 年に獅子印ライオン歯磨によってオーラルケア市場へ参入する。この年は，東京で歯科医会（現在の東京都歯科医師会の前身）の発足 3 年後であり，日本で口腔衛生の概念が広がり始めるまさにその時であった。そこでライオンは自ら口腔衛生思想の普及を目的とした活動を展開することとなる。1913 年から専門家による講演会を主催し，初年度だけで年間 175 回もの講演会を実施した。また，当時の樺太や台湾そして日本全国の小学校，女学校，中学校，各種中等学校をはじめ，青年団，軍隊，工場にも専門講師を派遣した。また 1912 年には国内初の口腔衛生普及パンフレットである『通俗 齒の養生法』を刊行している。

『通俗　歯の養生法』

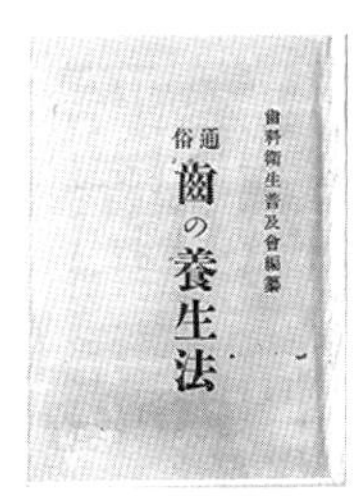

（出所）ライオン歯科衛生研究所ウェブサイト「歯みがき 100 年物語　⑥今にも通じる明治時代の「歯の養生法」」（https://www.lion-dent-health.or.jp/100years/article/familiar/003.htm）（閲覧日：2023 年 6 月 7 日）。

一般消費者への啓発活動と並行して行われたのは，口腔衛生に関する研究活動や歯科医師・学校教職員との連携である。1921 年に児童の虫歯予防と口腔の清掃その他に関する調査研究を目的とし，日本初の児童専門の診療機関であるライオン児童歯科院を開設する。児童歯科院には指導機関の「ライオン・デンタルセンター」を設置し，歯牙清掃，正しい歯の磨き方の指導および実習，一般口腔衛生指導などを実施した。自社で開設した児童歯科院だけではなく，学校教職員との懇談会や巡回診療なども展開している。

さらには口腔医療に従事する人材育成にも乗り出している。現在の歯科衛生士にあたる「口腔衛生婦」の育成を児童歯科院で先駆けて実施するなど，口腔医療の提供体制確立のための活動も行ってきた。

コストリーダーシップ，(2)差別化，(3)集中という３つのパターンがある[4]。

コストリーダーシップ戦略は，同業者よりも低いコストを実現する戦略であり，それにより同じものをより安く，もしくは同じ価格でより高い価値のものを提供することができる。差別化戦略は競合が真似できない独自の価値を創出する戦略である。集中戦略は特定の市場領域，例えば顧客層・地域・製品やサービスのカテゴリーに資源を集中する戦略である。対象となる市場領域は規模が小さいものの，確実に需要が存在し，高い利益率を実現できる層であることが多い。ライオンにおけるヤニ取り・ヤニ臭さを防ぐハミガキ「ザクトライオン」などが例として挙げられる。

競合が存在する市場において優位性を確立するには他社にない独自の資源や能力を形成し，活用できるようにならなければならない。**2.4 節**で紹介した資源ベース戦略論がこの視点の骨格であるが，重要なのは競争優位を実現し続けられる「差異」を創造し，維持し続けることである。そのために必要なのは「**模倣困難性**」を作り出すこととなる。これにより一時的ではない，「持続的」な競争優位を実現することができる。競争上の鍵となる独自資源・能力を，製品・事業として実現させていくうえでの関連資源・能力が**コア・コンピタンス**[5]である（***Column*** 2.6）。

また，コア・コンピタンスとなる資源を，製品・事業として実現させていくうえでの関連資源・能力は**補完的資産**（**図表 2–5–1**）と呼ばれる。しかし競合が多数存在する市場は，成熟するにつれ同質的な能力を持つ企業同士での価格競争となり，利益を出すのが難しくなっていく。このような市場ではなく，新しい価値の導入や，これまで意義があるとされてきた価値を縮小させるといった手法を通じて製品・サービスの価値体系を変革し，未消費の需要を掘り起こすことで競争のない新しい市場空間を創出するという**ブルーオーシャン戦略**[6]も有効である。

2.6 イノベーション戦略

競争優位を保ち，企業が存続するためには，経営資源を確保しなければならない。そのためには収益を上げることが必要であり，まずは売上の増加，つまり成長していかなければならない。

では企業が成長するためにはどのような方法があるのだろうか。この問いに対する解答は意外にシンプルで，今までにない新しい製品・サービスを市場導入す

Column 2.6 健康な生活習慣づくりというコア・コンピタンスの確立と拡張

ライオンは日本において，口腔衛生商品の市場を創り上げてきた存在であり，歯科医師会との長期にわたる緊密な関係，教育現場への啓発活動の経験によって，最新の歯科医療・口腔衛生科学の知見獲得や販売促進の施策立案・展開の能力といった競合他社による模倣が難しい資源，コア・コンピタンスを確立してきた。

また，21 世紀になった今も，ライオン歯科衛生研究所への支援やライオン歯科材株式会社による医療機関向け製品供給・コンサルテーションによって，その競争優位を維持し続けている。

新型コロナウイルス感染症の世界的な流行下において，ライオンが示した中長期経営戦略フレーム「Vision2030」では，取り組むべき課題として「より良い習慣づくりを進化，発展させること」が挙げられている。口腔衛生の概念を日本で根付かせ，歯磨きの習慣化という大きな成果を上げた経験から得たノウハウを，生活の中でより多様な場面に適用していこうという戦略であるといえよう。ライオンはハミガキ以外でも，キレイキレイ薬用ハンドソープ（手洗い習慣），トップスーパー NANOX（洗濯習慣）など毎日の生活において習慣的に用いる製品を広く提供している。この経験を活かし，さらに広い市場で習慣づくりを通じた価値創造を実現しようという戦略である。

インフェクションコントロールやウェルビーイングといった Vision2030 で定められた 4 つの提供価値領域では，家庭内の歯磨きや洗濯・食器洗いという場面で培った生活習慣とそこで用いられる製品の普及という構図を，公共・産業空間における感染症予防（インフェクションコントロール）へ拡張したり，対個人でも口腔衛生のみならず多様な領域での製品・サービスの開発・供給を担う「トータルヘルスケア・サービサー」への展開が打ち出されている。

■図表 2-5-1　コア・コンピタンスと補完的資産

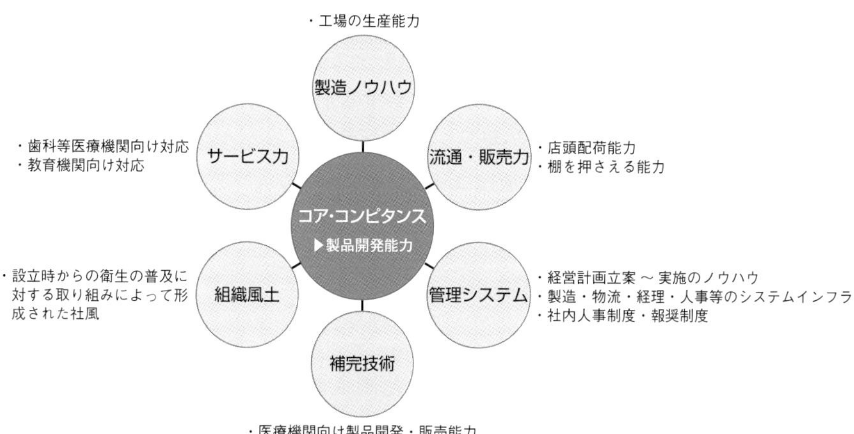

コア・コンピタンスはそれ単独では収益を生み出すことができない。ライオンのコア・コンピタンスの一つに製品開発能力があるが，いくら競争優位の高い製品を作っても，小売店で店頭に並べてもらわなければ消費者の手には届かない。流通・販売力があって初めて売り上げることができ，収益を生み出せるのである。このようにコア・コンピタンスは組み合わせて威力を発揮する補完的な資産があって初めて企業に収益をもたらすことができるのである。補完的資産には他にも組織風土や管理システムなど多様な形態をとるものが存在する。

る（製品・サービス軸）か，今までとは異なる顧客層や市場をターゲットにする（顧客・市場軸）という2つの軸に収斂してしまう。この2軸を提示したのがアンゾフ（Ansoff, I.）の成長マトリックス（図表2-6-1）である。市場浸透を除く3つの領域で何かしらの「開発」つまり，これまでなかったものを生み出す，という活動が必要となる。新たなモノ・サービス・市場を生み出す行為は**イノベーション**と呼ばれる。

イノベーションとは，既存のやり方とは全く異なる新たな方式を導入することである。ただし，誤解してはならないのは新たな方式の導入は全く新しい技術を発明すること，ではないことである。イノベーションは日本語では「新結合」と訳される[7]。様々な技術や経営資源を，これまでに行われていなかった形で組み合わせることによって新たな財を創出することでイノベーションは達成される（詳細は**第6章**参照）。

イノベーション＝新結合の実現には，結合させる要素を調達しなければならない。自社の研究開発活動で全ての要素を賄えればよいのだが，全ての研究開発活動が成功裏に終わるわけではないし，研究成果が自社の活動で活用できないものである場合もある。そのためイノベーションの源泉を組織の外にまで探索する必要が出てくるのだ（*Column* 2.7）。

チェスブロウ（Chesbrough, H.）は，資源を全て組織内で賄う形態を**クローズドイノベーション**とし，資源を組織外から入手する形態を**オープンイノベーション**と名付けた[8]。また，消費者自らが製品を改良したり，新たな組み合わせで革新的な製品やサービスを生み出す現象は**ユーザーイノベーション**と呼ばれている。

2.7 グローバル戦略

イギリス企業であるダイソンの掃除機，米国企業であるアップルのiPhone，中国企業であるハイセンスのテレビなど，多様な国や地域に所在する企業が製造した製品が日本国内の電器店で販売されている。家電製品のみならず，あらゆる製品が国境を越えて製造・販売される今日，どの国や地域で，どのような製品を製造し，どこで販売するかというのは経営上の重要な意思決定である。

グローバル戦略の要素には，販売先としてその地域を見る**製品市場**と，研究開発・製造の拠点としてその地域を見る**供給市場**とがある。製品市場における戦略としては，世界中で同一製品を供給して規模の経済によるコストダウンを目指す

■図表 2-6-1　アンゾフの成長マトリックス

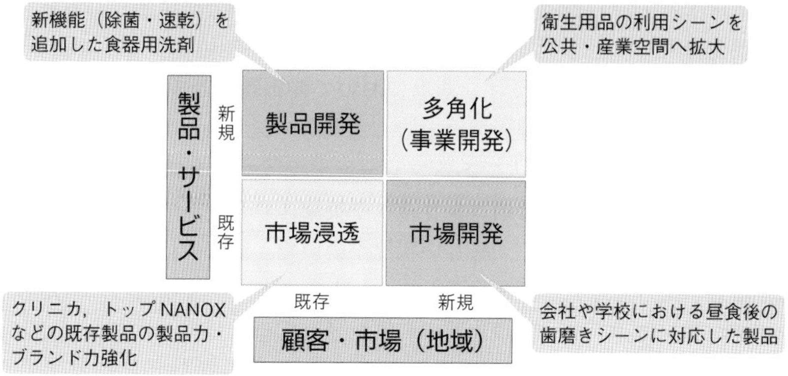

製品・サービス ＼ 顧客・市場（地域）	既存	新規
新規	製品開発	多角化（事業開発）
既存	市場浸透	市場開発

製品開発：新機能（除菌・速乾）を追加した食器用洗剤

多角化（事業開発）：衛生用品の利用シーンを公共・産業空間へ拡大

市場浸透：クリニカ，トップNANOXなどの既存製品の製品力・ブランド力強化

市場開発：会社や学校における昼食後の歯磨きシーンに対応した製品

（出所）Ansoff, H.I.（1965）*Corporate Strategy; An Analytic Approach to Business Policy for Growth and Expansion*, New York, NY:McGraw-Hill, Table 6.1（p.109）をもとに作成。

Column 2.7 「オーラルヘルス」への概念拡張による市場創出

ハミガキ・ハブラシといった口腔衛生用品市場で長らくトップブランドとしての地位を確立してきたライオンだが，日常の歯磨き習慣が日本中で根付いてしまうと，市場自体は飽和状態となり，別の基軸での成長機会を創出しなくてはならなくなる。そのような状況を踏まえてライオンがVision2030で打ち出している成長戦略の一つがオーラルヘルス領域の拡大である。Vision2030の起点となるパーパスは「より良い習慣づくりで，人々の毎日に貢献する（ReDesign）」である。しかし，オーラルヘルスの維持向上のための手段である歯磨きは，日本中に既に行き渡った習慣である。となると，生活者のこれまでの習慣を変えたり，新たな習慣を普及させたりする必要がある。

ライオンが実際に行ってきた代表的な施策には，歯磨き回数の増加と，プロケア（歯科医師や歯科衛生士によるケア）利用の拡大がある。

既に殆どの生活者の習慣になっている歯磨きだが，朝晩の2回だけしか磨かないという人がまだ多い状況である。特に自宅から離れている昼食後は歯磨きしないという人が多い。そこでオフィスでの歯磨きをもっと容易にできるようにすることをコンセプトとしたコップつきハミガキ・ハブラシセットを開発している。

もう一つの施策，プロケア（歯科医師や歯科衛生士によるケア）利用の拡大については，検診や歯石除去を定期的に歯科クリニックで行うという習慣の普及施策である。これまで歯科クリニックは，歯が痛くなってから治療しに出向く場所という認識を持つ生活者が多かったのではなかろうか。それが半年，もしくは3カ月に一度はクリニックに訪れ，歯と歯茎の健康チェックを受けるとともに歯石除去を受けるという習慣の確立が目指されている。ライオン・グループの歯科クリニック向け製品の販売を担うライオン歯科材における情報提供やセミナーの実施を通じて，患者に定期的な来院を促す施策を進めている。

クリニックは，ライオン歯科材が供給するクリニック専売の医薬部外品や医薬品の販売ルートとしても機能しており，歯科医師や歯科衛生士から検査や施術を受けると同時に，症状に応じた製品が勧められる。個人によるセルフケア（と製品）と歯科医師・歯科衛生士によるプロケア（と，医師監修により用いられる製品）を組み合わせたオーラルヘルスケアが実現されることにより，商品利用機会の増大と顧客単価の上昇を通じた成長シナリオが構築されているのである。

さらに一層のオーラルヘルスの実現に向け，口腔健康データを利活用した事業基盤を構築し，家庭・企業・歯科クリニック・自治体・教育機関・地域社会等，口腔健康に係る全てのステークホルダーとの連携により，様々なサービスの展開，ひいては予防歯科活動の社会システム化を指向している。

グローバル統合戦略，現地の文化や経済状況に即して地域ごとに作り分けた製品・サービスを供給するという**現地適応戦略**がある。

ライオンは創業から 14 年後の 1905 年にハミガキの輸出を開始しており，海外事業の歴史は長い。しかし本格的な海外での事業展開が始まったのは 1960 年代である。1952 年に当時のライオン歯磨において輸出課が設置され，1950 年代からタイの現地企業と販売代理店契約を結んで東南アジア地域への本格進出を果たし，1960 年には初の現地法人であるマレーシアライオンを設立している。東南アジアにおける歯磨市場は米国コルゲートや英蘭ユニリーバなど先行して参入している企業との競争が激しく，厳しい状況が続いた。最終的にマレーシアでも合弁会社を立ち上げるなど，現地企業とのパートナーシップを構築し，現地の需要に合わせた製品の投入という現地適応戦略を通じて事業規模を拡大させていった（詳細は**第 5 章**を参照）。

現在でも東南アジアでの主力製品は衣料用洗剤のトップなどのファブリックケア，ボディーソープなどのビューティケアであるが，オーラルケア分野においても日本同様の口腔衛生教育の展開，アジア予防歯科学会における Lion Award などを通じた歯科医師に対する研究支援を展開し，シェアの拡大を目指している。製品市場における戦略では，現地適応とグローバル統合の 2 戦略を同時に展開しているといえよう（図表 2–7–1，図表 2–7–2）。

2020 年以降の新型コロナウイルス感染症の流行や 2022 年に生じたロシアによるウクライナ侵攻により，グローバルな原材料価格の高騰が生じている。ファブリックケア製品は原材料価格変動の影響を受けやすいことから，比較的影響が少ないオーラルケア製品やハンドソープ・ボディーソープ・薬品といったパーソナルケア分野に注力し，利益をより安定的に確保しようとしている。

供給面におけるライオンの戦略では，タイ，マレーシアなどで生産拠点を設けている。これらの拠点は自国内のみならず，事業を展開するアジア域内への製品供給を担っており，海外成長のための重要な戦略基盤になっている（***Column*** 2.8）。

2.8 戦略をどう実行し，発展させるのか

2.8.1 策定と実行プロセス

改めて確認すると戦略とは，企業が「自らが進むべき方向・あるべき姿に向けていかに進めるか」を検討する営みである。どちらに進むべきか，どうあるべき

■図表 2-7-1　タイ・マレーシアにおける現地製品

タイ　　マレーシア

トップ　パオ　トップ

（洗濯用洗剤）

（出所）　ライオン株式会社（2023）「第 162 期　定時株主総会招集ご通知」36 頁。

■図表 2-7-2　シンガポールにおけるオーラルケア啓発活動

（出所）　ライオン株式会社（2017）「アニュアルレポート 2017」30 頁。

Column 2.8 「グローカライゼーション戦略」による海外事業の深耕

ライオンの海外事業戦略は，これまで国別に立案・展開されてきた。しかし，中長期経営戦略フレーム「Vision2030」では，国や地域といった地理的な区分ではなくライフスタイルやニーズの均質化に対応すべく，国境をまたいだ類型化，つまりセグメンテーションを設定し，製造・物流構造の見直しによる生産・供給規模の拡大と地域における製品カテゴリーの拡大を目指す方向に切り替えられている。

このように，各国・地域の経済成長やグローバルな環境変化を踏まえ，グローバル戦略も適宜見直していく必要がある。

グローカライゼーション戦略とは，グローバリゼーション（ここでは多地域展開する製品・ブランドを軸にした規模の経済性を追求する戦略）とローカリゼーション（地域の生活習慣や嗜好に即した製品・ブランドを開発して需要に応える戦略）の 2 つを組み合わせた造語であり，国境を越えて同質的な需要がある地域ごとに製品開発し，製造・供給体制も国際的な最適化を図る戦略である。同質的な需要を定義する「類型化」の巧拙と，多国間のロジスティクス（製造供給網整備）の確立が重要となる。（グローカライゼーション戦略の概要図は**第 5 章**図表 5-6-1 を参照のこと。）

かを検討し，提示したならば，それが実行されなければならない。つまり，戦略はそれ単独で成立するものではなく，戦略を実行するための施策が講じられて初めて機能するものといえよう。

2.8.2 評価と資源の再配置

戦略を実行する，つまり現状から変化していくためには，経営資源の再配分を行うなど，これまでのやり方を変えていく必要がある。そのために用いられる手法の一つが**プロダクト・ポートフォリオ・マネジメント**（PPM）である。別名ボストン・コンサルティング・グループ（BCG）マトリクスと呼ばれるフレームワーク図（図表 2-8-1）は，縦軸に**市場成長率**，横軸に**相対的市場占有率**（自社を除く最大手のシェアと自社のシェアの比率）をとる。2 軸で 4 分割されたそれぞれの領域は，**スター／金のなる木／問題児／負け犬**と名付けられている。相対的市場占有率が高いが成長率が低い金のなる木の領域は，追加投資をしても効率が悪く，将来的には負け犬の領域に移動する可能性すらある。成長分野だがまだ優位な立場に立っていない問題児領域に，金のなる木領域の事業に投じていた資源を振り替えることにより，市場環境の変化に耐えうる構造を生み出すことが求められる。

2.8.3 不確実性への対応と学習プロセス

新型コロナウイルス感染症の流行は，ライオンの事業領域である清潔習慣の意義や捉え方も大きく変えてしまった。中長期経営戦略フレーム「Vision2030」は，この変化への対応を謳っている（図表 2-8-2)。

このように市場環境は，いつ，どのように変化するか予測するのが難しい。環境変化は急激に，予想もつかない形で生じることもある。戦略策定を含むあらゆる意思決定は不完全情報における「**限定合理性**」を前提としたものとなる。であれば，市場からのフィードバックをもとに漸進的に組織構造を変化させることが必要となる。変化への適応能力，つまり自身の能力を変化に併せて動的な視点を導入したのが図表 2-8-3 のマトリクスである。

2.3 節～2.5 節にかけて紹介してきた戦略立案におけるポジショニング視点と資源ベース視点は静態的，つまり環境が大きく変化しない状況を前提とし，そのタイミングでの最適解を求めるものであった。しかし環境が継続的に，かつ大きく変化することが前提となると，変化への対応を織り込んで戦略立案するという動態的な視点が必要となる。

ポジショニング視点が動態的になったのが「**ゲーム論的視点**」である。ポジ

■図表 2-8-1
プロダクト・ポートフォリオ・マネジメントマトリクス

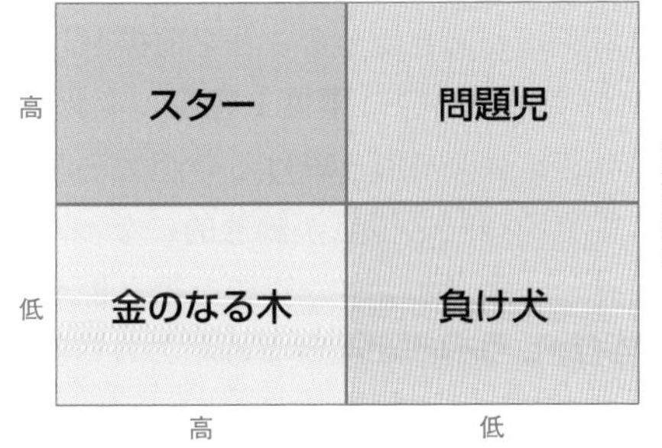

（原典） Weiss, F.G. and E.E. Tallett（1986）, "Corporate Portfolio Analysis," in Gardner, J.R., R. Rachlin and H.W.A. Sweeny（eds.）, *Handbook of Strategic Planning*, New York, NY: John Wiley & Sons., Chapter 5, 5.1–5.22., Exhibit 5–9, 5.10 を一部改変の上訳出。
（出所） 上田隆穂・澁谷覚・西原彰宏（2020）『グラフィック マーケティング』新世社，61 頁の図を一部修正。

■図表 2-8-2　Vision2030 に基づく中期経営計画

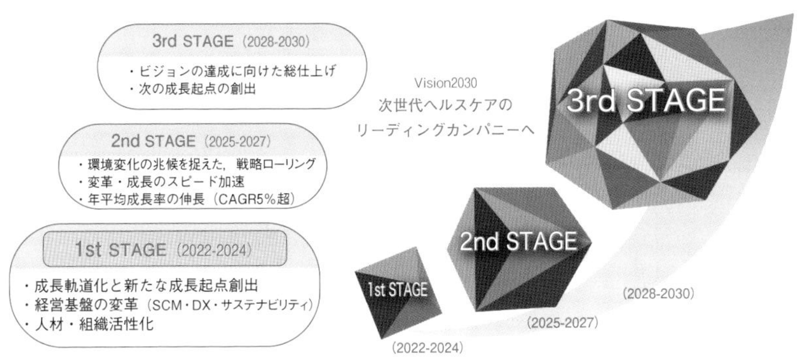

（注） CAGR：年平均成長率（Compound Average Growth Rate）。
（出所） ライオン株式会社ウェブサイト「中期経営計画」（https://www.lion.co.jp/ja/company/vision/）（閲覧日：2023 年 6 月 7 日）。

■図表 2-8-3
戦略論の 4 つのアプローチ

利益の源泉	静態的（発見・活用）	動態的（創造・革新）
市場での位置取り（競争回避）	ポジショニング視点	ゲーム論的視点
独自資源（競争優位）	資源ベース視点	学習プロセス視点

変化への適応

（出所） 青島矢一・加藤俊彦（2003）『競争戦略論』東洋経済新報社，26 頁の図を一部修正。

ショニングでは，他社の立ち位置を前提として重ならないポジションに立脚する戦略だが，環境が変化すると自身のみならず競合他社も立ち位置を変えてくる。互いにポジションを変えることを前提として，他社や市場環境といった外部環境に働きかけ，能動的に環境を想像・変化させていきながら（駆け引きしながら）自社のポジションを取り続けるのがゲーム論的視点である。

対して資源ベース視点が動態的になったのが「**学習プロセス**」視点である。自身が保有し，確立してきた資源を組み替え，進化・発展させていくプロセスを継続的に実行していくこととなる。この外部環境（市場）とのやり取りを通じて資源を組み替えていく能力は**ダイナミック・ケイパビリティ**と呼ばれる[9]。

戦略は定期的にルーティンとして策定するものではなく，変化に応じてブラッシュアップし，組織が継続的に対応できるようにしなければならないのである。

第 3 章

経営組織とは

組織は，社会学組織論からは，マクロとマイクロの視点から説明可能である。企業を組織として捉えれば，市場の競争要因としての外部環境に応じて，本社の中枢機能と R&D，調達，生産，マーケティング，セールスなどの諸機能をどのような形に落とし込むのかなど，組織の指揮命令系統をどのようにフォーマルな構造に組立てるのかを俯瞰的に説明するのが，マクロ組織論であり，企業の全社戦略と密接に関わる。そして，そこで働くマネージャーや従業員個人のレベルで，モチベーションと人事，チーム・ビルディングやコミュニケーション，リーダーシップなどに関し，現場の個人の心理などに焦点を当てることで組織のマネジメントを説明するのが，組織行動や組織管理といわれるマイクロ・レベルの組織論である。

■ライオン本社（東京都台東区蔵前）エントランスロビー

（出所） 株式会社エスエス提供。

3.1 マネジメントと組織 —— 経営組織の再定義

組織論とは，マネジメントが，フォーマルな集団としての経営組織を，変化する外部の環境に対応させながら，どうデザインし，組立て，運営するのかを，現実的な様々な実証結果を含めて理論化したものである。そこには100年以上にわたる歴史があり，ウェーバー（Weber, M.）の「官僚制」や「リーダーシップ」の理論など，20世紀初頭から積み上げられた様々な知見が凝縮されている。

個人は集団（social group）を作り，社会は様々な集団により成り立っている[1]。社会集団は，緩やかにメンバーがつながるインフォーマル，すなわち非公式なネットワークの場合もあるが，リーダー，上司と部下の関係など，ヒエラルキーとして，フォーマルまたは公式な管理システムを持てば，組織（organization）となる。そこには，目的遂行のために集団をどのように経営するのかという，様々な組織に関する理論と，実践のための英知がある。例えば，経営組織としての企業の経営，すなわち経営組織のマネジメントは，一般的に，タスクと責任についての役割分担，指揮命令系統とメンバーの管理，チーム・ビルディング，人の評価や報酬制度，企業文化の醸成と組織内外とのコミュニケーション，社員のモチベーションと組織内のコンフリクトへの対処など，多岐にわたる問題を考え，意思決定を行い，継続的に変化しながら運営されなければならない。

組織には，非営利目的のもの（NPO；Non-Profit Organization）と営利目的の経営組織（FPO；For-Profit Organization）がある。現代の多くの組織は，企業として営利を追求するものであり，企業内部では，マネジメントと従業員，資本市場では経営者と株主，消費市場においては従業員と様々な顧客が対話し，様々なステークホルダーが関与することで，経営組織が成り立つ。その一方で，ソーシャル・ベンチャーなどの非営利組織の存在意義は，株主価値の最大化など利益を追求することではない。社会起業家（social entrepreneur）は，持続的な社会を実現するために，様々な社会課題に取り組むのに必要な，事業を持続できる収益を上げる仕組みとして，組織を作る必要がある。国連の17のSDGsの目標，環境対応（温暖化対策やCO_2排出量削減），生物多様性などの課題としてのサステナビリティ，株式市場から長期的な投資としての資金を求めるESG投資戦略など，近年経営組織のマネジメントは営利の追求と同時に，社会のメンバーとしていかに貢献する戦略マネジメントを行うのかが，世界的な課題となる中，多くの日本企業にも社会性を持つプロジェクトへの積極的な取り組みが求められる。

Column 3.1 ● ライオンの社会貢献活動への取り組み

ライオンは社会貢献活動に積極的に取り組んできた企業であり，様々な活動を推進してきた。地球温暖化が深刻さを増し，水資源の確保が世界的な課題となる中，雨水利用と水環境への配慮に関して，自社製品が水と関わりの深いこともあり，**「水資源の環境保全は使命」**という強い目的意識の下，積極的な保全活動を推進・支援し，長きにわたりライオンの本社があった東京都墨田区と様々な取り組みを行ってきた。また，その一方，CO_2 を吸収し水源ともなる森林にも着目し，2006 年に，山梨県が推進する「企業の森推進事業」の第 1 号企業として，「ライオン山梨の森」を開設し，活動を開始した。「持続可能な森林経営」を活性化する目的から，山梨市の市有林の整備と，搬出される間伐材の木材チップ工場への運搬費に対して支援を行っている。そして，市有林の整備活動には「ボランティア休暇制度」を活用した多くのライオンの社員が参加している。

また，自社製品を通じて**日常の生活習慣や環境への対応**を見直してもらおうという活動も行っている。その一つが**「手洗い・うがい・消毒の習慣づくり」**である。2003 年より，小学生以下の子どもを対象に，手洗いやうがいの重要性を「考える」きっかけづくりを目的とした標語と絵画の作品を募集してきた。2008 年からは，手洗い・うがい・消毒の習慣を「身につける」ことを目的として，楽しみながら習慣づけられるようシールやポスター等のキットを幼稚園に配布する活動も行った。さらに，2010 年からは，「伝える」ための取組みとして，「アジアに広げよう，キレイの輪 キャンペーン」を実施した。これは，消費者が購入した「キレイキレイ」商品 1 点につき 1 円がユニセフに寄付される仕組みであり，寄付金はミャンマーの小学校で，衛生施設の建設や衛生教育に役立てられた。そして，衣料用洗剤ブランド「トップ」では，2008 年から「トップ エコプロジェクト」を展開した。また，洗剤と関わりの深い「水」にちなんだ，「『きれいな川と暮らそう』基金キャンペーン」と「ぼくの，わたしの，川の絵コンテスト」を開催した。前者の基金キャンペーンは，「トップ」1 箱の販売につき 1 円が**河川を守る活動への支援金**として充てられる仕組みであり，2008 年から 2015 年までに約 7,000 万円が日本河川協会に寄付された。後者の小学生を対象とした絵画コンテストは，**子どもたちが水環境を考えること**を目的に実施された。

一方，乳ガンの撲滅を目指す**「ピンクリボン活動」**の応援を，2008 年発売のボディソープと入浴剤「BATHTOLOGY」（2018 年に製造終了）を通じて行った。2010 年には，「乳がんをなくすほほえみ基金」キャンペーンとして，パッケージに活動支援マークを入れることで，売上金の一部を寄付した[2]。

ライオンは，こうした様々な社会貢献活動を通じて，長期的な企業文化の醸成とブランド・イメージの向上を図ってきたのである。

3.2 新たなアプローチへの変革の必要性

ICT 技術の飛躍的な発展など，社会は情報化により，「つながる時代」に移行した。また，2023 年の現在，この革命的な変化が始まってから，すでに四半世紀が経過しているが，それは，マネジメントに，企業活動のグローバル化が進む中で，組織のデザインと戦略化に関し，その運営を考えるうえで極めて大きな課題を突き付けており，それまでの組織論の枠組みでは説明できない多くの課題がある。

2020 年の新型コロナ感染の世界的な広がりは，テレワークやリモートワーク，オンラインのコミュニケーション，消費者とのチャネルの組み換えなど，組織のマネジメントに緊急課題を突き付けた。特に高度成長期以降に大企業中心に制度化された日本の終身雇用制度の崩壊，年功序列を基本とする「メンバーシップ型」から，専門性を重んじる「ジョブ型」雇用組織への転換などが動き出した。

「つながる時代」に移行した現在，企業等のフォーマルな指揮命令系統を持つ組織において，従業員が持つ内外のインフォーマルな人間関係としてのネットワークが，**社会関係資本**として企業の重要な経営資源であり，その価値が増した。それは，例えば，複雑な関係性が，個々の企業の枠を越え，様々なクラスターとしてのコミュニティやプラットフォーム，ビジネス・プロジェクトへ広がる**ソーシャル・イノベーション**の世界を作り出した。次に，組織の内側と外部環境を含め，社会の様々な境界があいまいになった。フレックス・タイム制度の導入や労働時間短縮の社会的な要請，従業員の副業やフリーランスの広がり，テレワークの活用などにより今後組織における人の評価や管理も大きく変わる。また，AI と IoTs が広がる時代においては，「**コンカレント・エンジニアリング**」として，製品のデザイン設計，生産，配送のプロセスは，そのフローの中で柔軟に変更を加えながら，市場の変化に素早く対応すべく，同時進行で進化し続ける。そして，スピード，品質，シェア，価格をめぐる競争は峻烈を極め，素早く，俊敏な「**アジャイル組織**」（agile）が求められる。また，マルチ・チャネルの顧客との **CRM**（Customer Relationship Management）や，コミュニケーションによる市場創出のための**消費者との共創**（co-creation）が重要となった。同時に，消費者に購買対象となるオブジェクトに関与させ，**売り手と買い手の共創**により，商品の価値や新たな市場を作り出すことが，企業の戦略的な課題となった。このように消費者とのインターフェースが重要となることで，文化を創り出す企業の情報発信として**コーポレート・コミュニケーション**が極めて重要な企業戦略の要素となってきたのである。

Column 3.2 ● 買収・譲渡によるライオンの事業と組織の再編の歴史

ライオンと解熱鎮痛剤「バファリン」ブランドとの関わりは，1962年にライオン歯磨がブリストルマイヤーズ（現在ブリストルマイヤーズスクイブのため以下「BMS」と記す）と技術・商標使用権契約を結び，日本国内の販売権を取得したことに始まる。その後，BMSが北米の一般用医薬品（OTC医薬品）事業をノバルティスに売却したことを受け，ライオンは2007年にライオンとBMSの国内合弁事業会社（BML）を買収し，バファリンの商標権を獲得した。その後，医療用医薬品「バファリン」の販売権はエーザイに許諾するも，OTC医薬品においては解熱鎮痛剤としてライオン独自の錠剤の速崩壊技術による速効性を付与するとともに，各世代のライフステージに即した製品展開によりシェアを拡大していった。それと合わせ，2010年にはOTC医薬品市場で最大の1,000億円相当の規模を持つ風邪薬市場に対し「バファリン」ブランドでの参入を図った。2004年に中外製薬OTC医薬品事業を買収し，薬品事業を家庭品事業と並ぶコア事業と位置づけるライオンは，「バファリン」ブランドで解熱鎮痛薬に加え風邪薬分野でもプレゼンス獲得を目指したのであった[3]。

ライオンは不採算事業の整理も行ってきた。例えば殺虫剤事業は1970年代から関わり1991年に事業を譲渡した後，2004年に中外製薬から事業を譲り受け再度挑戦したが，2020年までに全ての殺虫剤事業を売却した。他にも，2002年には生理用品事業を，2007年には食品事業を譲渡している[4]。

ライオンは，このように多くの再編を繰り返しながら，組織に多くの知識を蓄積させ，ビジネスを成長させてきた。

Column 3.3 ● ライオンの顧客志向と情報共有の歴史

ライオンは，社内に「新ピンポンシステム」と呼ばれるコミュニケーション・ツールを作り，家庭における日用品などのニーズを探る過程において，消費者からの反応を拾い上げ，社内で情報共有することで，製品開発に生かし，成長してきた。これはメーカーとしての根本に，常に川下の顧客志向が重要視されることを意識する組織を作ってきたものであり，情報化が進んだ現代に求められる消費者との共創をいち早く組織に取りこむ体制を作ってきたといえる。

1985年に導入した「ピンポンシステム」に続き，それを進化させた「新ピンポンシステム」（1996年）では「お客様の声をもっと身近に」をキャッチ・フレーズとし，データの登録・更新権限は引き続きお客様相談室に限定しながら，データの利用を関連部署の端末からも容易に行えるようにした。同時に，顧客対応，返信書簡，訪問対応，製品調査などの履歴の一元管理により，前日までに収集したデータが生産・商品開発・研究部門で検索・閲覧できるようになったことで，①対応の標準化や的確化，②相談業務の効率化・迅速化，③お客様相談情報の製品改良や新製品開発への活用促進，といった効果が得られた。これは，1997年10月発売の洗濯機で洗う前の前処理（プレケア）シリーズ3品の開発，衣類・布製品用撥水剤「レインガード」の注意表示の変更，住居用洗剤「ルック レンジとキッチンの強力クリーナー」の開発などに活かされた。その後もシステムの変更は続き，迅速な対応への進化が続いている[5]。

3.3 組織のデザインと管理の理論と実務

トップ・マネジメントは，企業規模と事業の多角化の程度，自社が持つ経営資源，求められるテクノロジーと専門性，マーケティングやセールスの方法，市場の変化のスピード，競争環境，企業文化，リーダーのスタイルなど，様々な要素を複合的に勘案し，最適と思われる**組織のデザイン**（organizational design）を考える。全社的な企業のミッションを基本に，総合的に判断し，戦略的に**組織構造**（organization structure）を決めるが，内外の環境変化に際し，必要に応じて組織改編を行う。

ビジネスを成り立たせるためには，経営組織には様々な機能（functions）が必要であり，組織構造とは，マネジメントが，様々な意思決定，権限と責任の委譲，従業員の管理などのために，組織の機能を指揮命令系統に落とし込むものである。例えば，製造業（メーカー）には，研究開発としてのR&D，調達・購買，設計・技術のエンジニアリング，製造・生産，人事・総務，資金と財務経理，法務，セールスやマーケティング，広報，CSRなどの機能が必要である。これらの機能を，市場の諸条件や顧客からの要求などに対し，意思決定と業務の遂行のため，フォーマルな指揮命令系統（command line）として配置する。そこには，経営組織の意思決定として，投資予算の配分と責任，人の管理と文化のマネジメント，知識の集積や情報の共有などの複雑な問題が絡む。

組織構造には基本的なタイプがある。それらは歴史的な経緯から，「**機能別組織**」（functional structure），「**複数事業部制組織**」（multi-divisional structure; M-form），「**マトリックス型組織**」（matrix structure）として，3つに分類される（図表3-3-1～3-3-3）。それぞれには様々な利点と欠点があり，実際には，これらを組み合わせて作る複合形態としてのハイブリッドな組織（hybrids）が使われることも多い。

3つの基本的な組織構造を部分的に組み合わせた「ハイブリッド」な複合形態の組織では，例えば，R&D，ファイナンス部門，経理，バックオフィスのオペレーションなどは全社で機能別に統合し，購買や調達，マーケティングなどは地域ごとの事業部として構成することも可能である。それらは各々の形態の利点を享受しながら，欠点を補おうとするものである。

そして，これらの形態の特徴を取り込みながら，そこから応用的に派生し，組織内のコミュニケーションや，市場の変化への柔軟かつ素早い対応を重視する，いわゆる「ネットワーク型」の組織があるが，厳密に定義されてはいない。

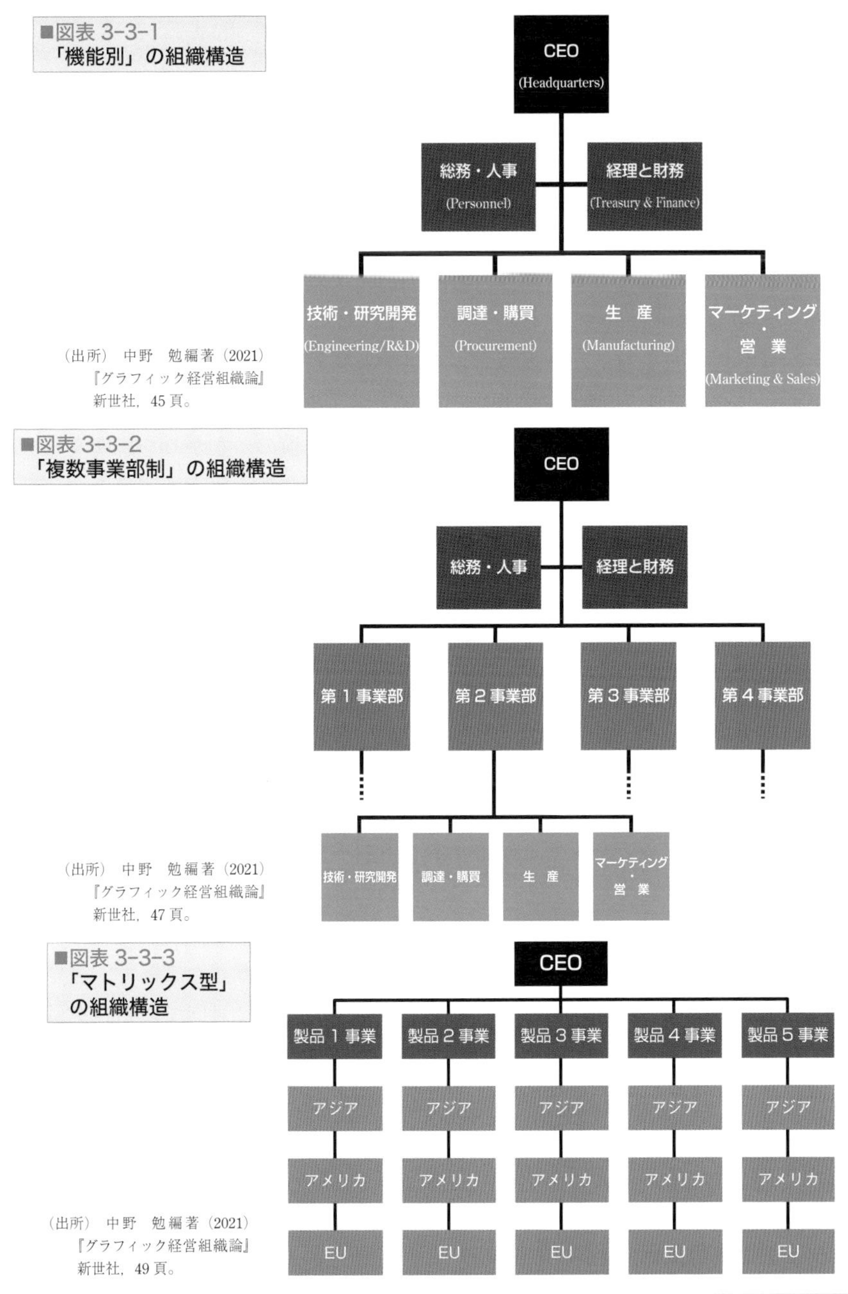
■図表 3-3-1
「機能別」の組織構造
CEO
(Headquarters)
総務・人事
(Personnel)
経理と財務
(Treasury & Finance)
技術・研究開発
(Engineering/R&D)
調達・購買
(Procurement)
生　産
(Manufacturing)
マーケティング
・
営　業
(Marketing & Sales)
（出所）中野　勉編著（2021）
『グラフィック経営組織論』
新世社，45 頁。
■図表 3-3-2
「複数事業部制」の組織構造
CEO
総務・人事
経理と財務
第 1 事業部
第 2 事業部
第 3 事業部
第 4 事業部
技術・研究開発
調達・購買
生　産
マーケティング
・
営　業
（出所）中野　勉編著（2021）
『グラフィック経営組織論』
新世社，47 頁。
■図表 3-3-3
「マトリックス型」
の組織構造
CEO
製品 1 事業
製品 2 事業
製品 3 事業
製品 4 事業
製品 5 事業
アジア
アメリカ
EU
（出所）中野　勉編著（2021）
『グラフィック経営組織論』
新世社，49 頁。

3.4 ネットワークと組織

「ネットワーク型組織」は，特定の組織構造のパターンとして正確に定義されている訳ではない。それは，機能別組織，複数事業部制組織，マトリックス型組織などの基本的組織構造のデザインから，市場環境の変化の中で生まれたものである。一般的には，「ネットワーク型」とは，情報共有，意思決定のスピード，組織の柔軟性を高めることを目的に，企業内の縦の指揮命令系統としてのフォーマルなヒエラルキーに代えて，インフォーマルな横のつながりによるコミュニケーションに重点を置く。ヒエラルキーをできるだけ排除し，階層関係を減らすことでフラット化し，現場への権限委譲による**分権化**（decentralization）を進め，社員のタスクのオーバー・ラップと業務の有機的な横のつながりを志向するデザインである。これらは企業間の戦略的提携を積極的に使う巨大多国籍企業ばかりでなく，情報化が進む中で，IT ベンチャーのアプリ開発など，プロジェクトやチームでの知識の共有などを重んじる，小規模な経営組織にも多く採用される。

21 世紀に入ると，グローバル化と情報化が加速する中で，競争の激化から，フラット化，分権化，知識の共有化，市場変化への素早い（agile）対応の必要性は，スピードと柔軟性をキーワードとして高まった。同時に，企業のグローバルなバリューチェーンの中で，**戦略的提携**（strategic alliances）を組みながら，選択と集中により自社のビジネスを絞り込み，外注先やサプライヤーとしてのパートナー企業とのネットワークを使い，企業規模自体を縮小し（downsizing），柔軟かつ速やかに，ビジネスを立ち上げる「ネットワーク型」組織への動きが加速した。

技術の進歩は目覚ましく，そこには，組織の能力を時間が掛かる自社開発のみに頼るのではなく，自社のコア・コンピタンスを守りながら，提携先のノウハウを補完的に共有する戦略的提携や M&A により内部に取り込むことで，素早いビジネスの立ち上げと展開を目指す，動態的に市場の変化に対応できる企業戦略として**ダイナミック・ケイパビリティ**を志向する戦略マネジメントがある。

情報共有と素早いビジネスの立ち上げを目的として，企業内外の人材と能力を集め，補完的に使われるのが**プロジェクト・チーム**でのマネジメントである。「プロダクト・チーム」，「タスクフォース」，オンラインでの「ヴァーチャル・チーム」などを含め，情報，テクノロジー，技術，法律の知識などの共有のため，プロジェクト型組織は，企業の枠を超えた企業間のオープンイノベーションへの動きが広がる中で，広く応用されるようになった。

■図表 3-4-1 「プロダクト・チーム型」の組織構造図

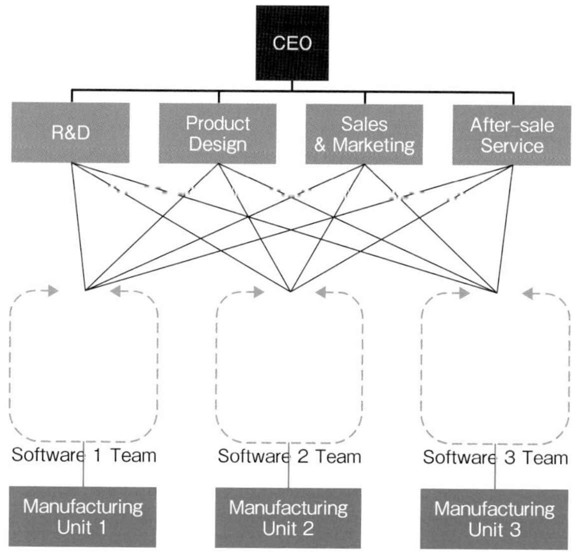

「ネットワーク型」の組織は，市場環境の変化に対する，柔軟で素早い意思決定（agile; quick decision-making），情報共有がスムーズであることを特徴とする。例えば，図に見られるように，「プロダクト・チーム型」の組織（product team structure）は，比較的小規模のソフトウェア開発企業などに多く見られるが，何名かの，異なるプロダクトやプロジェクトを統括するリーダーが，それぞれ直接に CEO にレポートする。これらのリーダーの下には，階層関係のない専門性の高いチームのメンバーが業務に従事する。チーム内のメンバー間の水平的で活発なコミュニケーションを理想とし，タスクは重複する部分が多く，専門知識やスキルの共有，アイディアのぶつかり合い，広範な意見の交換など，柔軟な発想と創造性を啓発することを企図する。

（出所） 中野　勉編著（2021）『グラフィック経営組織論』新世社，53 頁。

Column 3.4 「ジョブ型」への転換の課題

フレックス・タイム制度の導入，ネット環境を使った社外や在宅での仕事時間の増加，サテライト・オフィスやコワーキング・スペースの活用が広がりを見せている。また，「メンバーシップ型」から「ジョブ型」への働き方改革が叫ばれる中，従業員をデジタル技術によるエンゲージメントの計量的なスコアで管理するアプリが大きな広がりを見せている。そこには文化や個人の多様性から，関係性やモチベーションをどう捉えるのかなど課題も多い。

3.5 組織の文化と管理 —— ルール，成果と文化

組織のデザインとして，企業内には，フォーマルな組織構造としての指揮命令系統のヒエラルキーに加え，従業員を管理する仕組み（organizational control）と，様々な調整機能（coordination）が必要である。管理方法は大きく以下の3種類に分類できるが，マネジメントは，業界の構造や習慣，企業独自の文化や伝統，そして，大きなマネジメントのトレンドなどの変化に合わせ，戦略的に組み立てる。そして，それらを組み合わせて，市場や組織の環境に変化が必要となれば，常に見直しを進めるが，そこには，組織管理の難しさがある。どこに重きを置くかにより，どのような組織を作っていくのか，マネジメントの力が試されるともいえる。

第1に，「成果による管理」（outcome control）は，仕事のパフォーマンスを報酬や昇進などに反映させる。個人とチームとしての業績評価方法の多角化，年俸制の導入，成果にリンクした能力給部分の増加など，KPI（Key Performance Indicator）を使った組織管理が日本でも広く取り入れられる中で，試行錯誤が続いている。定性的な評価を含め，上司との1対1での話し合いによる目標設定とコミュニケーション，上司・同僚・顧客などの意見による多角的な視点からの360度評価，チーム・ベースの評価などとのバランスの重要性が見直されている。

第2に，「規則による従業員の行動の管理」（administrative control）は，就業規則などに明文化された組織のルールにより行う。20世紀初頭のウェーバーやファヨール（Fayol, H.）の官僚制の理論に根ざすものである。彼らは，規則をもとに，従業員に公平な評価と労働の対価として賃金を支払い，ヒエラルキーで管理すれば，組織に規律が生まれ，効率が上がると説明した[6]。

第3の「文化による管理」（cultural control）は，組織の文化で従業員を管理するものである。文化が従業員の仕事へのモチベーション（motivation）や士気（morale）に大きな影響を与える。儀礼や儀式としての朝礼，優秀な社員の表彰，朝礼やブリーフィング，制服や社章，旅行先での研修（アウティング）での会社の歴史の学習，チーム・ビルディング研修，パーティや交流会，研修や社員旅行，イントラネットによる社内広報など，様々な機会を駆使し，情報共有とコミュニケーションを活性化させながら，組織文化を作り，企業の持続的な成長を図る。例えば，マネジメントは規範（norms），儀式（ceremonies），儀礼（rituals），表象（symbols）などを使いながら，社員のモチベーションを喚起しようとする。それらは，企業文化づくりとその浸透のために広く行われる。

Column 3.5 ライオンの人事制度と企業文化

グローバル化の波は日本企業を巻き込み，人事制度は，組織文化の醸成に様々な影響を与える。競争原理，多様性，働きがい，仕事と家庭の両立のためのワークライフバランスなどの観点から，ライオンの人事制度には様々な対応が取られてきた。

男女雇用機会均等法が施行された1986年，ライオンに初めて女性の営業職が誕生した。その後，企業における女性の活躍が叫ばれる時代となり，研究部門やスタッフ部門の女性管理職は年々増加傾向にある。ライオンでは，**女性の活躍**を促進するために，仕事と家庭の両立を支える育児休業制度や短時間勤務制度などの充実に加え，キャリアアップを支援する施策を実施している。例えば「**メンタリングチェーン**」は，経験豊かな先輩（メンター）が後輩に対してキャリア形成・能力開発，心理的側面から一定期間継続して支援を行うものである。また，「**キャリアフォーラム**」は，社内の色々な職種の社員に，業務内容や当該業務で求められるスキル，働き方などについて発表してもらうとともに，パネルディスカッションや交流の場を用意する。

ライオンでは，女性の活躍に加え，高齢者雇用や就労形態についても，多様化する社員の「**ワークライフバランス**」への配慮から，支援施策を実施している。また，国際化が進んできている状況を考慮して，2011年から，国際事業を担う人材の育成を目的とする「**グローバル人材強化育成プログラム**」として，国際事業の基礎知識と異文化風土の習得を目的とした集合研修をはじめ，海外関連会社へ1カ月派遣を行う実務研修など，目的に合わせた複数のコースを用意した。直接国際事業本部に配属する人材も，また国際事業本部以外の個々の職場においても，**グローバルな視点での業務推進**を図れるよう支援してきた。

ライオンでは，2003年から**成果主義型賞与制度**を導入し，2009年からは，「**業績連動型賞与制度**」を導入した。これは，あらかじめ定めた最低支給額に上乗せする金額が，連結経常利益と連動する賞与体系とし，経営計画達成に向けて全社員の努力を促すこととした。また，定年退職者再雇用制度や「働きがい相談センター」の設置なども進めてきた[7]。

このように，グローバル化の中で，人事制度は様々に変化を経験してきたが，マネジメントは，組織の文化として，制度が変わる中で，ライオンの**企業文化**を守るための努力を続けてきた。その根底には，存立基盤として，創業家とキリスト教の精神が流れていた。

3.6 グローバル化をめぐる経営組織の変化

経営組織の現場においては，部門・部・課・チームなど，色々なユニット間で，複雑に利害が絡み合う中で，対立と協力が繰り広げられる。業務に関しては，設計・生産・配送プロセスの工程やフローを円滑に効率よく進めることが求められ，また，組織全体の知識や情報の共有を図ることが必要である。

グローバル化が進む中で，国際的な取引・戦略的提携・M&Aが増加した。その根底には，世界の多国籍企業においては，本社が子会社のマネジメントを一方通行で決める「インターナショナル・マネジメント」から，「**トランスナショナル・マネジメント**」[8]への転換がある。それは，本社と子会社および子会社間で，グローバルに広がるグループのネットワークを通じて，双方向で多角的に情報を交換しながらベスト・プラクティスを生みだし，その成功ノウハウをグループ全体に拡大しながら，規模を拡大し，世界的な事業の最適化を図ろうとするものである。

ライオンの海外進出はアジア圏諸国に集中しており，今後海外比率を高めることを志向している。そのためには，自社開発にこだわらず，スピード感をもって，M&A，戦略的提携など積極的に活用することが不可欠である。

対立と協力，そして，共創によるイノベーションのためには，組織内の様々な**調整メカニズム**（coordination mechanisms）が使われる。それらは，組織のフォーマルなシステムとしてのヒエラルキーを，インフォーマルな文化的な側面から，コミュニケーションの円滑化のために補完する役割も大きく，社員の帰属意識や仕事へのモチベーションを高めるためにも重要である。社内コミュニケーションを活性化させ，個人が持つ情報・知識を経営資源として活用しようとするものであり，問題解決能力，交渉力，協調性，リーダーシップなど，個人のスキルを高め，イノベーションを喚起する意味もある。

調整メカニズムには，経常的に設置されるものから，特別な目的のために期間を限定し組織されるものまである。例えば，一般的に，インフォーマルなまとめ役としての**統括官**（integrator），つなぎ役としての**仲介者やリエゾン**（liaison），**調整役**（coordinator）や**推進委員**などの役割がある。また，よりフォーマルに招集されるものとしては，特別な緊急課題に取り組む**タスクフォース**（task force），**各種委員会や分化会**（ad hoc committee），様々な部署からメンバーが選抜される**プロジェクト・チーム**（project team）などがある。

Column 3.6 課題に対する組織横断的かつ全社的な組織体制

企業経営においては，長期の課題対応に対する組織体制も必要である。例えば，現代においては，コンプライアンス，リスクマネジメント，SDGs 等の中長期に及ぶ政策的対応が挙げられる。ライオンでは，基本的にこれらの課題に対しては各々担当役員を配し，組織とは別に，経営トップの傘下に会議体もしくは委員会を組織し，課題対応にあたっている。機能別および事業別のハイブリッドな組織形態を基本とするライオンにおいては，ともすればコミュニケーションは縦型になりやすく，また，人間関係が固定化し，視野が内向きになるなど，サイロ化しやすい状況が想定される。そこで，タスクフォースのようなプロジェクト型の組織を導入することで，横方向の情報共有を活性化させ，政策的全社課題の解決にあたることができる。特徴的なことは，これらを中長期的な視点で運用することで，継続性・一貫性が担保され，知識の組織内部への蓄積を促すとともに，経営トップの直属の会議体・委員会とすることで，素早い対応が指向できるのである。これらの仕組みは，大きな市場環境の変化に対し，社内の知識と情報を集め，課題解決に取り組むための組織でもある。

Column 3.7 ライオンのオープンイノベーションと研究開発

ライオンは，オープンイノベーションの加速を志向してきた。「新規事業創出プロジェクト」と並行して，2008 年より研究運営の見直しを行い，外部の開発やアイディアを活用する，オープンイノベーションに取り組んでいる。

①外部有識者の研究顧問への招聘：ライオンの技術的な強みである，口腔科学，生命科学，合成化学，界面科学の領域での技術革新の芽を先取りし，将来に向けた研究のため，世界トップレベルの研究者を研究顧問として招聘する。

②国内・海外の先進的研究機関への若手研究員の派遣：技術を導入するだけではなく，第一線の研究者との議論の中から，研究に対する考え方・姿勢を学ばせる人材育成的な側面を併せ持つ。

③他企業との戦略的提携や国内・海外研究機関との連携：ライオンの技術と社外の技術の融合による新たな製品・サービスの開発と研究スピードの短縮を目指す。

④部門横断的プロジェクト（タスクフォース・プロジェクト）の推進：技術シーズ開発から製品開発・事業化までを俯瞰して統括管理することにより，開発活動の短期実績化を図るためのタスクフォースによるプロジェクトを設置。プロジェクトリーダーへの権限委譲により，意思決定，迅速化，全体最適化，責任所在，目標・納期の明確化，モチベーションアップを目指す。同時に，大型製品開発につながる重要な技術課題の短期解決，応用研究主導で進める新分野・新規事業を目指した革新的技術開発の促進を図ることも目的とする。「トップNANOX」「ナイスリムエッセンス ラクトフェリン」はタスクフォース・プロジェクトの活動成果である[9]。

3.7 経営組織の展望と課題：つながる時代の組織と共創のマネジメント

新たな時代の組織の緊急課題は多い。第1に，デジタル化により「つながる時代」に移行した現在，社員が持つ内外のインフォーマルな人間関係，すなわち**ソーシャル・ネットワーク**が，社会関係資本，あるいはソーシャル・キャピタルとも呼ばれる経営資源として，その価値と重要性を増した。IoTsの視点からは，人，モノ，組織の複雑な関係性のダイナミクスが，個々の企業の枠を越え，様々なクラスターとして，コミュニティやプラットフォーム，色々なビジネス・プロジェクトへつながるソーシャル・イノベーションの世界を創り出す。

第2に，かつての商流は，計画，生産，マーケティング，販売，配送という川上から川下への時系列モデルで考えられたが，AIとIoTsが広がる時代においては，**ビッグ・データ**が提供するオンタイムでの消費者の動向，柔軟な生産計画と高度な品質管理，在庫調整と配送まで，デザイン・生産・配送が，ループ，あるいはストリーミングの中で，同時に進化し続け，スピード，品質，シェア，価格をめぐる企業間の競争は峻烈を極める。それに対応する組織のデザインは，かつての「つながっていない」安定した市場の時代とは大きく異なるものとなる。

第3に，組織内部と外部環境との間の境界が，極めてあいまいになった。フレックス・タイムや労働時間の短縮，企業間をまたぐプロジェクト・ベースの仕事の増加，社員の副業やフリーランスの広がり，テレワークやコワーキング・スペースの活用など，人々が働くつながり方が大きく変わろうとしている現状において，組織や戦略マネジメントも大きく変わらざるを得ない。

最後に，「つながる時代」においては，文化を創り出す企業の情報発信として**コーポレート・コミュニケーション**が極めて重要な企業戦略となった。グローバルにつながるサプライチェーンや消費市場に対し，**企業の社会的責任**（CSR）が強く求められ，資本市場への**IR活動**（Investor Relations）による投資家への積極的な働きかけが重要となった。機関投資家などの株主に対し，イギリス発のスチュワードシップ（stewardship）や国連のSDGs（Sustainable Development Goals）の哲学を，**ESG投資**（Environment, Social and Governance）に訴える。持続可能なビジネスとして，企業は高いブランド・イメージをいかに築き，リスクと将来の不確定性に備えるのかが，組織のレジリアンスとして，マネジメントの課題である。

デジタル化とグローバル化の急速な展開からは，組織論の体系に，いかに実践的な知見を理論化し，進化させていくのかが，今後の組織論の課題である。

Column 3.8 「ライオン快適生活研究所」による消費者とのコミュニケーション

いかにして消費者に購買対象となるオブジェクトに関与させ，**売り手と買い手の共創**（co-creation）により，商品の価値や新たな市場を作り出すのかが，多くの企業の戦略的な課題である。かつては企業の外側に存在し，商品やサービスを売る対象であった消費者は，SNS（ブログ，ツイッター，インスタグラムなど）を通じ，製品やサービスに深く関与する利害関係者，すなわちステークホルダーとして，経営組織の一部としての存在となったともいえる。

ライオンは様々な製品を持つメーカーであるが，その発展の歴史の中で，製品開発に消費者の目線を反映させることで，様々な製品を世に送り出し，市場を開拓してきた。その初期においては，伝統の店頭活動があり，販売の現場における流通チャネルを通じた消費者とのつながりを大切にしてきた。このような視点を基本として，ライオンが作った組織が，「**ライオン快適生活研究所**」である。

それ以前に，ライオンは，ライオン歯科衛生研究所，ライオン家庭科学研究所などを通じて，人々の健康や日々の暮らしに役立つ活動を行ってきたが，時代とともに生活者のニーズに対応しきれない側面が顕在化してきたため，2011 年，広報センター（現・コーポレートコミュニケーションセンター）内に「ライオン快適生活研究所」を新設した。同研究所は，**暮らしの「快適」をサポートするための生活情報の提供窓口**として，従来広報センターが行ってきたメディアを通じた発信に加え，イベントやウェブ，書籍等を通じた情報提供活動を展開する。新設時には，快適生活情報発信のスペシャリストとして，生活者行動研究所内に 4 名の社員による「暮らしのマイスター」を配し，生活者とのコミュニケーションを高める目的で活動を始め，現在もその活動を進化させている。2012 年には，同研究所より健康で快適な暮らしに役立つように，ライオンが保有するオーラルケアと洗濯・掃除に関する情報を 2 冊の書籍にまとめ，『暮らし快適 BOOK』として発刊した。快適生活研究所は，2018 年に**消費者研究部門**に機能を移管し，その機能の高度化を目指している。これはライオンのブランド価値の向上や，消費者とのコミュニケーションを重視するライオンの組織作りの現れの一つである[10]。

Column 3.9 ライオンにおける新事業開発

大企業は，いかにイノベーションを促進し，新たなビジネスを作り出していくのか。市場の変化は激しく，企業内新規事業開発やアライアンスにより，素早い立ち上げと市場参入を行うことができるのかが，近年重要となった。ライオンでは，**企業内新規事業開発**を促す組織作りも試みられており，他の部署とは異なる文化，価値観，人の管理などを認めるいわゆる「**出島**」として，企業内新規事業開発とその活動を積極化しつつある。

3.8 ライオンのガバナンスと組織課題

2022年初めに，ウクライナへのロシアの侵攻に始まった戦争は，世界経済に多くの混乱をもたらしている。またグローバル化が進む中で，今後も続くと思われるパンデミックによる社会の諸制度の破壊や，気候変動による大きな災害の頻発は，世界規模で不確実性が高い時代に入ったことを意味している。グローバル化がさらに加速する多国籍企業においては，そのリスク対策，BCP（事業継続計画；Business Continuity Plan），CSRとガバナンスの重要性が増している。彼らは，これまで世界にサプライチェーンを展開し，生産効率を上げてきたが，今後は企業が持つ様々なリスクに対する備えを最優先に考えなければならない状況にある。

サステナビリティの問題として，気候変動などの環境の変化だけでなく，ビジネスの持続可能性とレジリエンス，ビジネス継続のための計画としてのBCPの重要さが再認識されつつある。効率的であることは必要であるが，様々な分断が進む世界の中で，継続性と頑強さとしてのレジリエンスが，今後ますます重要となる。

多国籍企業は，世界の大変動に直面し，また，今後も友好国などが友人経済（friendship economy）を形成することで，世界経済の分断が深まると思われる。そんな中で，ライオンの今後の組織課題は，これまでの開示資料に基づいて推察すると，海外売上構成比率を50%相当まで高めるために，海外事業を含めたグローバルな組織構造へいかに転換していくか，である。例えば，国際事業本部をコアとして戦略・企画開発・財務・人事・品質保証・法務のコントロール機能・基盤を整備する必要がある。現状，戦略については国際事業本部長の下で事業本部スタッフが策定・進捗管理を行い，グローバル開発センターが各地域の技術スタッフと連携して研究開発全般の統制を行い，財務や品質保証についてもグローバル経理基準の運用やISO9001の包括認証，ISO10002をベースとしたグローバル顧客対応体制の整備等の動きを進めている。そしてここからは筆者の推察であるが，次の段階として，こうした基盤をもとに海外事業全体のコントローラー（特に戦略と財務）を育成・配置しその経営構造を確立させ，さらに次の段階として，国内事業と海外事業をバリューチェーンで機能統合し，いわゆるグローバル連結経営体制を段階的に構築していくという方向性が考えられる。

Column 3.10 ライオンにおけるガバナンスの変遷

2000年代に入り，国内外の企業で，不正な会計処理や関連法規の違反などが相次ぎ，**コーポレート・ガバナンス体制の強化**が社会的要請となっていた。2002年10月には，日本経済団体連合会（経団連）で「企業行動憲章」が改訂され，会員企業に対し，コンプライアンス体制のさらなる強化が求められた。ライオンでは，2001年からの中期経営計画「VIP計画」において，「**企業価値（株主価値）の向上**」を基本方針として，ガバナンス体制の強化・充実を進めてきた。

その根本には，行動規範を明文化すれば，各就業者はそれを行動の拠り所として，各人が自己に課せられた責任を明確に理解し全うできるとの考えがある。2003年に制定した「**ライオン企業行動憲章**」は次のような前文から始まる。「私たちライオングループは，単に公正な競争を通じて利潤を追求するという経済的主体のみならず，広く社会にとって有用な存在であり続ける」。これに続いて，基本的使命，社会規範の遵守，情報開示，環境対応，就業環境の整備，社会貢献，反社会的勢力との対決，海外での貢献，企業倫理の徹底，問題解決，からなる10の原則を明文化した。憲章の制定と併せて，「**企業倫理委員会**」を新設した。同委員会は，業務全般における憲章や行動指針および規程等の遵守とその啓発に関する計画・推進のほか，監査室への助言を主な役割とし，憲章や指針に反する事態が生じた際には，その収拾と再発防止策を講ずる役割を担った。通報制度「AL（オールライオン）心のホットライン」の設置や専任部長の配置とともに，関連規程や教育体系，モニタリング体制の整備も進めた。

さらに，コーポレート・ガバナンス体制強化の一環として，2003年，社外有識者からなる「**経営評価委員会**（現・アドバイザリー・コミッティ）」を設置した。設置の目的は，VIP計画が掲げる「企業価値（株主価値）の向上」実現のために経営構造改革を推進するうえで，同委員会の評価・意見を反映させることにあった。

また，2004年には意思決定の迅速化や経営監督機能の強化を図るため「**執行役員制**」を導入した。従来，取締役会が担っていた「経営の意思決定および監督機能」と「業務執行機能」を**分離**し，前者を取締役会が担い，後者を担うものとして新たに執行役員を任命した。執行役員に就任したのは，主に各本部の本部長であった（当時 取締役11名，執行役員12名）。これに伴って従来の常務会を廃止し，業務執行上の重要な決定は**執行役員会**が，また製品企画等に関する重要な決定は**製品企画執行役員会**が担い，経営上の重要な決定を**取締役会**が行うこととした。この制度の下，2004年当時は，会長が「**取締役会議長**」を，社長が「**最高経営執行責任者**」の任をそれぞれ担うこととした[11]。

Column 3.11 ● 市場の変化へのライオンの組織変革の歴史

1980 年合併以後現在に至るまでの，ライオンにおける組織の変遷の特徴は，大きく 3 つのポイントがある。第 1 は，**バリューチェーンの機能間のコンフリクトの解消を目的に，都度の環境変化への対応を含めて組織構造を改変する点**である。具体的なコンフリクトの局面として，マーケティング部門と研究開発部門，マーケティング部門と営業部門と生産部門，研究開発部門と生産技術部門と生産工場等々である。例えば，マーケティングと研究開発においては，マーケティング側が市場の動向や消費者の変化をもとに製品に係る技術開発の方向性や具体的な製品計画を提案するのに対し，研究開発側が独自の開発方針・研究の方向性や技術制約の視点からその提案に対し反発することがある。またマーケティング部門と営業部門と生産部門においては，マーケティング側の市場予測・販売計画に基づく生産要望と，営業側の実際の商談の進捗状況による実需要の予測と，生産部門の生産日程計画・設備能力の課題が相互的に対立することで，製品供給の過多（＝在庫過多)/過少（＝品切れ）といった問題が生じる。こうした組織改編は，1988 年 1 月，1989 年 4 月，1992 年 3 月，2002 年 3 月，2005 年 3 月，2007 年 3 月と行っている。

ライオンの組織の第 2 の特徴は，**本社組織の統合/分散を必要に応じ適時行う点**である。本社機能は，全社戦略立案・推進と，そのための経営資源の配分・統括管理（ヒト（人事），モノ（総務，法務，品質保証)，カネ（経理・財務)，情報（システム，情報発信・顧客対応機能（広報，IR，CSR，お客様センター)))に大別される。個々の機能の強化・深化を優先する場合には，各機能を部として存在させる傾向がある。しかしながら，セクショナリズムに陥り本社部門の組織間連携が希薄化するリスクがある。そうした場合や全社としての本社機能を一体的に底上げする場合に，関連性の高い部を束ね本部制組織とすることがある。ライオンは，1980 年の合併以後本社部門について本部制組織を指向してきたが，1992 年 3 月に本部制組織を廃し，各部に「担当役員」を配することで，その中庸の組織構造を採用してきた。その後は，必要に応じて本社機能の本部組織を設けている。

ライオンの組織の第 3 の特徴は，基本的に，**バリューチェーンの各機能単位の本部制組織と，事業別単位の事業本部組織の併存するハイブリッドな構造である点**である。収益を期待されるプロフィット・センターについては，事業別の単位での事業本部組織（2023 年 1 月現在：ヘルス＆ホームケア，北東アジア，東南・東アジア，ウェルネスダイレクト，特販）としている。そのうち特に，マーケティング部門においては総合的に，事業/ブランドにより責任を持たせるブランドマネジャー制を採用している。こうした機能別と事業別のハイブリッドな組織としている背景は，メーカーとして特に川上での横断的機能に係る効率的管理を重視する一方，事業運営に係る権限とその収益の管理責任は各事業本部長に任せることで，組織運営の効率と効果を同時に追求しようという考えにある。さらに，マーケティングなど川下での消費者とのインターフェースに関しては，ブランド別にマネージャーに裁量と責任を与えることで，全社的な視点から戦略的にマーケティングを進める形となっている。

バリューチェーンの概念図

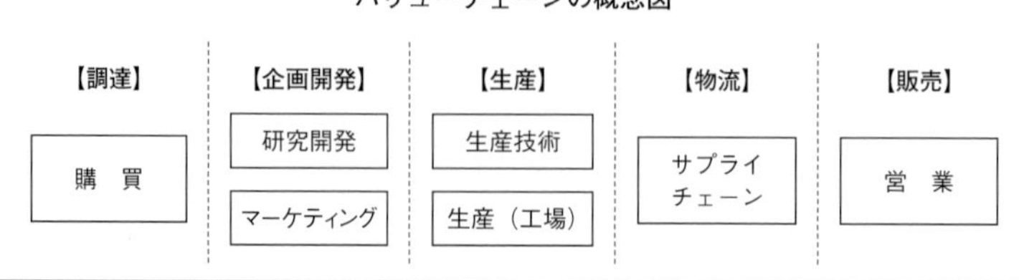

第 4 章

マーケティングとは

本章では，マーケティングとは何であるかについて学ぶ。企業経営あるいは経営学におけるマーケティングの重要性を学びながら，一般的なマーケティングの中核となる STP とマーケティング・ミックスを理解し，マーケティングの全体像と活動の流れを知ることが目的である。本章では，共通事例となっているライオンの中でも，同社が展開するオーラルケア事業における「クリニカ」というプロダクト・ブランドを事例に用いる。

■クリニカブランド刷新時の製品ラインアップ（4.6 節参照）

（出所） ライオン株式会社提供。

4.1 マーケティングとは何か

マーケティングは時代によって変遷を遂げ，その定義も移り変わってきた。日本マーケティング協会による定義によれば，**マーケティング**は「企業および他の組織がグローバルな視野に立ち，顧客との相互理解を得ながら，公正な競争を通じて行う市場創造のための総合的活動である」。簡潔にいえば，**マーケティング**は企業による市場創造のための総合的活動であり，その具体的な活動については**4.3 節**で後述する。現在のマーケティングは，市場創造にとどまらず，その市場を維持し拡大していくことが求められている。そのために，企業は消費者（顧客）やステークホルダー，広くは社会とともに継続して価値創造を行っていく必要がある。

マーケティングと一口にいっても，非営利組織が行う**ソーシャル・マーケティング**やサービス財を扱う**サービス・マーケティング**をはじめ，様々なマーケティングが存在する。ここでは，ライオンのように営利企業かつ製造企業（メーカー）を念頭に置いて，伝統的なマーケティングについて考えてみよう。この伝統的なマーケティングには，経営者などのトップマネジメント層が行うマーケティングや，ミドルマネジメント層が行う実務レベルのマーケティングがあり，これらは意思決定レベルがそれぞれ異なることに注意しよう。

本章では，ミドルマネジメント層の管理的意思決定である**マーケティング・マネジメント戦略**について，ライオンのオーラルケア・ブランド「クリニカ」を事例に取りながら学ぶ。ライオンは，2011 年 10 月に 2020 年に向けた長期計画（Vision2020）を掲げ，連結売上高 5,000 億円，連結営業利益 500 億円，連結営業利益率 10％の業績目標を設定していた。マーケティング・マネジメント戦略は，企業理念やパーパス，企業目標や企業戦略などに従属して行われるが，クリニカはこの企業戦略の下で重点ブランドに選ばれた。その後のブランド再生の取り組み（ブランド再生プロジェクト）により，2014 年 2 月にクリニカブランドが刷新され，成功をおさめた。クリニカの躍進が現在のライオンの事業成長，ひいては企業成長の原動力となっている。このようにブランドの構築（再構築）は企業経営において非常に重要であり，ここにこそマーケティングを学ぶ必要性がある。

クリニカブランドの刷新において，ライオンはどのようなマーケティングを行ってきたのだろうか。次節以降で見ていこう。

BOX4.1　コーポレート・ブランド「ライオン」の由来

第 1 章でも述べられているが，1891 年創業のライオン株式会社（当時は小林富次郎商店）は，1896 年 7 月に自社初のハミガキ「獅子印ライオン歯磨」を発売している（**第 1 章 1.4 節**参照）。ライオンを用いた理由は，当時，売れ行きの良かった他社商品には動物の名前がつけられていたことを背景に，吠え声も雄々しく，百獣の王（獣類の王）であり縁起も良いと考えられたためである。強い体と強い歯（強い體と强い齒）をライオンで表現でき，強くて純白な歯（牙）を持つライオンはハミガキの商品名として効果的であると考えられたという。当時はライオンを和名の「獅子」と呼称していたこともあり，「獅子印ライオン歯磨」という商品名になったというのが由来である。

発売当初は売れ行きが芳しくない時期が続いたものの，改良を重ね，販路拡大に努めた結果，3 年目になると売上も当初の目標を達成するようになった。高品質で比較的安価であることに加え，発売当初から意欲的に広告宣伝を行うことで好評を博した。その後，ライオンの名を冠した様々なハミガキが発売され，洗濯石鹸の商品名としても使用され，ハミガキや洗濯石鹸のブランドとして「ライオン」の名称が親しまれた。このようにライオンは，最初こそプロダクト・ブランドの名称（商品名）であったが，現在のライオン株式会社にも冠されているようにコーポレート・ブランドの名称，すなわち，社名へと昇華するに至っている。

Column 4.1 ● クリニカブランドの成り立ち

ライオンは 1960 年代においてオーラルケア分野で躍進を遂げ，ハミガキ市場のトップシェアを獲得するに至った。合併によりライオン株式会社となった 1980 年当時，ハミガキ市場におけるライオンのシェアは漸減していたものの，68％ものシェアを有していた。当時のハミガキ市場では，虫歯予防のハミガキのシェアが伸びていたという。その状況下の中で，大人向けとしては待望となる虫歯予防の機能を有するハミガキ，加えて，合併直後の記念碑的な製品として発売されたのが「クリニカライオン」（1981 年 9 月）である（次頁図表 4-2-1 参照）。当時，従来のハミガキの価格帯が 250 円であったことに対し，クリニカライオンは 180 グラム入りで 380 円と高価であったにもかかわらず，同年 12 月にはすぐさま 10.8％のシェアを獲得している。

その後，「クリニカライオン」の発売から 4 年後の 1985 年には「クリニカ DFC ライオン」に名称変更を行った。DFC とは，歯垢を分解する酵素であるデキストラナーゼ（Dextranase），歯質強化をもたらすフッ素（Fluoride），歯垢抑制のクロルヘキシジン（Chlorhexidine）という成分を表す単語の頭文字を取った略語である。また，クリニカブランドでは初めてとなる子ども用のハミガキ（「こどもクリニカ DFC ライオン」）の導入といった展開も見せている。

4.2 オーラルケア・ブランド「クリニカ」の概要と特徴

本章で取り上げるクリニカは，国内のハミガキ市場においてトップシェアを誇るオーラルケア・ブランドである。このクリニカは，ハミガキやハブラシをはじめとしたオーラルケアのリーディングカンパニーであるライオンにおいて，オーラルケア分野（序章の図表0-1-2参照）の主力ブランドという位置づけとなる。

クリニカのはじまりは，1981年9月発売の「クリニカライオン」である（図表4-2-1）。1966年に研究・開発をスタートさせ，15年にも及ぶ研究の末に，酵素が入った世界で唯一のハミガキとして誕生した。クリニカライオンは，虫歯菌が作り出すネバネバ成分デキストランを分解するデキストラナーゼ（歯垢分解酵素）を配合することで高い歯垢除去効果を持ったハミガキである。なお，刷新以前におけるクリニカの歴史変遷は，**Column** 4.1や**Column** 4.2，**Column** 4.4を参照のこと。

クリニカ（CLINICA）の名称の由来は，診療所を意味するclinicであり，「歯をクリーンにするイメージから作った造語」である。現在，クリニカは，予防歯科あるいはオーラルケアやハミガキの定番ブランドとして定着しているが，刷新を行う以前は「家族で使う安いブランド」というブランド・イメージが定着していた。後述するが，ライオンは，2014年2月に「予防歯科」をコンセプトに掲げてクリニカブランドを刷新し，マーケティングの抜本改革を行った結果，2017年には刷新前の2013年と比べて1.5倍の売上を実現し，現在も順調に成長している。

ライオンの調べによると，直近の2020年におけるオーラルケア（**Column** 4.3参照）市場規模は2,424億円である。また，2021年におけるライオンのオーラルケア事業は，ハミガキで3割，ハブラシで4割のシェアを誇っている。クリニカのラインアップとしては，ハミガキやハブラシに加え，タフトブラシ（デンタルタフト），デンタルフロス，デンタルリンス（薬用マウスウォッシュ）のほか，第3類医薬品の虫歯予防薬を展開している。このように多岐にわたるオーラルケアのアイテムを展開するクリニカは，予防歯科の総合ブランドであり，前述した**プロダクト・ブランド**（製品や製品群のブランド）を超えて，**ファミリー・ブランド**（複数の製品カテゴリーにまたがる製品群のブランド）といえるだろう。

■図表 4-2-1　クリニカライオン（1981 年 9 月）

（出所）　ライオン株式会社ウェブサイト「ライオンの歴史」（https://www.lion.co.jp/ja/company/history/rd/）（閲覧日：2023 年 6 月 5 日）。

Column 4.2 「クリニカ DFC ライオン」から 2000 年代前半までのクリニカ

ライオン全体のハミガキ市場のシェアは，強力な競合ブランドの攻勢などにより，1992 年には 50％を下回った。サンスターによる歯周病ケアの「GUM」（1989 年）や，花王株式会社（以下，花王）による虫歯予防ケアの「クリアクリーン」（1990 年）などによる影響である。

ライオンでは 1992 年から 1994 年の中期経営計画（第Ⅱ期）の中でシェア回復に向けた対応策の検討を行った。その中で，クリニカを重点ブランドの一つとして位置づけ，虫歯予防機能の総合ブランドとして確立する方針を打ち出している。こうした企業方針を背景に，プラークコントロール（PC）を強調した「PC クリニカライオン」（1994 年 9 月）に名称を改めた。なお，プラークとは歯垢のことである。既存のハミガキの改良を行ったほか，容器も他社や自社の他ブランドの動向に対応させるように従来のヨコ型に加え，タテ型も発売した。その際，**ブランド拡張**（カテゴリー拡張）として，ハブラシ（「PC クリニカライオンハブラシ」）も同時発売した。この背景には，ラインアップを広げることで 100 億円ブランドへ育成しようとする狙いがあった。子ども用においても，ハミガキ（「こども PC クリニカ」）に加えて，ハブラシ（「PC クリニカこどもハブラシ」）もラインアップに加えている。

その後も，新たなブランド拡張（カテゴリー拡張）として，「PC クリニカデンタルウォッシュ＆コート」（1999 年）を発売した。ハミガキにおいても，既存のアイテムに若年層向けの香味違いとなる「PC クリニカ COOL&DRY」（2001 年）を加えている。

Column 4.3 オーラルケアとオーラルケア市場

オーラルケアとは，口腔（こうこう・こうくう）内を健康に保つための手入れを意味する。こうしたオーラルケアに対応した製品カテゴリーとなるオーラルケア市場は，ハミガキ，ハブラシ（電動ハブラシ含む），洗口剤，義歯用品（洗浄剤・安定剤），デンタル用品（歯間ブラシ・フロス），口中清涼剤（口臭ケア用品），歯槽膿漏関連の商品から構成される。

4.3 マーケティング・マネジメント戦略とその活動の流れ

マーケティング・マネジメント戦略とは，製品・サービス（ブランド）を対象に行われる，市場（顧客）の需要調整に関わる意思決定であり，マーケティング目標（例えば，売上や市場シェアなど）を達成するための戦略である。

マーケティング・マネジメント戦略は，**STP**と**マーケティング・ミックス**（**MM**）を中核とした戦略および活動から構成され，R→STP→MM→I→C の順に行っていく（図表 4-3-1 参照）。このプロセスは行ったり来たりしながら進めたり，PDCA サイクルのように一連のプロセスを繰り返して行う。これら一つひとつの活動が，冒頭のマーケティングの定義にあった市場創造のための総合的活動にあたる。

4.4 調査（R）による環境分析

マーケティング・マネジメント戦略では，最初に意思決定対象（企業，事業，製品・サービスなど）が置かれた環境を把握するために，調査（Research）あるいはマーケティング・リサーチを通じて**環境分析**を行う。企業（自社）を取り巻く環境は，図表 4-4-1 のようになる。

クリニカのブランド刷新に向けたマーケティング・マネジメント戦略の立案時において，マクロ環境の変化として注目されたのは，「治療から予防へ」という社会環境や意識の変化である。この背景には，政府による医療費削減を目指した予防医療への取り組みの一つとして 2011 年 8 月に公布・施行された「歯科口腔保健の推進に関する法律」（歯科口腔保健法）や，2012 年に策定された「健康日本 21（第二次）」などがある。国を挙げて社会全体で歯の疾患治療から予防歯科を推進する取り組みが活発化しており，オーラルケア分野において消費者の歯科医院への定期健診の受診が強く推奨されるようになっていた。

市場・顧客（**Customer**）に関して，ライオンの調べによると，ブランド刷新前の 2013 年時点でのオーラルケア市場規模は 2,058 億円であり，直近の 5 年間で 170 億円以上の拡大があった。この伸長を支えていたのは，市場規模の大きいハミガキに加え，ハブラシ（電動ハブラシ含む）やデンタル用品，洗口剤などのカテゴリーの伸長である。例えば，パナソニック株式会社が 2010 年 4 月に発売し

■図表 4-3-1　マーケティング・マネジメント戦略のプロセス

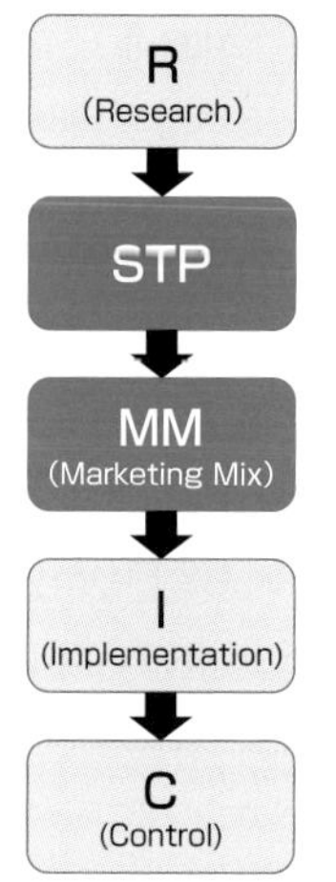

詳細は各節において解説するが，マーケティング・マネジメント戦略のプロセスの最初に位置づけられるRは調査（Research）あるいはマーケティング・リサーチである。STPはセグメンテーション（Segmentation），ターゲティング（Targeting），ポジショニング（Positioning）のそれぞれの頭文字をとった略語である。MMはマーケティング・ミックス（Marketing Mix）であり，製品（Product），価格（Price），マーケティング・チャネル（Place），マーケティング・コミュニケーション（Promotion）の4つのPから構成されるため4Pとも呼んだりする。Iは実行（Implementation）であり，立案されたマーケティング戦略とマーケティング戦術や施策を実行する活動である。Cは管理（Control）であり，市場の反応などを通じてマーケティング諸施策の評価を行い，フィードバックによって改良をしていく活動である。

■図表 4-4-1　マクロ環境と 3C

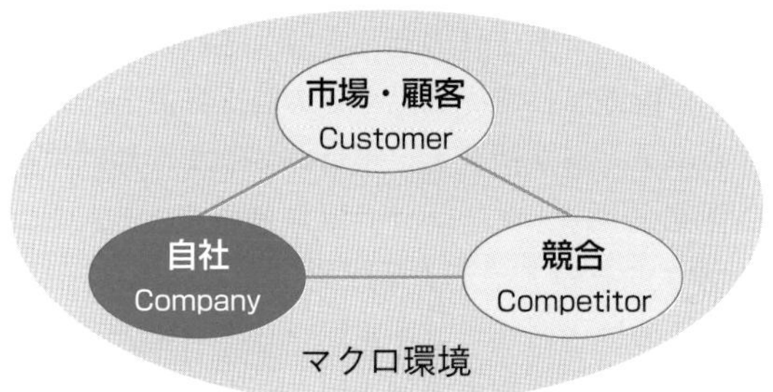

企業にとって自社（Company）が内部環境であり，それ以外は外部環境である。外部環境のうち，市場・顧客（Customer）と競合（Competitor）がミクロ（外部）環境にあたり，自社（Company）とあわせて3Cと呼ぶ。この3Cは，環境整理のための代表的かつ簡易的な分析枠組みであり，3C分析と呼ばれる。詳細は割愛するが，3Cを内包し，これらに影響を及ぼすのがマクロ（外部）環境である。

た電動ハブラシ「ポケットドルツ」が約1年で販売150万台を超え，若い女性を中心に職場や外出時における昼食後の歯磨きを促進させていた。

ハミガキ市場の成長を担っていたのは，低価格帯（250円未満），中価格帯（250円～499円），高価格帯（500円以上）のうち，高価格帯のハミガキ商品である。佐藤製薬株式会社の「アセス」（1978年）や女性向けの「アセスE」（2008年），2013年に全面リニューアルした第一三共株式会社の「クリーンデンタル」（1985年）などの医薬系メーカーによるハミガキもこの当時の高価格帯ハミガキの活性化に寄与していた。そのため，今後も予防歯科に対する顕在的あるいは潜在的な顧客ニーズが拡大すると予測された。さらに，国内では市場を構成する人口の減少や高齢化も進んでおり，高齢層による歯の健康に対する意識の高まりも予測された。

競合（Competitor）に関して，花王の「クリアクリーン」は，2010年5月に改良を行ったほか，歯石沈着の予防効果を加えた「クリアクリーンEX」（2012年）を発売していた。こうした競合とクリニカとの間でハミガキの低価格帯市場において熾烈な競争を繰り広げていた。

自社（Company）に関して，オーラルケア市場のリーディングカンパニーであるライオンの認知度の高さや，これまで築きあげてきたライオンの信頼性やブランド力の高さなどが強みである。

クリニカに関しても認知度は高いものの，その一方で，「家族で使う安いブランド」というブランド・イメージが定着していた。加えて，クリニカは顧客の高齢化が進み，クリニカブランド自体の老化も懸念された。また，食品スーパーやドラッグストアなどの販売店に特売商品やその目玉商品としてクリニカが扱われることで，安売りのイメージが消費者に根付いてしまう傾向にあった。

クリニカブランドのうち，「クリニカ」は低価格帯，「クリニカアドバンテージ」は中価格帯であり，そのアイテム構成比や売上比率は圧倒的に「クリニカ」の方が高かった。前述のようにハミガキ市場全体が単価上昇にある中で，クリニカが主戦場としていた低価格帯市場が縮小することにより，クリニカブランドの市場地位が相対的に低下していた。そのため，ブランド再生に向けたクリニカの刷新においては，ブランド・イメージの刷新と低価格帯から中価格帯へのシフトが求められており，クリニカアドバンテージをはじめとした中価格帯の商品アイテムの育成や基盤強化が課題であった（図表4-4-2も参照）。加えて，ハミガキ以外のアイテムの売れ行きが鈍かったということから，アイテムの充実も求められていた。

こうしたクリニカの置かれた環境を踏まえ，課題を改善するため，ブランド・

Column 4.4 ● 2000 年代前半からブランド刷新までのクリニカ

ライオンは，2004 年から 2006 年までの中期経営計画（VIP II 計画）により，オーラルケア事業の目的であった「歯と歯グキの健康」を「身体の健康，心の健康，QOL（Quality of Life；生活の質）を追求するオーラルケア」という全身健康の考え方に改めた。さらに，この中期経営計画は 2005 年に VIP II 09 計画に改められ，ライオンは自社の社会的使命や社会における位置づけを「清潔衛生文化の担い手」から「快適生活文化の担い手」へと転換した。

これらの経営計画の下，調査結果を踏まえて若い女性をターゲットに「ムシ歯になりやすい人のクリニカ」（2003 年 3 月）を導入し，発売後 8 カ月で 800 万本を売り上げ，クリニカの市場シェアを 8% から 12% に高めている。2004 年には，同シリーズの子ども向けハミガキ（「ムシ歯になりやすい人のクリニカライオン Kid's」）を発売したほか，クリニカライオンブランドでハブラシ，電動ハブラシ，ダブルフロス，スポンジフロス，「ムシ歯リスクをケアするクリニカ」といった新たなシリーズでハミガキや洗口剤を導入している。

その後も積極的なマーケティング施策を展開した。例えば，子ども用として「クリニカ Kid's」シリーズを確立し，アイテムを拡充させている。また，ブラシの先端部を 2 倍植毛し凸状にした「クリニカハブラシパワーフロント」（2006 年 9 月）などの発売を行った。これらの結果，2006 年にはクリニカ全体で「100 億円ブランド」化を果たしている。2007 年には「PC」の名称を外してクリニカに集約させ，クリニカが有する酵素やプラークコントロールなどの機能を改めて訴求するため「クリニカ酵素 Wash!」と「クリニカムシ歯プロテクト」を発売した。2009 年には，「歯のチカラを育てるために」という新たなブランド・タグラインを掲げ，現在のクリニカブランドの中核で中価格帯に位置づけられる高機能薬用ハミガキ「クリニカアドバンテージ」を発売している（2013 年にはハブラシを発売）。加えて，この中価格帯では，美白機能を持つ「クリニカエナメルパール」（2012 年）の販売を行うが充分ではなく，中価格帯のアイテムの充実や育成がブランド刷新時においても課題として残っていく。

2010 年には，ブランド価値を高める取り組みの中で，クリニカは重点 20 ブランドに選ばれた。そこで，**ブランド・ステートメント**（当該ブランドとは何であるか，ブランドが顧客に提供する価値などを記したもの）や，**ロードマップ**（ブランド育成・維持強化などのスケジュール）のほか，**フォーメーション**（製品体系やラインアップなどが記されたもの）が策定された。これらに基づいてブランドごとに管理が行われるようになった。

■図表 4-4-2　価格帯による新旧のクリニカの重点の違い

旧クリニカ		新クリニカ
—	高価格帯	—
クリニカアドバンテージ	中価格帯	クリニカアドバンテージ
クリニカ	低価格帯	クリニカ

刷新前のクリニカでは，低価格帯のクリニカが主力であったが，刷新後のクリニカでは中価格帯のクリニカアドバンテージにその重点を変更した。図では，イメージ図として，重点ブランドを色の濃さで示している。

マネジメントチーム（*Column* 4.5 を参照）は，後述する「予防歯科」を軸としたクリニカブランドの刷新に向けた戦略策定を行っていった。

4.5 STP（Segmentation・Targeting・Positioning）

STP はセグメンテーション（Segmentation），ターゲティング（Targeting），ポジショニング（Positioning）の頭文字をとった略語である（図表 4–5–1 参照）。

セグメンテーションは，市場を何らかの軸によって共通したニーズを有するセグメント（消費者群）に細分化することである。市場を細分化する様々な軸があるが（*Column* 4.6 参照），新クリニカでは，従来の軸にはない「予防歯科」に対する関心や意欲といった心理面の軸に加え，性別，そして，事前対策（予防策）が異なるライフステージあるいは年代を軸に細分化したと考えられる。

ターゲティングは，当該ブランドがターゲットとするセグメントを選定することである。新クリニカでは，ターゲット顧客を「歯科医院での定期健診や毎日のオーラルケアに前向きな 20〜30 代の女性」と設定した。クリニカブランドの顧客の若返りを図るとともに，まずは予防歯科に対する関心や意欲の高い若い女性をターゲット顧客としながらも，社会の動きや後述するクリニカの予防歯科の啓発活動により，このターゲット層の拡大を見据えていたと考えられる。

ポジショニングは，ターゲット顧客に対して当該ブランドが競合ブランドよりも有利で独自なポジションを占めることである。新クリニカは従来の「ムシ歯予防ケア」などではなく，「予防歯科」という社会的意義をコンセプトに掲げ，独自のポジションを築こうとした。これは，ハミガキ市場における新たな**市場創造**の試みであるといえる。なお，予防歯科とは，消費者個人が日常的に行う歯磨きなどの「セルフケア」と，消費者が年複数回の定期健診で歯科医師から指導を受ける「プロケア」の両輪を循環させることで，虫歯のない美しく健康な歯を目指すものである（*Column* 4.7 参照）。

「予防歯科」は，前述したクリニカ（CLINICA）の名称の由来となった診療所（clinic）に立ち返ったコンセプトであり，従来のハミガキやハブラシなどのアイテムを用いたセルフケアを超えて，診療所や歯科医院におけるプロケアとの継続的な両輪を行うという新しい習慣そのものの啓発である。

新クリニカは，この予防歯科の総合ブランド（ザ・オーラルケア・ブランド）を指向したといえよう。新クリニカのブランド・コンセプトは「歯科医が奨めるセ

Column 4.5 ● ブランドマネジャーとブランド・マネジメントチーム

マーケティング・マネジメント戦略の策定・実行を円滑かつ効果的に進めるにあたり，組織形態も重要となる。ライオンは，ブランドマネジャー制を導入しており，ブランドマネジャーがブランドの開発・構築と育成の両輪を担い，ブランド戦略全体を管理する体制を敷き，生産・販売・利益管理の責任や予算配分や施策決定などの権限の強化を図っている。ブランドごとに，あるいは複数ブランドを兼任する形で，ブランドマネジャーの下で，ディベロプメントスタッフ（商品企画などをはじめとした企画担当）やビルディングスタッフ（コミュニケーションなどをはじめとした施策実行担当）といった役割の異なる複数のメンバーがチームでマネジメントにあたっている。直接的に（あるいは部署内の窓口となる担当者を通じて間接的に），研究所，購買部門，生産部門，営業部門などをはじめとした社内の他の部門・部署や社外組織と連携して進めている。

■図表 4-5-1　STP（Segmentation・Targeting・Positioning）

S	T	P
セグメンテーション (Segmentation)	ターゲティング (Targeting)	ポジショニング (Positioning)
市場の細分化	顧客の選択	ブランドの位置づけ

Column 4.6 ● ベネフィットセグメンテーション

ハミガキ市場では，製品が有する機能や，それによって消費者にもたらされるベネフィットの観点からセグメンテーションが行われてきた。ライオンでは，オーラルケア分野のハミガキ市場において，虫歯予防ケア（「クリニカ」「デンタークリア MAX」「キシリデントライオン」），歯周病ケア（「システマ」「デントヘルス」「ハイテクト」），美白ケア（「Lightee ハミガキ」），口臭ケア（「NONIO」「エチケットライオン」）など，それぞれの機能やベネフィットごとに1つないし複数のブランドを展開している。これらのブランドは，ポジショニングをはじめマーケティング・ミックス（MM）が異なっており，様々な顧客のニーズに応えている。

Column 4.7 ● ライオンと予防歯科

予防歯科は，ライオン独自の用語や考え方ではない。しかしながら，ハミガキ事業に参入した当時からオーラルケアの普及・啓発活動を行ってきた実績があり，オーラルケアのリーディングカンパニーであるライオンだからこそ，国や行政が推進する「治療から予防へ」や，世の中の意識や関心の高まりに対して，予防歯科という大テーマを牽引するポジションをとることに説得力がある。ただし，ライオンでは，既に 2004 年に予防歯科を掲げたキャンペーンを行っており，テレビ CM などを通じて「予防歯科をはじめましょう」や「ムシ歯ゼロへ予防歯科を実践する」という呼びかけを行っていた。この時も予防歯科というテーマを掲げていたものの，消費者に対する予防歯科を促進する活動や取り組みが伴わず，予防歯科よりもクリニカなどのブランドが前面に出ていたこともあり，失敗に終わっていたという。

ルフケアが実現できる予防歯科ブランド」である。そして，クリニカが何者であるのか，クリニカの世界観やビジョンあるいはブランド・コンセプトなどを社内外に知らしめるために一言で表現した，**ブランド・タグライン**は「予防歯科から生まれたクリニカ」である。このタグラインは，現在でもクリニカのロゴや（BOX4.2 参照），ハミガキのパッケージなどに表記されている。

4.6 マーケティング・ミックス（MM）

ターゲット顧客やポジショニングが決まると**マーケティング・ミックス**（Marketing Mix）と呼ばれる戦略や施策の立案に移る。マーケティング・ミックスは，マーケティング戦略を具体的に立案するための枠組みであり，製品（Product），価格（Price），マーケティング・チャネルないし流通チャネル（Place），マーケティング・コミュニケーションないしプロモーション（Promotion）の 4 つの要素から構成される（BOX4.3 参照）。これらは，要素ごとに戦略が立案され実行されるが，ターゲット顧客のニーズに合わせてマーケティング・ミックスの各要素間を整合させる必要がある。

製品戦略は，自社製品・サービス提供に関する意思決定である[1]。新クリニカでは予防歯科を掲げ，予防歯科にふさわしいブランドを目指した。そのため，予防歯科の 3 つのポイント（①フッ素を歯に残す，②歯垢を（残さず）落とす，③細菌を増やさない）に対応できる製品アイテム群と，各カテゴリーで市場トップレベルの効果を有する製品というのが**製品コンセプト**および**製品開発コンセプト**である。そして，クリニカブランドの中でも高付加価値型の「クリニカアドバンテージ」を中核に，ハミガキやハブラシ，フロス，洗口液などの既存製品の 42 アイテムを刷新した。加えて，歯科医院向けに販売していた Y 字型フロスもラインアップに加えている。

価格戦略は，製品・サービスの価格決定に関する意思決定である[2]。前述した既存のクリニカでは低価格帯の「クリニカ」が多かったアイテム構成比に対し，それぞれの価格帯は据え置いているものの，新クリニカでは中価格帯の「クリニカアドバンテージ」が多い構成にしている。

マーケティング・コミュニケーション戦略は，製品・サービスに関する情報を消費者に伝えたり，消費者と対話したりすることに関する意思決定である[3]。新クリニカでは，従来のような製品のアピールを行うのではなく，「予防歯科」の普

BOX4.2　予防歯科および新クリニカのロゴ

（出所）ライオン株式会社ウェブサイト「製品情報」（https://www.lion.co.jp/ja/products/）
（閲覧日：2023年6月5日）。

新クリニカに冠されているロゴは（上図参照），商標登録しているものの，クリニカ独自の商標として保護するのではなく「予防歯科」の象徴として外部団体も活用が可能となっている。そのため，ブランド・タグラインである「予防歯科から生まれたクリニカ」とともに用いているロゴは，あくまで予防歯科のロゴとして利用している。なお，商標とは，企業などの事業者が他の事業者の商品やサービスと識別するための文字や図形（例えば，商品名やロゴ）などのマーク（識別標識）であり，商標登録することで，商標を保護することができる。

BOX4.3　ブランドとマーケティング・ミックス（MM）

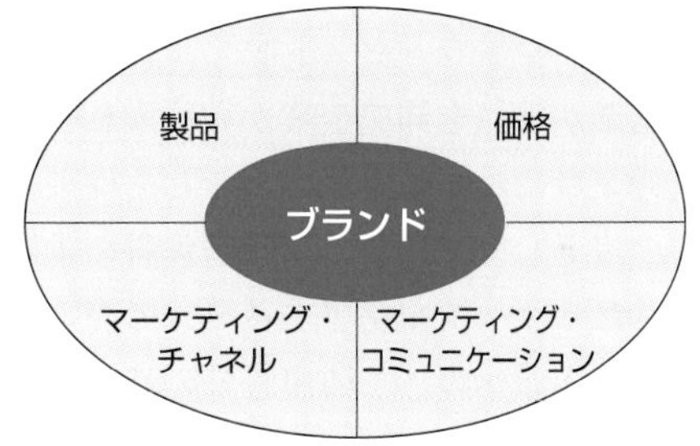

マーケティング・ミックスは，その中心にブランドを据えると分かりやすい（上図参照）。製品・サービスレベルで捉えると，「クリニカ」などといった製品・サービスにつけられた名称やロゴなどの識別手段をブランド要素と呼ぶ。ブランドとは，このブランド要素そのものではなく，製品の機能的な価値とは異なる付加価値（情緒的価値など）がブランド要素に付与されたものであり，それが具現化されたものが「製品・サービス」である。

現在のクリニカであれば，製品が有する機能的な価値（例えば，「虫歯のない歯」，「健康な歯」，「健やかな生活」など）に加え，クリニカという名称に付与された情緒的な価値の両方を消費者は享受している。ここで，クリニカの情緒的な価値としては，例えば，クリニカから消費者が「予防歯科に対する安心感」あるいは「オーラルケアに対する自信」を感じることなどである。これらのブランド価値（BOX4.5も参照）とも呼べる情緒的な価値は，ブランド・タグライン（「予防歯科から生まれたクリニカ」）を示すだけでは得られず，後述するクリニカの様々な予防歯科の啓発活動や，マーケティングの諸活動の結果，そのスローガンを体現してきた結果の賜物として，クリニカに付与されたと考えられる。

及・啓発を中心とした訴求を行った（BOX4.4 参照）。2014 年の刷新以降，年間 1 万 GRP（Gross Rating Point；延べ視聴率）以上のテレビ CM を行ってきたが，大きく 2 つの内容を組み合わせた。1 つ目はクリニカの商品アイテムには触れずに本物の歯科医師を登場させ定期健診そのものを訴求する内容で，2 つ目はクリニカのハミガキなどの商品アイテムを訴求する内容である。両者に共通するのは，イメージキャラクターとなるタレントに加え，予防歯科のロゴの表示と，最後に「定期的に歯の健診に行きましょう」というメッセージを流したことや，タグラインである「予防歯科から生まれたクリニカ」に加え，「歯医者さんに褒められる歯に」というスローガンである。

マーケティング・チャネル戦略は，製品・サービスをどのような経路を通じて消費者に届けるかに関する意思決定である[4]。有形財（製品）の場合，メーカーから消費者に至るまでの経路を**マーケティング・チャネル**（**流通チャネル**）と呼び，一般的には卸売企業や小売企業などの流通業者が介在することが多い（図表 4-6-1 参照および**第 8 章**も参照）。ライオンは，オーラルケア製品の全てにおいて，株式会社あらたや株式会社 PALTAC（パルタック）などの卸売企業に販売している。小売企業には，食品スーパーやドラッグストア，コンビニエンスストアなどが挙げられ，これらの小売企業が製品を卸売企業から仕入れ，消費者に販売している。

新クリニカでは，流通業者に対する商談の場などを従来のように新製品の説明（商品説明）と価格交渉の場としてではなく，予防歯科の重要性に加え，予防歯科の推進によってもたらされるオーラルケアアイテムの売上や利益の拡大を訴えていく場にすることで，売場店頭への「予防歯科」の特設コーナー設置などの協力を得ていった。

4.7 マーケティング施策の実行（I）と管理（C）

続いての段階は，マーケティング諸施策を**実行**（**Implementation**）する段階である。そして最後の**管理**（**Control**）の段階は，マーケティング諸施策の結果の評価を行い，フィードバックなどによりマーケティング戦略全体やマーケティング・ミックスおよび各戦略・戦術の修正や改良あるいは強化をしていく段階となる。新クリニカでは，3 カ年を 1 つのフェーズとして，2 つのフェーズからブランドの再構築に向けたマーケティング・マネジメント戦略を実行していった（図表 4-7-1 参照）。

BOX4.4　クリニカのコミュニケーション施策

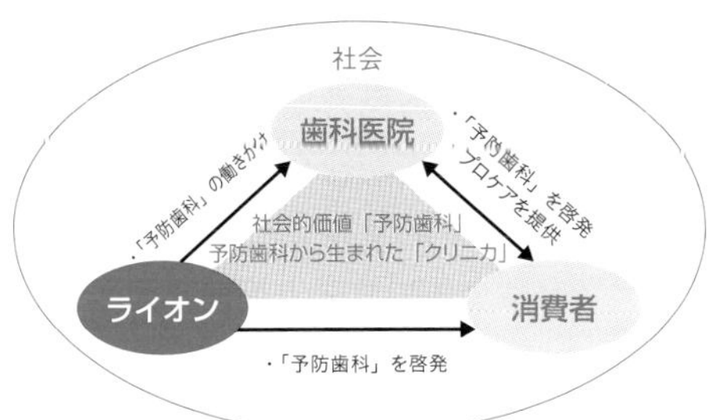

ライオンは，クリニカの刷新時に「予防歯科の世の中ゴト化」させるため，歯科医院や歯科医師会そして行政や教育機関に対しても予防歯科のメッセージを発信していった。例えば，予防歯科の啓発冊子を30万部以上，加えて啓発ポスターを全国7万医院，マタニティー向け啓発冊子を全国の産婦人科に90万部配布した。こうした活動を通じて，歯科医院と消費者（顧客）間の関係構築や予防歯科における定期健診などが実現しやすい環境を構築していった。

このようにライオンは，消費者に直接働きかけるだけでなく，歯科医院に働きかけたり，歯科医院と消費者を結びつける取り組みを行っている（上図参照）。

■図表 4-6-1　**マーケティング・チャネル**

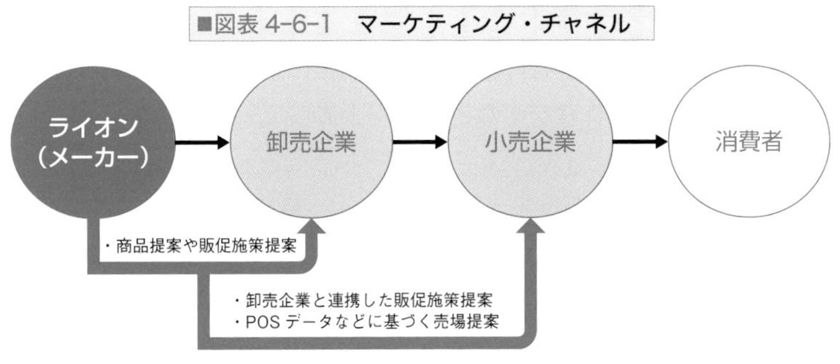

第一フェーズ

第一フェーズでは,「予防歯科の世の中ゴト化」として,予防歯科を世の中に広め,社会における意識を高めることに注力している。1年目の2014年においては,予防歯科の「宣言」をテーマに前節のマーケティング・ミックス(MM)にて前述した施策を展開している。その結果,新クリニカは,2014年2月の発売後,4月の消費増税前の特需があったことも影響して発売早々の初動の売上が高まり,その実績が販売店のさらなる協力獲得へとつながった。刷新後7カ月の時点で,予防歯科という言葉の認知率が約9割,理解度が約6割であり,予防歯科と聞いた際のクリニカの想起率が約4割であるとの調査結果を得ている。そして,2014年のオーラルケア市場全体では売上高前年比が103%であるのに対して,クリニカは114%と高いものであった。このようにクリニカが啓発を行ってきた「予防歯科」の浸透や,クリニカの「予防歯科ブランド」としてのポジション確立およびブランド再構築の足掛かりを作ったと評価できる(BOX4.5参照)。

2015年には,予防歯科ブランドとしてのクリニカの「独自化」を進めるため,オーラルケアの中でも専門性の高い商品を追加した。例えば,クリニカアドバンテージシリーズにおいて,通常のハブラシに比べて毛束が少なくコンパクトで磨きにくい箇所の磨き残しをケアするタフトブラシや,高濃度フッ素により睡眠中に歯を強くするフッ素ケアジェルである。販売店の販売データなどから,ハミガキやハブラシとこうしたアイテムとの併買率が高まっていることが確認された。

2016年には,予防歯科の考え方の「定着化」を図るため,「クリニカアドバンテージ」シリーズの全面リニューアルを行っている。特にハミガキに関しては,歯垢を落としやすくする成分を新配合して改良新発売を行っている。それだけでなく,地方公共団体や日本歯科医師会,学校と連携しながら,継続して予防歯科啓発施策を展開した。予防歯科の実践度は4割強に達し,予防歯科ブランドといえばクリニカと答える消費者が半数近くまで上昇している。

第二フェーズ

予防歯科が世の中に広まってきたことから,第二フェーズとして消費者にフォーカスを合わせ,「予防歯科の自分ゴト化」をテーマにマーケティング諸施策を行っていった。2017年では,「0才からの予防歯科」を提案し,その象徴的なアイテムとして,子ども用の曲がる・折れない安全ハンドル(持ち手)のハブラシ「クリニカ Kid's ハブラシ」を発売し,子どもの歯磨きを安心かつ楽しくできるようにし,親子で予防歯科に取り組めるようにしている。さらに,イメージキャラクターとなるタレントを変え,メッセージも「あなたの予防歯科を一歩前

■図表 4-7-1　クリニカの刷新におけるマーケティング・マネジメント戦略

BOX4.5　ブランド価値の構造とマーケティング諸施策の評価

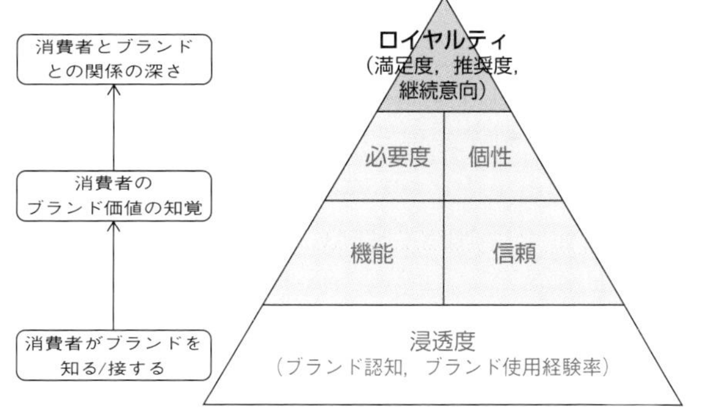

（出所）今井秀之（2016）「ブランディングを成功させる――ブランド価値評価指標の活用」朝野熙彦編『マーケティング・サイエンスのトップランナーたち』東京図書（第 10 章）を参考に作成。

ライオンでは，詳細は割愛するが，上図のような独自のブランド価値の構造とその指標を用いて，ブランドの現在の状態や課題を確認したり，マーケティング諸施策の評価を行ったり，目標を決めてマーケティング諸施策の立案に活用したりしている。ここでは，大きく3つの段階に分けられ，消費者がクリニカを知ったり使ったりする段階から，クリニカを評価する段階（クリニカの製品やブランドの価値の知覚），そして，クリニカとの関係を築く段階がある。

へ」に変更し，個人個人にとっての現在の予防歯科を前進させる取り組みを行っている。例えば，1日1回のすすぎで虫歯を防ぐ要指導医薬品「クリニカフッ素メディカルコート」（2017年9月，現在は第3類医薬品）を導入した。また，2017年3月に国内のハミガキに含まれるフッ素濃度の上限が1500ppmに引き上げられるという外部環境の変化に対して，クリニカは真っ先に対応し，「クリニカアドバンテージハミガキ」のフッ素濃度を1450ppmに引き上げた製品を改良新発売した。

2018年では，「一人一人の予防歯科」をテーマに，クリニカアドバンテージにおいて，デンタルフロスのラインアップを充実させている。例えば，新アイテム（「クリニカアドバンテージ なめらかスリムフロス」）を発売したほか，既存のアイテム（スポンジフロスやY字タイプ）のパッケージを刷新して，それぞれのアイテムのタイプやユーザータイプなどが分かりやすいようにした。

2019年には，「大人のための予防歯科」をテーマに，さらなる付加価値ライン（高価格帯）への拡張への取り組みとして「クリニカアドバンテージNEXT STAGE」シリーズを展開し，ハミガキ（2月）とハブラシ（7月）を発売した。

「日本を予防歯科先進国へ」を掲げるライオンにおいて，クリニカにはまだ成長の余地や課題が残されており，現在も積極姿勢を見せている。例えば，生産・供給体制の強化のため，2021年7月に新工場を建設・稼働させている。ハミガキ市場では，複数の機能・効果を併せ持つ商品が増えているが，2022年にはクリニカブランドとしては最上位となる高価格帯に対応した「クリニカPRO」を発売するに至り，現在ではNEXT STAGEシリーズに取って代わっている（BOX4.6参照）。

さらには，2022年4月の小・中学生向け「クリニカJr.」の導入を通じて，「クリニカKid's」を中心に対応していた子どもの成長段階に合わせた予防歯科の対応強化を行っている。その他，ライオンでは，消費者のライフスタイルに沿った使用機会軸の観点から歯磨き機会の提案として，オフィス用や旅行，野外などをはじめとした自宅外での歯磨き習慣づくりを目指した取り組み（オフィス用歯磨きセットの販売やキャンペーンなど）を行っている。

4.8 まとめ

ここまで，マーケティングの入門的かつ基礎的な内容をクリニカの事例を通じ

BOX4.6　クリニカのブランド体系（3 層構造＋α）

	クリニカの刷新前	クリニカの刷新時	2022 年のクリニカ
高価格帯	—	—	クリニカ PRO
中価格帯	クリニカアドバンテージ	クリニカアドバンテージ	クリニカアドバンテージ
低価格帯	クリニカ	クリニカ	クリニカ

クリニカは 2022 年の「クリニカ PRO」の導入により，3 層構造（価格帯でいえば，低・中・高）に＋α のコンセプトを加えたブランド体系を築いている。上図はあくまでイメージ図であるが，クリニカのブランド体系図を示している。クリニカ PRO は，これまで空白であったクリニカブランド初の高価格帯のサブ・ブランドに位置づけられる。

Column 4.8 予防歯科の推進による社会価値の創造

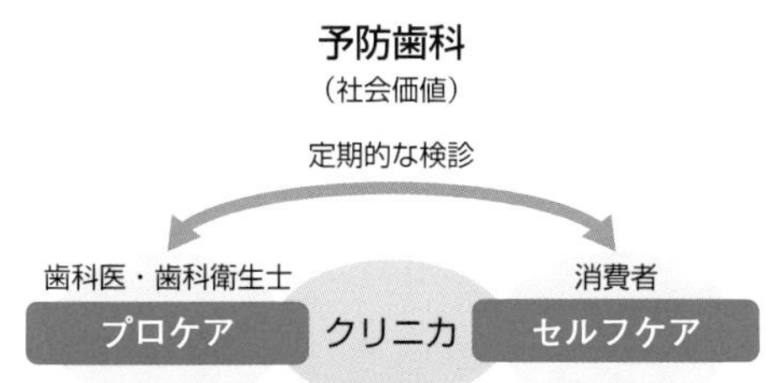

クリニカは，歯科医院（歯科医や歯科衛生士）と消費者を結びつけ，予防歯科を推進させてきた。その結果，**序章**で述べられているように，ライオンは売上や利益などの経済価値を創出しただけでなく，消費者個人の健康や生活の質向上，そして，社会全体における有益性などの社会価値を創造・醸成してきたといえる。

て学んできた。ライオンはクリニカブランドの再構築にあたって，予防歯科という新たな市場を創造するだけにとどまらず，顧客やステークホルダーなどとの関係構築をはじめ，その維持・強化を図りながら共創的に価値の創造を継続して行っていくことで，その市場を維持し拡大させ続けることに成功している。本章では，マーケティングにおける様々な活動をマーケティング・マネジメント戦略として，R→STP→MM→I→C の枠組みに沿う形で学んできた。

しかしながら，ライオンは，オーラルケア分野だけでも，クリニカのみならず様々なブランドを展開している（**Column** 4.6 も参照）。そのため，個々のブランドだけでなく，ライオンのハミガキ全体，そして，オーラルケア全体の事業戦略の立案と展開が求められる。また，**競争対応**（**競争市場戦略**）や**社会対応のマーケティング**（**ソーシャル・マーケティング**）など，本章で学んだマーケティング・マネジメント戦略よりも意思決定水準の高い次元のマーケティングも重要となる。

最後に，本章で学んだマーケティングについて，より広く深く学びたい場合は，グラフィック経営学ライブラリの上田隆穂・澁谷覚・西原彰宏著（2020）『グラフィック マーケティング』（新世社）を参照されたい。

4.9 考えてみよう

皆さんにとって身近なブランドを 1 つ取り上げ，企画・開発段階から市場導入，そして現在に至るまでに，どのようなマーケティングが行われ，そして，どのような部署や人が関わってきたか，この機会に調べてみたり，考えたりしてみよう。

第 2 部
企業価値の拡大と存続を学ぶ

企業価値の創造

第 1 章　経営史とは
第 2 章　経営戦略とは
第 3 章　経営組織とは
第 4 章　マーケティングとは

企業価値の拡大と存続

第 5 章　グローバル・ビジネスとは
第 6 章　イノベーション・マネジメントとは

経営学

企業価値の実現

第 7 章　経営情報システムとは
第 8 章　流通論とは
第 9 章　ヒューマン・リソース・マネジメントとは

企業価値の測定と予測

第 10 章　企業会計とは
第 11 章　経営財務とは
第 12 章　経営統計とは

第5章

グローバル・ビジネスとは

現代のグローバル・ビジネスは，企業が「国境を越えてビジネスを行う」ことだけを意味しない。当該企業（特に多国籍企業）の親会社と現地子会社が主従関係ではなく対等の立場で行動し，また世界中に設置されている複数の現地子会社がバラバラではなく連動して行動することがグローバル・ビジネスの理想像となりつつある。本章では，このような流れを概観したうえでライオンにおけるグローバル・ビジネスを説明する。

■グローカライゼーション戦略を支える製品開発

ライオンは，海外事業の拡大に向けて，国内の 2 つの研究所の他に，アジア各地に現地研究所をおいてグローカライゼーション戦略（**Column** 2.8）を支える製品開発を進めている。

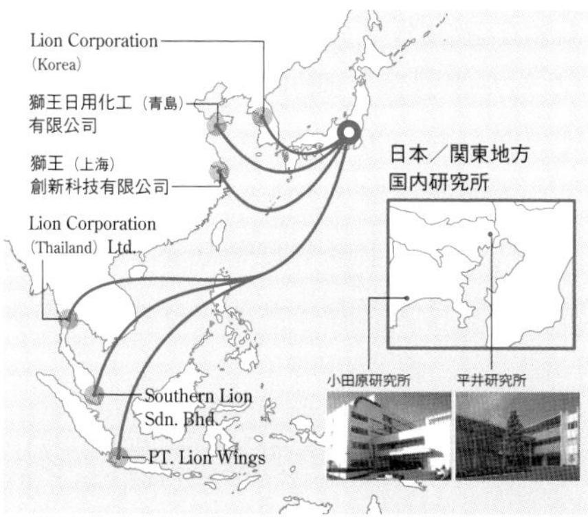

（出所） ライオン株式会社（2023）「ライオン統合レポート 2023」30 頁。

5.1 グローバル・ビジネスとは何か

近年，**グローバル・ビジネス**という用語は学術や実務において一般的に用いられるようになっているが，その捉え方は「グローバル・ビジネスの何を本質とするか」によって様々であるといえる。ここでは，グローバル・ビジネスを「ある企業が国境を越えて調達や生産，販売，R&D，アフターサービス，金融などの諸活動を行うこと」と定義することにしたい。ただし，一言でグローバル・ビジネスといっても，当該企業の諸活動がどの程度国境を越えているかによってその性質は異なっている。そのことを**図表 5–1–2** に基づいて以下の通り説明する。

企業がその生産のほとんどを国内で行う場合，他国・地域市場で**販売子会社**を設立し，製品の直接輸出と当該市場での販売を自前で行うのがグローバル化への第一歩である。もちろん，その前段階には「国内販売のみ」や「商社などを通じた間接輸出」，「自社による直接輸出と現地の輸入代理店を通じた販売」が含まれるものの，自社がより責任とリスクを負って意思決定するという点で自前での現地販売は特に重要性が高いといえる。

当該国・地域政府の政策によって引き起こされる関税率の増大や為替の不安定化，非関税障壁による流通阻害などが問題になると，企業は一般に**生産拠点**（＝工場）を設立してそれらの諸問題を克服しようとする傾向がある。また，それにより当該企業は各市場での直接的な統制をますます強めようとする。

企業によっては，販売後のアフターサービスなどを行うための**サービス拠点**や割賦での購買を促すための**金融拠点**，現地市場に根差した技術やデザインを開発するための **R&D 拠点**などを当該国・地域へ追加的に設立することもある。

上記のように，現代のグローバル・ビジネスでは，ただ「国境を越えてビジネスを行うだけ」といった平面的な捉え方というよりも深みのある捉え方が求められている。なお，企業は現地での生産や販売を全て自前で行うとは限らず，他企業との合弁や戦略提携により経営資源を外部から補完する場合がある。

5.2 グローバル・ビジネスの主体：多国籍企業

一般に，グローバル・ビジネスの主体は「**多国籍企業**」と呼ばれる巨大企業である。ただし，企業一般と多国籍企業とを区別する基準は必ずしも明確であると

■図表 5-1-1 「グローバル・ビジネス」の本章の定義

ある企業が国境を越えて調達や生産，販売，R&D，アフターサービス，金融などの諸活動を行うこと

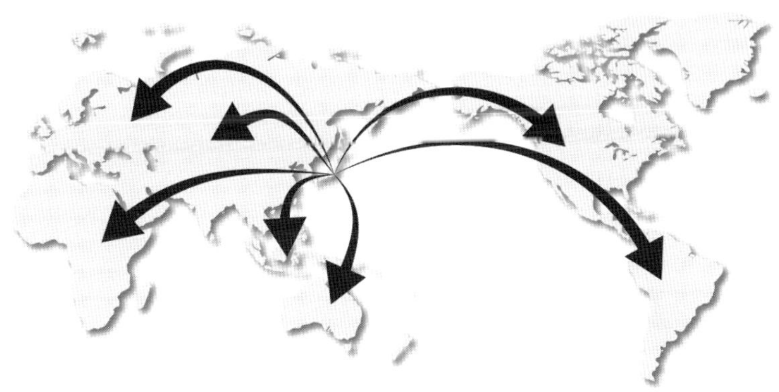

■図表 5-1-2 企業における国際関与の諸段階

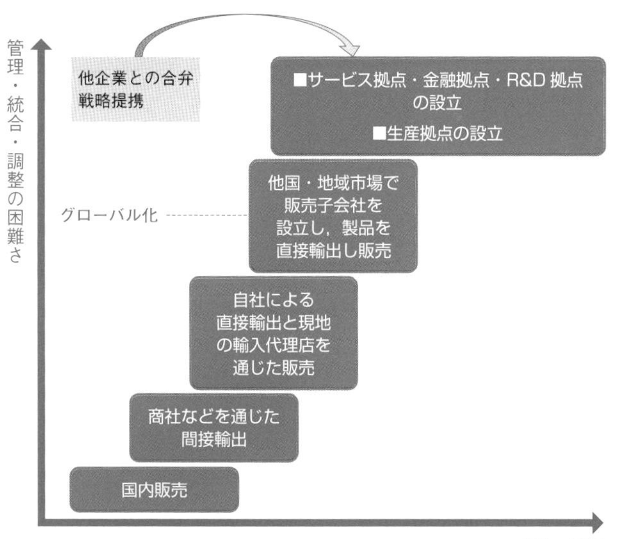

（出所） 大石芳裕（2008）「グローバル・マーケティングの展望」日本商業学会『流通研究』第 11 巻第 2 号，41 頁の図を参考に作成。

はいえない。例えば，ハイマー（Hymer, S.）は1960年代当時の米国企業における対外投資状況を分析し，**対外間接投資**（証券投資ともいう）のみを行う企業よりも，販売拠点や生産拠点，R&D拠点，金融拠点を中長期的に国外へ配置するような「**対外直接投資**を行う企業」の方がより重要性が高いとして，後者を多国籍企業と定義した[1]。ただし，この捉え方では企業規模や海外売上高比率といった指標が必ずしも考慮されないため，巨大企業のみならず中小企業でもいくつかの機能（例えば製品開発や部品・原材料の調達，生産）が国境を越えていれば多国籍企業と呼ぶことが可能である。

また，バーノン（Vernon, R.）をはじめとする，いわゆるハーバードグループのように世界連結売上高などで**一定の基準**（米国の経済雑誌Fortuneで毎年発表される企業ランキング「Fortune Global 500」に掲載されること）を満たすといった形で多国籍企業を認識する方法もある。ハイマーの方法では考慮されなかった指標が盛り込まれているが，何カ国に進出するか，生産拠点をどの程度国外に配置するかなどの指標であいまいな点が残されており，決定的な多国籍企業の規定方法にはなっていない。

加えて，**図表5–2–1**のように2000年代になってから新興国および開発途上国のGDPシェアが高まっていること，また**図表5–2–2**のように新興国である中国の多国籍企業が急成長していることを考慮すると，先進国の巨大企業だけが多国籍企業の担い手であるとするのも視野の狭い捉え方になりつつある。結局のところ，多国籍企業とそうでない企業（例えば，国内のみで事業を行う企業）と明確に区別することは現在でも依然として難しいといわざるを得ないが，多国籍企業は世界貿易全体の約7割に関与しており，また当該企業内（親会社－現地子会社間，現地子会社間など）でのいわゆる「企業内貿易」は世界貿易全体の約3割を占めているといわれている。世界経済に及ぼす影響が非常に大きいという点において，多国籍企業は重要な存在であるということはできるだろう。

5.3 日本企業多国籍化の歴史にみる輸出と対外直接投資の関係

ある企業が，販売拠点や生産拠点などの設立を目的として，国外市場に中長期的な投資を行うことを一般に「**対外直接投資**」というが，ここでは紙幅の都合上，日本企業の対外直接投資を中心にグローバル・ビジネスが第2次世界大戦後から現在に至るまでにいかなる系譜を辿ったのかを示す。なお，米国企業や欧州企業

■図表 5-2-1　先進国と新興国，開発途上国の GDP シェア（1992 年–2022 年）

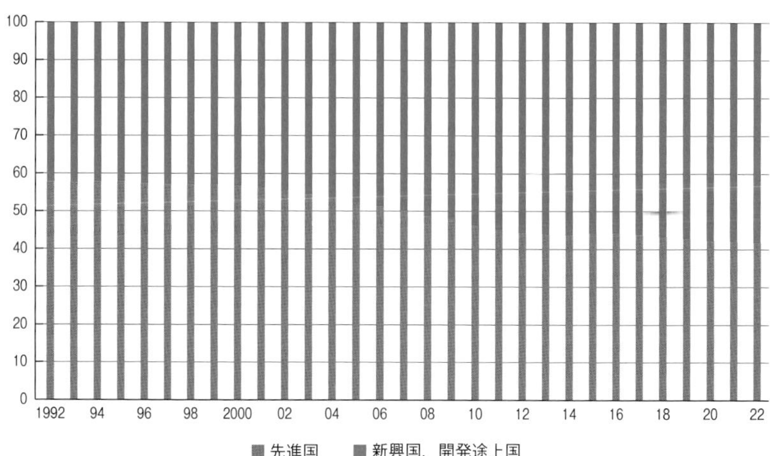

（注）　数値は購買力平価（PPP）に基づく。
（出所）　IMF World Economic Outlook（https://www.imf.org/external/datamapper/PPPSH@WEO/OEMDC/ADVEC/WEOWORLD）（閲覧日：2023 年 5 月 12 日）。

■図表 5-2-2　フォーチュン・グローバル 500（2022 年）上位 15 位

順位	会社名	主な業種	国	売上高（百万米ドル）
1	ウォルマート	小売	米国	572,754.0
2	アマゾン	小売	米国	469,822.0
3	国家電網（ステートグリッド）	電力配送	中国	460,616.9
4	中国石油天然気集団	石油	中国	411,692.9
5	中国石油化工集団（シノペック）	石油	中国	401,313.5
6	サウジアラムコ	石油	サウジアラビア	400,399.1
7	アップル	コンピュータ	米国	365,817.0
8	フォルクスワーゲン	自動車	ドイツ	295,819.8
9	中国建築	建築	中国	293,712.4
10	CVS ヘルス	ヘルスケア	米国	292,111.0
11	ユナイテッドヘルス・グループ	ヘルスケア	米国	287,597.0
12	エクソンモービル	石油	米国	285,640.0
13	トヨタ自動車	自動車	日本	279,337.7
14	バークシャー・ハサウェイ	投資，保険	米国	276,094.0
15	シェル	石油	イギリス	272,657.0

（出所）　Fortune Global 500（2022 年版）より筆者作成。

の対外直接投資に関しては既刊の『グラフィック グローバル・ビジネス』を参照されたい。

図表 5-3-1 は 1965 年以降における日本での対外直接投資額と為替レートの推移を示しており，また**図表 5-3-2** は主に 1990 年代半ば以降から現在までにおける日本での対外直接投資額と為替レートの推移を示している。第 2 次世界大戦後，ブレトンウッズ体制下における対ドル固定相場制（1 ドル＝360 円）の恩恵を受け，日本から米国への輸出は大幅に伸びた。自国通貨の価値が相手国通貨と比べて低ければ輸出が有利になり（円とドルとの関係では**円安・ドル高**），その逆であれば輸入が有利になる（**円高・ドル安**）。その一方で，自国通貨の価値が相対的に低ければ対外直接投資は不利になり，その逆であれば対外直接投資は有利になる。関税や輸入割当や輸出自主規制などの非関税障壁，輸送にかかるコスト，各国・地域での税制を脇に置いて単に為替だけを考慮すると，貿易（輸出・輸入）と対外直接投資との関係は基本的に**トレードオフ**（相反する関係）であるといえる。

また，当時は日本企業よりも現地の輸入代理店や流通企業（卸売企業や小売企業）の交渉力の方が強かったため，日本企業は **OEM**（相手先ブランドによる生産）での対米輸出が中心であった。また，当時の日本企業は米国企業と比べて米国内での流通支配力が劣っていたため，生産拠点はもとより販売拠点さえ自前で構築することが困難といわざるを得なかった。

1971 年に米国で起こったニクソンショックによる金本位制の崩壊と，それに伴う固定相場制から変動相場制への移行により，対ドルでの円相場は徐々に円高へと向かったが，1973 年の第 1 次オイルショックと 1979 年の第 2 次オイルショックにより，日本を含む主要先進諸国は特に深刻な**エネルギー危機**に直面した。日本企業は第 1 次オイルショックで大きな痛手を被ったものの，二の轍を踏まぬよう省エネルギー技術の開発に尽力し，第 2 次オイルショックでは他国と比べて影響が少なかった。また，これにより日本企業とその製品に対する世界の見方は「安かろう悪かろう」から「コストパフォーマンスが高い」へと変化し，国際競争力が大きく向上したといっても過言ではない。

日本製品の国際競争力向上は日米間の**貿易摩擦**をさらに拡大させ，米国は日本に対して輸出の数値目標設定（実質的な輸出制限）や関税引き上げ圧力，内需拡大要求などで是正を迫った。それでも日本の貿易黒字が縮小しないことを問題視した米国は，1985 年のいわゆる「**プラザ合意**」においてドル・円相場を 1 ドル＝150 円へ急激に切り上げた。それにより日本企業は対米輸出競争力を大幅に削がれたのだが，円高であれば輸出よりも対外直接投資の方が有利であることを活か

■図表 5-3-1　1965 年以降における日本での対外直接投資額と為替レートの推移

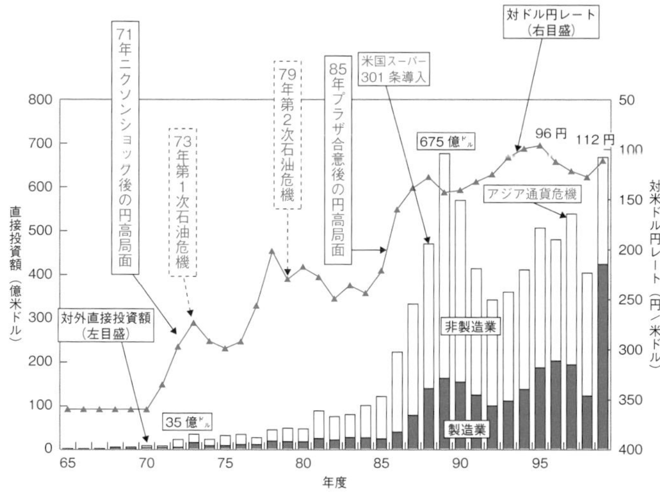

（注）対米ドル円レート：東京インターバンク市場，直物中心相場期中平均。1996 年度以降の対外直接投資額は，期中平均レートで通商産業省（当時）が米ドルに換算。

（資料出典）大蔵省『2000（平成 12）年度対外直接投資届出・報告実績』

（原典）経済産業省ウェブサイト（https://www.meti.go.jp/statistics/tyo/kaigaizi/result/result_8/h2c405bj.html）。

（出所）井上真里編著（2020）『グラフィック グローバル・ビジネス』新世社，21 頁。

■図表 5-3-2　1990 年代半ば以降から現在までにおける日本での対外直接投資額の推移

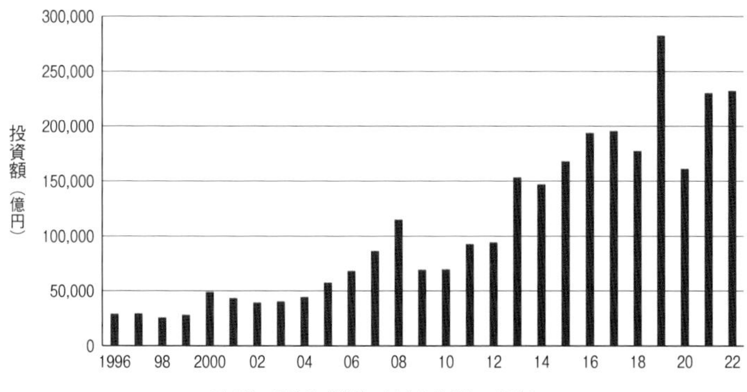

（出所）財務省「対外・対内直接投資の推移」。

し，主に米国への生産拠点や販売拠点の設立を加速させていった。バブル経済の台頭とともに日本企業の多国籍化が本格的になったのはこの頃である。

1980年代後半は，主に対米直接投資によって日本企業の多国籍化が進展したものの，1991年のバブル経済崩壊によってその傾向は鈍化した。多くの日本企業では国内立て直しのため，それまで築いてきた海外生産・販売拠点を撤退・縮小させたが，次の一手として白羽の矢を立てたのは社会主義体制でありながら市場経済を導入しようとする中国と，これから経済発展を成し遂げようとする東南アジア諸国であった。中国も東南アジア諸国も税制上の優遇や通関業務での便宜を図ることにより，日本企業の対外直接投資を呼び込もうとした。

また，2000年以降も対外直接投資額が大幅に増大しているが，この要因としてはこれまでのような為替や関税に対するリスク回避だけではない動機が挙げられる。例えば，2011年の武田薬品工業によるスイスの製薬企業大手ナイコメッド買収（約9,990億円），2014年のサントリーによる米国のビーム買収（約1兆6,500億円），2016年のアサヒビールによるベルギーのアンハイザー・ブッシュ・インベブ（Anheuser-Busch InBev）東欧事業の買収（約1兆円）は典型的であるが，それらの企業は標的市場への取り組みを強化したり被買収企業の技術やブランドを獲得したりするのを目的として，巨額の対外直接投資を積極的に行っている。

5.4 グローバル・マーケティングの重要性

多国籍企業内の主な組織には，本国に立地する「**親会社**」と各国・地域に配置される「**現地子会社**」がある（なお，複数の国・地域を束ね，地域経済圏をベースに配置される「地域統括本社」もあるが，煩雑さを避けるためここでは割愛する）。親会社と現地子会社との関係，いわゆる親子関係や現地子会社間の関係は時を経るにつれて徐々に変化してきた。図表5-4-1のように，親会社が現地子会社に対して管理・命令するというよりもむしろ当該企業全体の目的や多国籍企業同士の熾烈な競争に対処するため，親会社と現地子会社が対等の立場で一体となり行動するという方が現代的な多国籍企業の理想像となりつつある。

さて現在，世界の家電市場は白物家電（冷蔵庫や洗濯機など）も黒物家電（液晶テレビやDVDレコーダーなど）もサムスン電子やLG電子といった韓国の多国籍企業が席巻しており，日本の多国籍企業（パナソニックや日立，東芝）は大きく水をあけられ，さらにシャープは台湾の鴻海精密工業の子会社となっている。1970

■図表 5-3-3　日本のアジア主要国・地域向け直接投資残高（製造業分野）

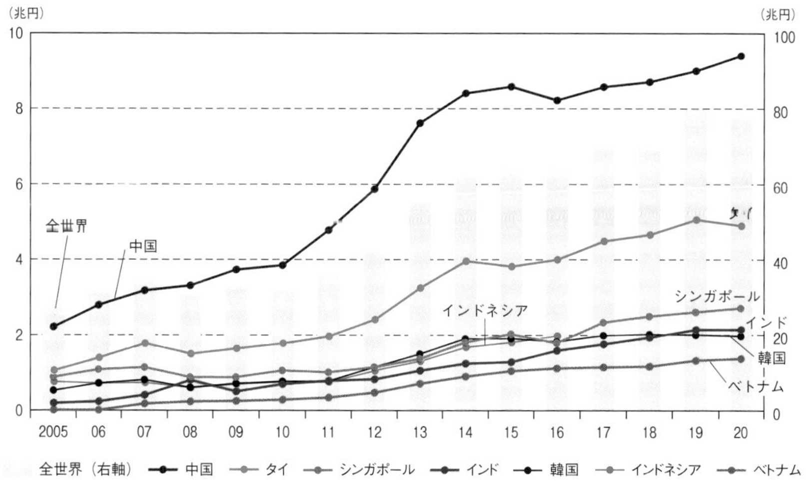

（資料）財務省「本邦対外資産負債残高」。
（出所）経済産業省「通商白書 2022」。

■図表 5-4-1　多国籍企業の親子関係と現地子会社間関係

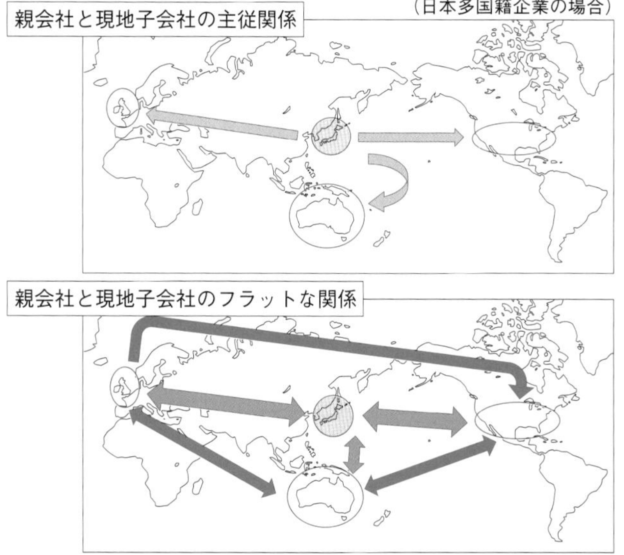

（出所）井上真里編著（2020）『グラフィック グローバル・ビジネス』新世社，81 頁の図を一部修正。

年代から80年代にかけて世界で影響力を持った日本の家電がなぜこのような状況に陥ってしまったのだろうか。

現在，韓国の多国籍企業が特に高い影響力を持っているのはインド，中東諸国，東南アジア諸国といった相対的に経済成長率の高い開発途上国市場である。これらの国々では一定の割合で富裕層がいるものの，大半は中間所得層や低所得層である。サムスンやLGは，富裕層に合わせて高機能・多機能・高価格の家電を開発・生産するのではなく，いわゆるボリュームゾーンである中間所得層にとって適正な価格にするため，開発途上国市場のニーズに合わせてあえて余計な機能を省いた。図表5-4-2のように，米国の経営戦略論研究者であるクリステンセン（Christensen, C.M.）はこれを「破壊的イノベーション」と呼び，一般的なイノベーション（持続的イノベーション）とは異なる新たなイノベーションの形態が現代において重要性を高めつつあることを明らかにした[2]。

一方，日本の多国籍企業は開発途上国でその製品を市場導入する際，図表5-4-3のように近年まで日本市場向けとそれほど変わらないスペックで展開していたが，これでは富裕層にしか手が届かない。ボリュームゾーンは中間所得層であるにもかかわらず，機能の高さと様々な機能の積み上げを重視した結果，より重要な市場を韓国の多国籍企業に押さえられてしまったのである。

開発途上国におけるサムスンやLGの強さの一因としては「地域専門家制度」があることが知られている。ある人が地域専門家に選ばれると，韓国の親会社から各国・地域の現地子会社に派遣され，現地の細かいニーズを汲み取る活動を行うが，一般的なエクスパトリエイト（派遣管理者）とは異なり，彼らは限られた年数で親会社に戻ることを前提としていない。そのため，地域専門家は自らの責任で現地に根付いた消費者の生活研究を行うことができ，「いかなる機能やデザインが真に求められているのか」，「どの機能を省くことができるのか」などを見定めることができると考えられている。

現代のグローバル・マーケティングにおいては，「親会社のみならず現地子会社からも技術やデザイン，アイディアなどが生まれ，それが現地市場のみならずグローバル市場でも非常に大きな影響を与えることがある」という前提を念頭に置く必要があるだろう。

■図表 5-4-2　イノベーションのジレンマと破壊的イノベーション

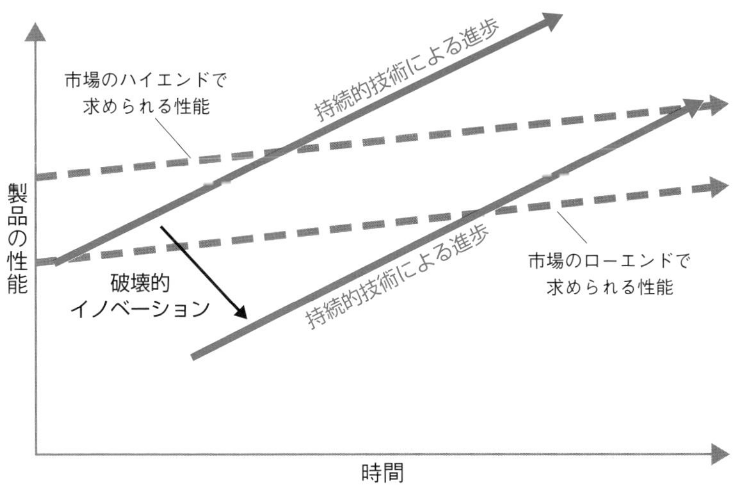

（原典）Christensen, C. M. (1997), *The Innovator's Dilemma: When New Technologies Cause Great Firms to Fail*, Harvard Business School Press, p.xvi.
（出所）井上真里編著（2020）『グラフィック グローバル・ビジネス』新世社，87頁。

■図表 5-4-3　従来の日本多国籍企業におけるグローバル展開

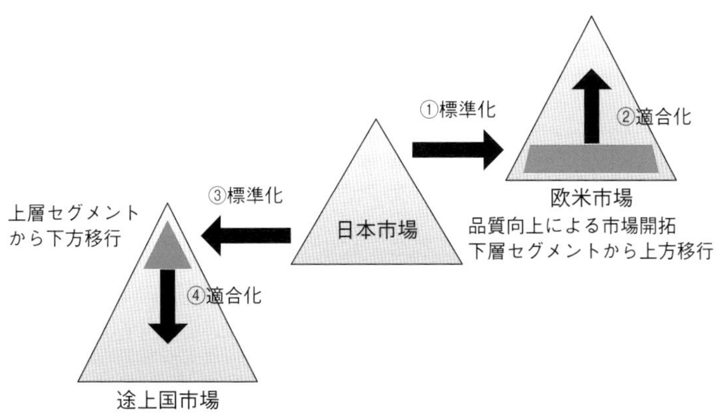

（出所）新宅純二郎（2009）「新興国市場開拓に向けた日本企業の課題と戦略」『JBIC 国際調査室報』第2号，54頁の図を修正して筆者作成。

5.5 ライオンにおけるグローバル・ビジネス発展の系譜

ライオンは日本を代表するトイレタリー製品の多国籍企業である。その海外売上高（2022年12月期）は総売上高で1,293億円，総売上高からライオングループ内の内部取引に係る売上高を除いた外部売上高で1,180億円であり，連結売上高の30％相当を占めている。

ライオンの本格的なグローバル・ビジネスの進展は，1960年代後半にタイのサハ・パタナピブン（Saha Pathanapibul Co.,Ltd.）と当時のライオン歯磨およびライオン油脂が各々合弁事業（Joint Venture）を開始したことに端を発する（図表5-5-1参照）。その後1980年代以降，東南アジア・東アジアの複数の国・地域で，合弁事業に加え100％出資の現地子会社の設立や現地企業・事業の買収により，当該国・地域における調達・生産・販売の基盤を築いてきた。現在（2023年3月末）では図表5-5-2のように10の国・地域で事業を展開しており，複数の国で市場シェアトップを獲得しているカテゴリーがある。

海外事業におけるリスクは存在する。例えば，1997年のアジア通貨危機では各国の事業において財務リスクが顕在化した。また合弁事業の場合，合弁相手の経営基盤を活用した事業展開が図れるため戦略推進のスピードは高まる等のメリットがある一方，一般的には，合弁相手との利益配分・費用分担に係るコンフリクトや，相互の遠慮・過度な気配りが円滑な事業運営を妨げる等のマイナスの側面も存在する。

ライオンの合弁事業では，経営トップ同士の強い信頼関係を基盤に，相互の意見をリスペクトし合うことで，稀に見る成功を収めてきている。通貨危機後，2000年代に入ってからは，海外事業の実効性を高めるために，それまでの主力であった国・地域ごとで展開する「ローカル・ブランド」を残しつつ，国・地域をまたいで共通に市場導入する「グローバル・ブランド」の強化を進めることとした。現時点でのライオンのグローバル・ブランドには，「植物物語（Shokubutsu）」「システマ（Systema）」「コドモ（Kodomo）」「トップ（Top）」「キレイキレイ（Kirei Kirei）」などがある。

ローカル・ブランドには先行して事業展開しているゆえ市場浸透が進み優位なポジションを獲得しているものも多く存在する。こうしたローカル・ブランドにはライオンの先端的な技術を付与し，さらなるブランド力の強化を図ってきた。一方のグローバル・ブランドは，製品の地域共通組成を採用し，統一したブラン

■図表 5-5-1　ライオンの合弁企業・現地子会社とその設立年

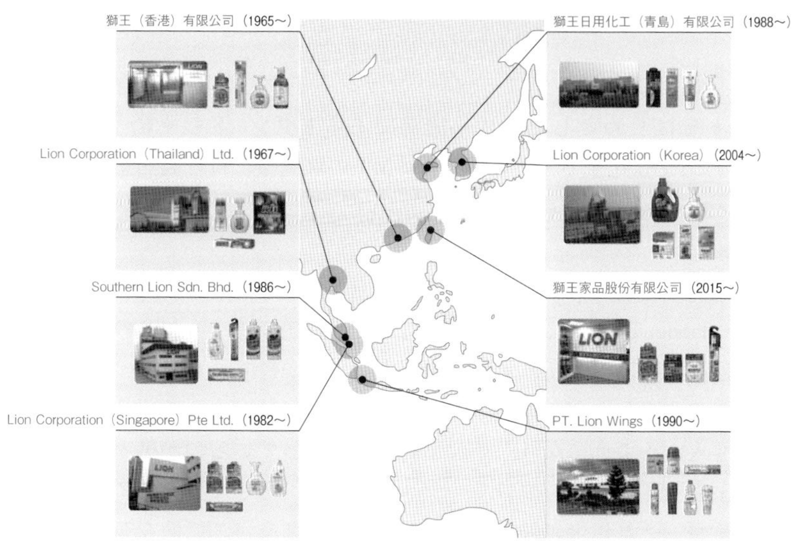

（出所）ライオン株式会社資料。

■図表 5-5-2　ライオンの海外事業拠点

（注）外部売上高とは，総売上高からライオングループ内の内部取引に係る売上高を除いたものである。
（出所）ライオン株式会社資料。

ド・コンセプトのもと共通性の高いマーケティング施策を展開することで，戦略の実効性と効率的なブランド育成を図ってきた。その中で，パッケージデザインや味・香りなど，各国の文化や嗜好性に合わせ，各国異なっている部分が興味深い。

2010 年代にはこうしたグローバル・ブランドを中心に各国・地域でスーパーマーケットをはじめとした近代小売業である**モダン・トレード**（Modern Trade: MT）への対応を強化するようになった。MT の陳列棚に自社製品を置く際には，**リスティング・フィー**（配荷料，導入料ともいう）を事前に支払わなければならないことが多い。

そもそも，開発途上国では伝統的に小売業態は**トラディショナル・トレード**（Traditional Trade: TT，個人経営の小規模な店）が主流であり，MT のような近代的かつ大規模な業態は概して欧米の多国籍小売企業が持ち込んだものである。当該企業は，そのオペレーション・コストを取引先側に転嫁するためリスティング・フィーを導入するようになり，それが商慣行になっているのが事実である。

ライオンも MT に対し，プロモーション・コストとしてリスティング・フィーを負担するが，それ以上に競合品との差別性の高さや付加価値を適切に消費者に訴求することで着実に浸透が進み，市場でのポジションを引き上げることができた。こうした結果，2010 年代に海外事業は大きく飛躍することができたのである。

5.6 ライオンにおけるグローバル・ビジネスの現在

ライオンにおける直近の施策として，同社は 2019 年に「グローバル開発センター」を設置している。これは，各国・地域に分散している様々な製品カテゴリーの技術やノウハウを分散させたままにするのではなく，横串を刺す形でフレキシブルにスピードを上げて活用するためであり，前述した「親会社と現地子会社（ライオンの場合は合弁企業も）が対等の立場で一体となり行動する」ような，近年における多国籍企業の傾向と整合している。

また 2020 年以降，事業展開する国・地域をその経済発展の度合いや消費者ニーズの多様性等の度合いに応じてⅠ～Ⅲの 3 つに類型化し，国・地域別の個別アプローチから類型別のアプローチに転じようとしている（図表 5–6–1 参照)。

そしてライオンの海外事業の課題は，中国市場へのさらなる対応強化である。1990 年代前半からの改革開放政策（社会主義市場経済）により，中国は「**世界の工**

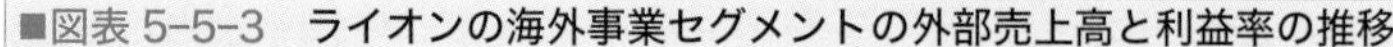

■図表 5-5-3　ライオンの海外事業セグメントの外部売上高と利益率の推移

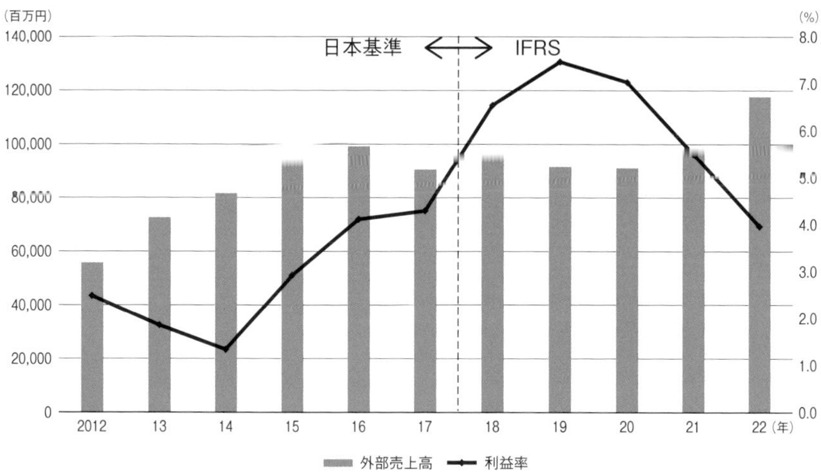

(注)　図表中「2017 年外部売上高」は日本基準での売上高（1,082 億円）を IFRS 換算（907 億円）して示している。
(出所)　ライオン株式会社資料。

■図表 5-6-1　ライオンの進出国・地域に対する類型別アプローチの概要

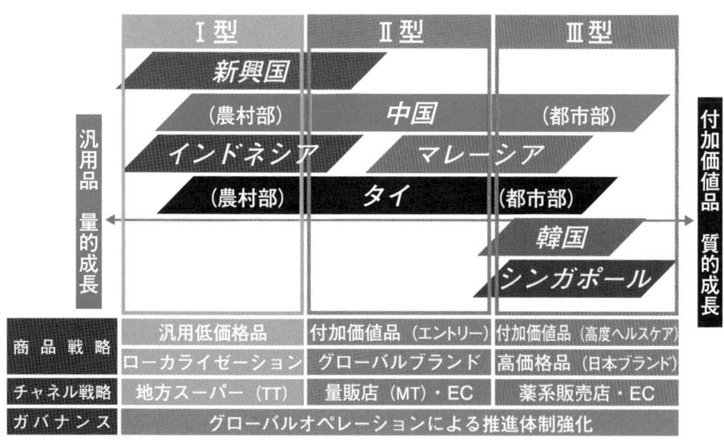

(出所)　ライオン株式会社資料。

場」と呼ばれるようになった。さらに，2000 年代に入ると同国は「**世界の市場**」と呼ばれるようになり，現在でも世界経済の主要な牽引役である。

ライオンは 1989 年から中国で事業を展開している。中国子会社「獅王日用化工（青島）有限公司」は，成長著しい中国市場の中でも以下のような興味深い戦略を展開しており，事例として非常に有意義である。ライオンの中国事業全体の売上のうち，**電子商取引**（Electronic Commerce: EC）の占める割合は 50%を超えている（2021 年 12 月期）。店舗での販売が半分以下しかないというのは，トイレタリー製品多国籍企業の中では稀有といえる。EC での売上のうち最も大きいのがハブラシであり，次いで日本から輸入するハミガキが大きな割合を占めている。

これまでライオンは「日本品質」を前面に掲げて品質への信頼感を醸成するとともに，競合する中国の現地企業や多国籍企業（特にコルゲート・パーモリーブ）と明確に異なる製品の特徴を訴求することにより，同国市場でのポジションを確立してきた。そもそも，中国におけるハブラシやハミガキの市場は過当競争であり，国内外無数のメーカーがひしめいている。また，同質的な製品の間では**カニバリゼーション**（複数の自社製品が互いの利益を食い合うこと）や**機会損失**（販売の機会を逃し損失が増大すること）も発生しやすい。

そこで，ライオンはスーパーテーパード毛（超極細毛，以下「ST 毛」）のハブラシ「システマ」を中国市場深耕の主軸に据えた（図表 5–6–2 参照）。ST 毛とは，図表 5–6–3 のように毛先が先端へいくにつれて徐々に細くなっているものである。ライオンの ST 毛技術は，競合に対し圧倒的優位性を持っており，これを主軸に中国の EC に早期に参入したことでハブラシは高いポジションを獲得できたのである。

上記のような「卓越した技術に支えられた EC 展開」により，ライオンの中国事業はユニークかつ実りあるものになっている。同社が 2030 年までに「海外売上高比率 50%水準」を目指すには，中国事業の伸張は必須の課題である。それには従前からのオーラルケア事業のさらなる成長に加え，一般用医薬品やビューティケア製品，ペット用品の拡充が今後重要なテーマとなってくる。そこで，中国におけるライオン・グループの製品開発力および製品開発スピードの向上を図るための基盤として，2023 年 5 月に，100%出資による研究開発子会社を設立し，生活者研究を基軸とした研究開発を加速させている。

■図表 5-6-2　中国におけるライオンのハブラシ「システマ」シリーズ

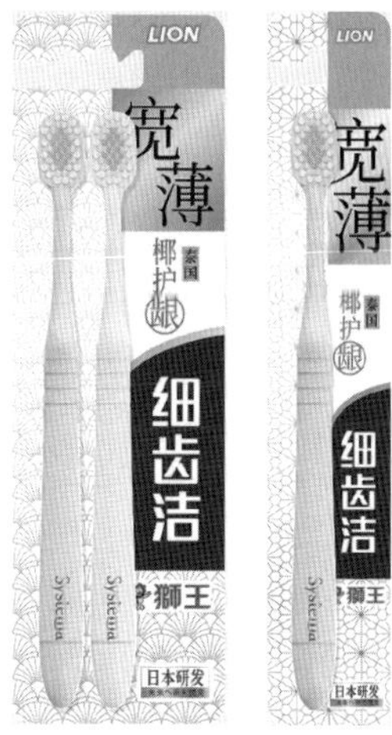

（出所）　ライオン株式会社資料。

■図表 5-6-3　ハブラシにおける毛先の形状や材質の違い

	ラウンド毛	超極細毛
形状	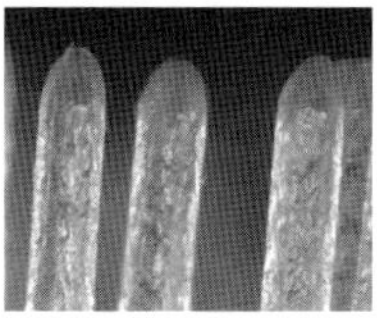	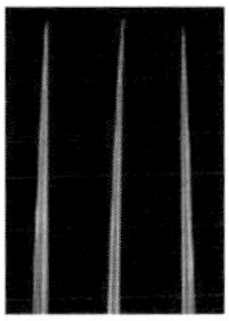
特徴	・円柱状の用毛 ・植毛後に研磨して先端を丸める ・歯垢のかきとり力が強い	・先端を超極細のテーパー形状に加工された用毛 ・細かな隙間に入りやすい
材質	ナイロン ※耐久性に優れ，用毛の撓み具合が適度で使用感もよく，毛折れもしにくい	PBT （ポリブチレンテレフタレート） 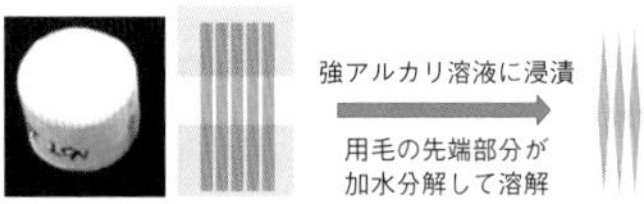 強アルカリ溶液に浸漬 用毛の先端部分が加水分解して溶解

（出所）　ライオン株式会社資料。

5.7 まとめ

グローバル・ビジネスは，10 年どころか 5 年もすると以前とは全く様相が異なるということがいえるだろう。市場で主導権を握る企業やその国籍がいつのまにか流転することは珍しくないし，また産業ごとにその動向が少しずつ異なっている。また，そもそも市場の在り方が変わりつつあるわけであるから，以前よりもはるかに難しい環境下で多国籍企業のトップ・マネジメントは意思決定を行わなければならない。

新しい技術やデザイン，ノウハウなどが，これまで注目されていなかった国・地域から出てくる可能性があると想定し，先進国と開発途上国の垣根を越えてアンテナを張り巡らせておくことがグローバル・ビジネスに携わる人には求められる。「本国で起こっていることが他国・地域で通用するとは限らない」，「他国・地域で起こっていることが数年後には世界のスタンダードになるかもしれない」という柔軟な思考が今後ますます重要になるのではないかと考えられる。

第6章

イノベーション・マネジメントとは

イノベーション・マネジメントは，企業や国家の盛衰に関係する重要な問題といえる。一方で，近年この用語は，様々な媒体で定義があいまいなまま，使われている用語ともいえる。そこで，本章はイノベーションの定義を，この概念を初めて提唱した研究者に沿いながら確認する。その後，イノベーションという概念を，企業組織内の活動に落とし込んで理解できるよう，企業活動のひな形（モデル）を提示したうえで，イノベーション概念と対応させながら説明する。最後に，前半の概念的な説明を読者が実感できるように，ライオンの事例を複数提示し，理解の定着に努める。

■ライオンにおいて推奨されている新たな価値を創出する研究領域

基盤研究	開発研究	新研究活動
・口腔科学 ・界面科学 ・生命科学 ・香料科学 ・分析化学 ・安全性科学	・歯とお口のケア ・カラダのケア ・メディカルケア ・住まいと衣類のケア ・包装・容器	・DX推進 ・オープンイノベーション活動
生活者研究*		

＊　ライオンが，くらしの様々な場面で製品を使ってもらう“生活者との接点”から，長年にわたり蓄積してきた研究知見。

（出所）　ライオン株式会社（2023）「ライオン統合レポート 2023」29 頁の図に一部加筆（閲覧日：2023 年 7 月 5 日）。

6.1 イノベーションとその重要性

6.1.1 イノベーションとは何か

はじめに，イノベーションを一般的な広い意味で表現すれば，既存のものを何か新しいものにつくり変えたり，新たなものに代替したり，新たなものを初めにもたらしたりする活動といえる。そのため，端的には「革新」や「革新的な行動」とも言い表せる。

一般的な意味からも分かるように，イノベーションは科学技術を基盤にした新製品などのものづくりだけに限定される概念ではない。卸・小売などの流通，教育や医療などのサービス，新聞・TV・インターネットなどの情報通信，個人間でのソーシャル・ネットワーキング・サービス（SNS）などを通じた革新的な活動も含まれる。

イノベーションは広い意味を持つ概念だが，その反面，初学者にとってあいまいで捉えがたい用語として受け止められることも多い。そこで本章は，イノベーションを企業活動の文脈に絞りながら「科学技術をもとに新製品を開発・製造し，その製品を自社や提携企業などの販売網をもとに消費者に届け，経済的・社会的な成果を得る活動」と定義する。

この定義は広義のイノベーションの意味からすると焦点が絞られるが，具体的にイメージしやすくなる利点もある。また本章は，日本の日用品メーカーであるライオンを事例に，ハミガキや洗剤などの新製品開発や生産，販売経路の構築などを取り上げながら，イノベーションの概念を体系的に説明する。

イノベーション概念を理解するにあたり，最も重要な人物の一人が経済学者のヨーゼフ・A・シュンペーター（Schumpeter, J.A.）である。その理由は，シュンペーターがイノベーション概念を著書『経済発展の理論』で初めて体系的に提唱したためである。シュンペーターが説明するイノベーションの遂行には，次の5つの活動が含まれる。それが，(1) 新たな製品の開発，(2) 新たな生産方法の開発，(3) 新たな販路（販売経路）の開拓，(4) 新たな原材料の開発や供給源の獲得，(5) 新たな組織の実現である。それぞれの意味の簡素な説明は**図表 6-1-2** に示す通りである。本章は，これらの活動を，イノベーション遂行の「**5 つの基本型**」とする。「5 つの基本型」については本章の **6.2 節**で再度，ライオンの事例を踏まえながら詳しく説明する。

■図表 6-1-1　本章で扱うイノベーションの概念

社会全般に見られる活動の全て

広義のイノベーションの概念
既存のものを何らかの新しいものにつくり変える活動

本章で扱うイノベーションの概念・定義
科学技術をもとに新製品を開発・製造し，その製品を自社や提携企業などの販売網を通じて消費者に届け，経済的・社会的な成果を得る活動

Column 6.1 ● ヨーゼフ・A・シュンペーターについて

経済学者ヨーゼフ・A・シュンペーターは1883年にオーストリア・ハンガリー帝国で生まれ，1950年にアメリカ合衆国で没した人物である。シュンペーターが『経済発展の理論』で提唱した概念は，正確には「新結合（独：Neuen Kombinationen, 英：New Combination）」だが，新結合は，現在，社会科学で扱われるイノベーションとほぼ同義と捉えてよい。本章では基本的に企業単位の目線で議論が行われるが，シュンペーターが，イノベーションに関心を持った元々の理由は，この現象が資本主義の動態性（ダイナミズム）や，経済・景気循環に重要な役割を果たすためである。次項では，その一端を解説する。

■図表 6-1-2　イノベーションの遂行「5 つの基本型」

（1）新たな製品の開発　新たな機能・品質を持つ製品の開発

（2）新たな生産方法の開発　生産性・効率性の高い製造工程などの開発

（3）新たな販路の開拓　新たな市場への参入やそのための流通経路の開拓，流通管理における革新的な効果の実現や効率化

（4）新たな原材料の開発や供給源の獲得　品質や効率性を高める新たな部品・材料の開発

（5）新たな組織の実現　組織や事業全体のマネジメント・運営に関する新たな仕組みを構築すること

6.1.2 イノベーションの重要性とそのマネジメント

イノベーション概念を初めに体系化したのがシュンペーターだったことは触れたが，『経済発展の理論』の中でイノベーションと同時に彼が関心を持った経済現象が景気循環である。ここでの景気循環とは，単に好況・不況の繰り返しをいうのではなく，新旧の経済社会の代替に近い。社会には既存の製品を作り続け，その消費に満足する状態を維持し続ける集団がいる一方で，新たな機能を持つ製品や，従来と品質は同程度ながら格段に低価格の製品を生み出す生産方法をつくりあげる集団がいる。新たな経済社会は，旧来の製品や経営手法が刷新され代替されることを通じて出現するが，このような状況において鍵となる活動を，シュンペーターはイノベーションと呼んだ。

イノベーションは，経済社会での巨視的な領域のみならず，特定の産業や一つの企業にとっても大切な活動といえる。特に，イノベーションが企業の持続的な成長に関わる点で重要である。例えば自社のある製品の売れ行きが好調だとしよう。通常，このとき，競合企業は自社製品を解析し模倣して，類似品を開発・製造しようとする。すると，製品の市場への供給量は需要量に等しくなるか超過して製品価格は下落し，自社は利益を得られなくなる。

イノベーションの遂行のうち，典型的活動の一つが新製品開発であることは述べた。現在の競争環境の下では，企業は魅力的な製品を開発し続ける必要がある。例えば，ライオンの洗濯用洗剤「トップ」[1]は，1956年に発売されたが，同製品シリーズは以後，60年以上にわたって顧客に支持され続け，製品も改良・改善が継続的に行われてきた（図表6-1-4)。

また，イノベーションの遂行で創出された新製品は，企業に利益をもたらすだけでなく，社会の文化を形成する場合もある。現在のライオンの源流である小林富次郎商店は，1896年に，「獅子印ライオン歯磨」を発売した。以後，同社は老若男女を問わず，口腔の衛生習慣を根付かせるため，大正期から子ども向けのハミガキを開発したり，日本初の児童専門の歯科診療院を設立したりした[2]。このように，同社のハミガキは，単に製品の製造・販売にとどまらず，歯科医療や行政を巻き込みながら，歯磨き習慣と健康寿命の延伸の文化を社会的に形成してきたといえる（図表6-1-5)。**イノベーション・マネジメント**とは，新製品などの開発・生産や普及に伴う特性を理解しつつ，その活動を管理・運営したり，製品を社会に浸透・定着させるため主体的に働きかけたりする活動をいう。

■図表 6-1-3　イノベーションの重要性まとめ

(1)　経済・景気循環への影響　イノベーションにより創出された新製品等が，旧来の製品や経営手法を刷新・代替し，新たな経済社会を生み出す

(2)　企業の持続的な成長への影響（売上・利益・規模等の拡大）　企業間の製品の模倣・類似品の販売により過当競争になる中，イノベーションにより創出された新製品等が，創出した企業に成長をもたらす

(3)　社会文化的な影響　企業のイノベーションにより創出された新製品等が，芸術文化・医療・教育など，産業経済以外の領域にも社会的な影響をもたらす

■図表 6-1-4　洗濯用洗剤「トップ」の時代ごとの変遷

時代	製品の革新過程の代表例
1950-1960 年代	日本人の洋装化に伴い，洗浄できる衣類の繊維素材を選ばない汎用的な中性洗剤を開発
1970-1980 年代	従来の洗剤原料のリンが湖の水質問題の原因の一つだったことから，「無りん」で強い洗浄力を持つ洗剤を開発
1990-2000 年代	地球環境への負荷に対する消費者意識に対応し，省エネのため容器に再生紙，計量スプーンにも再生樹脂を使用
2010-2020 年代	粉末洗剤から液体洗剤となり，高い洗浄力だけでなく，消臭・防臭・抗菌などの機能も同時に付与

（出所）　ライオン株式会社ウェブサイト「トップ 50 年の歴史」（https://top.lion.co.jp/history/index.htm）を参考に筆者作成（閲覧日：2023 年 6 月 8 日）。

■図表 6-1-5　「母と子のよい歯コンクール」第 1 回全国表彰会のポスター（1952 年）

（注）　子どもたちの歯磨き大会が活発になっていった頃，家庭にも口腔衛生の大切さを伝えたいと，「母と子のよい歯コンクール」が始まった。主催は厚生省（当時）と日本歯科医師会で，それにライオン歯磨（現・ライオン）が協賛した。
（出所）　ライオン歯科衛生研究所ウェブサイト「歯みがき 100 年物語　⑫大臣表彰に映画製作も盛り上がる「母と子のよい歯コンクール」」（https://www.lion-dent-health.or.jp/100years/article/habit/006.htm）（閲覧日：2023 年 6 月 19 日）。

6.1.3 イノベーション・プロセス

冒頭で，イノベーションの遂行に当てはまる領域は，科学技術をもとにした製品製造のみならず，教育・医療などのサービスや政治・芸術などでの革新的な活動にも該当する旨を述べた。他方，本章ではイノベーションに関わる各活動をイメージしやすくするため，メーカーによる新製品開発を基盤に議論を展開する。また，新製品開発をもとにイノベーションを遂行するにあたり，新製品を市場で購入し使用する顧客から，新製品を生み出すもととなる基礎的・応用的な技術開発までを視野に持ちつつ議論する。特に，本章では新製品が生まれる過程における顧客から技術，技術から顧客の双方向の流れを**イノベーション・プロセス**と呼ぶ。

図表 6-1-6 は簡易的なイノベーション・プロセスだが，主に企業組織内の活動を示している。また，**6.2 節**でイノベーションの遂行「5 つの基本型」の詳細を説明するための下絵となる。同プロセスは，研究開発，製品開発，生産，販売・マーケティングからなる。

研究開発は R&D（Research and Development）ともいうが，新製品の基盤になる技術を発明・改良する活動である。例えば，洗濯用洗剤は，本来混じり合わない水と油を混ぜ合わせる「界面活性剤」，タンパク質等を分解する「酵素」，繊維を白く見せる染料である「蛍光増白剤」などから構成されるが[3]，研究開発はこの一つひとつの技術の原理を探求し，製品開発に活かす活動である。

製品開発は設計・試作・実験・検査等を経ながら技術を製品として具現化させる活動である。開発にあたっては，多様な顧客の中でも新製品が対象とする顧客層はどこかを明確にしながら使い手にどのような便益を与え，何のために必要な新製品なのかを構想する必要がある。

生産とは，工場において，特定の製品について人員や製造機械などの作業を組み合わせながら，製品の品質・製造コスト・納入期限の目標を達成しようとする活動にあたる。

販売・マーケティングとは，例えば自社がメーカーであれば，最終消費者が購入するまでの卸売や小売，直接販売などの流通経路を決め，自社製品を販売・流通させることを指す。また，最終消費者が自社製品に関心を示すよう新聞・TV・インターネット・SNS 等の情報メディアを通じて販売促進の情報を拡散したり，顧客情報を収集したりする活動をいう。

先の図表 6-1-6 で示したイノベーション・プロセスは，企業組織内の活動，「研究開発」「製品開発」「生産」「販売・マーケティング」からなっていた。図中は，研究開発から販売・マーケティングまで順に，知識・情報の流れとして右向

■図表 6-1-6　イノベーション・プロセス①：企業組織内の基本的活動

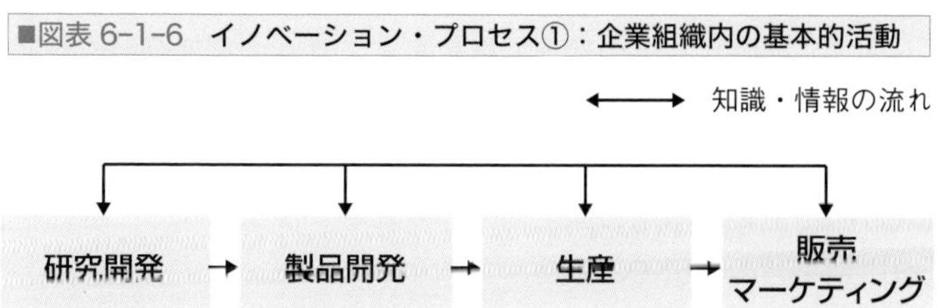

（注）マーケティングは本来，製品コンセプト創出など製品開発活動の一部を含む場合もあるが，本章では販売促進活動や流通経路の選択などの狭義で扱う。

Column 6.2 ● 企業家とイノベーションの遂行

イノベーション概念を提唱したのは経済学者シュンペーターであることは述べた。シュンペーターが『経済発展の理論』の中で，イノベーションを能動的に遂行する主体として述べたのが「企業家（独：Unternehmer, 英：Entrepreneur）」である。企業家は既存の生産要素の新しい統合の仕方を試み，前述のイノベーション遂行の「5つの基本型」のいずれかを実現する。

例えば，現在，読者の多くが日常的に利用していると思われる携帯電話は，インターネットへの接続サービスが可能な製品である。これを1999年に世界で初めて実現したのはNTTドコモによる「iモード」だった。iモード利用者は携帯電話を通じてウェブサイトを閲覧できるようになったが，1999年の時点で既に，ハードウェアとしての携帯電話，携帯電話通信網，インターネット通信網，ウェブサイトを表現するためのHTMLなどはそれぞれ存在していた。iモードを実現した企業家たちは，これら既存の生産要素を組み替え直し，再統合して，イノベーションを遂行したのである。

なお，ベンチャー企業を起こす「起業家」は，広い概念の「企業家」の一部といえる。企業家は，大企業内で新たに事業を開拓する人物も指すためである。企業家はベンチャー企業の起業家や，大企業内の新規事業を創出するリーダーを包含した概念といえる。上記の例にもあるように，NTTドコモやNTTグループは，日本の伝統的な大企業群の一つであり，iモードはその大企業の中で生まれたサービスという点からもうかがえる。

きの矢印で結ぶと同時に，研究開発をはじめとする4つの活動を相互に矢印で結んでいる。これは研究開発側から販売・マーケティング側の活動まで，それぞれ互いに影響を与え合うことを示している。例えば，図表6-1-4で示した「洗濯用洗剤「トップ」の時代ごとの変遷」を見ると，日本の高度経済成長期から現在まで，顧客や社会状況が洗剤に求める機能が移り変わったり，追加的に求められたりしていることが分かる。顧客が製品に求める機能が多様化すると，研究開発でも各領域での技術領域水準の向上が求められる。洗剤の場合，界面活性剤・酵素・蛍光増白剤などの技術である。

ただし，各領域の技術水準を高めたとしても，製品開発の場では，それら技術を統合して1つの製品にすることが難しい場合もある。個々の技術では水準が高まっても，洗剤製品として各技術を統合した場合，洗浄機能が充分に発揮されないなどである。すると，製品開発から研究開発へのフィードバックが起きうる。また，製品開発の場で試作・実験・検査などが上手くいったとしても，工場でその製品の製造ラインを設営し大量生産した場合，品質の維持や製造コストが目標に達せず，製品開発を再度，実施し直す必要が生じるかもしれない。研究開発から販売・マーケティングまで，知識・情報の流れを示す矢印が双方向に向いているのはこうした背景からである。

図表6-1-7は，企業組織内を破線枠で示し，企業組織外との関わりを追加した図である。まず「**大学・学会等**」について見る。一般に，大学は基礎研究，企業の研究開発は応用研究に重心を置く場合が多い。大学の基礎研究における新たな科学的発見が新製品開発の技術の種（シーズ）となり，革新的な製品が生み出される場合がある。また，顧客や生産現場で生じた要望・問題に応じる場合，その内容によってはより高度な技術的課題の解決に迫られることがある。この場合，企業は大学との共同研究などを通じて，高度な知識を獲得し問題を解決する。「**顧客・市場等**」は，製品の最終消費者や競合企業などを示す。顧客や競合企業の調査は新製品開発における重要な作業となるが，新製品を市場に投入した後も肝要といえる。企業はその動向を継続的に観察し，当該新製品の改良に反映させるなど，顧客・市場との対話が大切である。

■図表 6-1-7　イノベーション・プロセス②：企業の内部と外部の相互作用

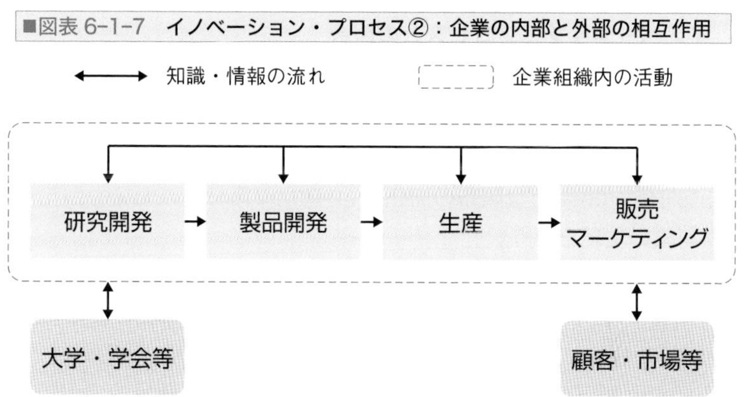

Column 6.3 ● 科学的発明とイノベーション

科学的な発明・発見の多くは，現在の社会では主に大学や学術団体によって創出・提唱され検証される。発明（invention）とイノベーション（innovation）の違いは，顧客の新たな需要を生み出し，競合企業などとの市場競争を経て，売上や利益などの経済的な成果を上げるかどうかにある。イノベーションには経済的成果が伴う。そのため，発明はイノベーションの種（シーズ）になる場合はあるが，イノベーション自体ではないといえる。

イノベーションは，顧客の潜在的な需要に気づき，「必要は発明の母（Necessity is the mother of invention.）」という形で科学技術の進歩を促して実現する場合もあれば，科学的発見から「これは社会のどのような人がどのような用途で使えるものだろうか」という視点で顧客や市場を探索して実現する場合の双方がある。

イノベーションを遂行する企業家にとって重要なことは，技術開発者側の「言語」と顧客側の「言語」の双方の理解に努める点にある。例えば，仮に顧客の潜在的な需要に気づけたとしても，それをどのような技術で具現化できるか分からなければ絵に描いた餅であり，また科学的発見をしたとしても，最終的な顧客の感覚や感性に合う製品にまとめられなければ，イノベーションに至らないためである。

6.2 イノベーションの遂行「5つの基本型」と事例

6.2.1 イノベーション・プロセスとの照合

イノベーション遂行の各概念と，イノベーション・プロセスの各活動を対応させ，理解を深める。図表 6-2-1 は，その対応図にあたる。前節で述べたように，イノベーションの遂行「5つの基本型」とは，(1)新たな製品の開発，(2)新たな生産方法の開発，(3)新たな販路の開拓，(4)新たな原材料の開発や供給源の獲得，(5)新たな組織の実現をいう。

この「5つの基本型」と，イノベーション・プロセスである「研究開発」「製品開発」「生産」「販売・マーケティング」は，各活動が完全に一対一の対応関係になっているとはいえないが，それぞれ比較的，関係が深い活動がある。製品開発は「新たな製品の開発」，生産は「新たな生産方法の開発」，販売・マーケティングは「新たな販路の開拓」と関わりが深い。また，研究開発は「新たな原材料の開発や供給源の獲得」と対応し，イノベーション・プロセスを展開する企業組織そのものは「新たな組織の実現」と関係する。

「5つの基本型」とイノベーション・プロセスの各活動とが，完全な一対一の関係とは限らないというのは，例えば企業が開発する新製品には，新原料の開発を伴いつつ，また製品としても画期的な機能を実現する例もあるためである。この場合，1つの出来事に「新たな製品の開発」と「新たな原材料の開発」の2つが関係している。そのため，図表 6-2-1 の対応図は，あくまで基本的な物の考え方を示している。以下の項からは「5つの基本型」について，ライオン[4]の企業活動に焦点を当て，適切な事例を記述する。

6.2.2 「新たな製品の開発」の事例

イノベーションの遂行のうち，「新たな製品の開発」とは，新機能や品質を実現した画期的な製品を開発することをいう。当概念の事例の一つとして，1997年に発売された薬用ハンドソープ「キレイキレイ」が挙げられる。1990年代前半より，ライオンでは「見て，使って，すぐ分かる」特徴を持つ製品を企画・開発する企業方針が取られた。社内のこうした方針の下，当時「キレイキレイ」は殺菌・体臭防止・植物性洗浄成分の使用という特徴を持ちつつ，母親が子どもに衛生習慣をつけさせようとする文脈に合致するような製品として企画・開発された。

「キレイキレイ」は発売後，オリジナル紙芝居が幼稚園などへ配布され，また

■図表 6-2-1　イノベーション遂行の各概念とイノベーション・プロセス

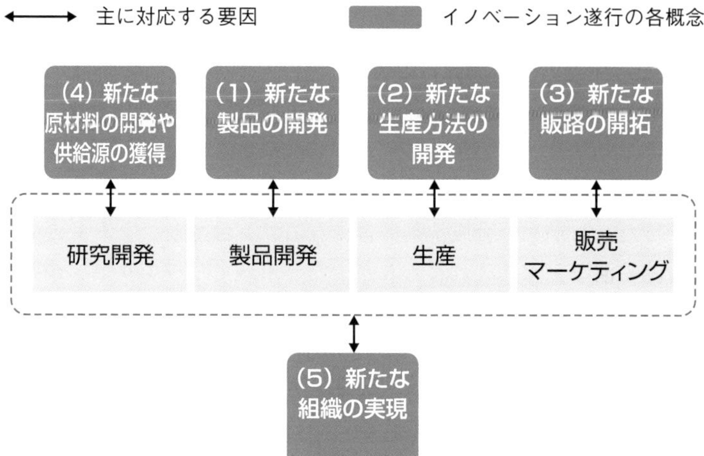

■図表 6-2-2　薬用ハンドソープ「キレイキレイ」

（出所）　ライオン株式会社提供。

出版社との共同企画で幼稚園・小学校へ製品サンプルが配付された。また，衛生習慣に関する作文コンクールなどを実施することを通じて新製品と併せ手洗い習慣の普及に努め，2001 年には 30 億円規模の製品へと成長した。さらに，2002 年から 20 年以上，当製品シリーズの累計販売金額は，ハンドソープ製品市場で連続売上一位を実現している。

6.2.3 「新たな生産方法の開発」の事例

イノベーション遂行の一つである「新たな生産方法の開発」とは，企業の工場などで生産性・効率性の高い製造工程などを開発することをいう。事例として合成洗剤を見ると，合成洗剤には過去，洗浄力を高める成分としてリンが含まれる場合が多かった。しかし，合成洗剤に含まれるリンはプランクトンの栄養となることから，湖や沼など水の入れ替わりが少ない水域でプランクトンが過剰に繁殖することによる水質の汚染が社会問題化し始めた。

ライオンは 1973 年からリンを用いない洗剤を製品化し，1980 年発売の粉末洗剤「無りんトップ」は，従来の有リン洗剤よりも優れた洗浄力を発揮した。従来なかったリンを含まない洗剤の生産には，工場の生産設備・生産能力の革新も求められた。ライオンは 1981 年,「無りんトップ」の専用工場として千葉工場の建設に着手し 1982 年に完成した。千葉工場の主要設備は洗剤製造用の大型乾燥装置など，自社設計のもと建造され，最新の環境保護上の法律・条例に適応する画期的な工場となった。

6.2.4 「新たな販路の開拓」の事例

「新たな販路の開拓」とは，新たな市場への参入やそのための流通経路の開拓，流通管理における革新的な効果の実現や効率化などをいう。1985 年，ライオンやユニ・チャーム株式会社（以下，ユニ・チャーム）をはじめとする日用衛生用品 8 社と情報処理会社の株式会社インテックの共同出資により，売上や仕入れなどの電子データ情報を通信回線上で管理・運営する株式会社プラネット（以下，プラネット）が設立された。プラネットの電子データ交換システムは，1983 年にライオンが構築した販売情報管理システムが基盤となっている。ライオンが当システムを構築した目的は，卸売業者や販売店への販売情報などを把握・共有することにあった。しかし，販売店ごとの売上情報などを整理・管理するコストは膨大であり，企業が単独で運営するには限界があった。このような状況の下，ユニ・チャームがライオンの当システムの共同利用を申し入れたことが，後のプラ

■図表 6-2-3 「無りんトップ」（左）と千葉工場（右）

（出所） ライオン株式会社ウェブサイト「無りんトップ」（https://www.lion.co.jp/ja/products/297），「ライオンの歴史」（https://www.lion.co.jp/ja/company/history/list/）（閲覧日：2023 年 6 月 8 日）。

Column 6.4 ● オープンイノベーション

本章で提示したいくつかの事例を見ると，必ずしも自社内の経営資源（ヒト・モノ・カネ・情報）だけでイノベーションを遂行していないことが分かる。例えば「新たな販路の開拓」の事例や次頁の「新たな原材料の開発や供給源の獲得」の事例では，ライオンと他社との協調関係が見られる。これらの事例では，外部組織の経営資源をライオン自社の内部の研究・製品開発に活用したり，ライオン内部にある経営資源を外部組織に上手く活用させることで，自社も外部もともに便益を得ているのである。

このように，組織の内部に入る情報（知識）と外部に流れ出る情報（知識）を上手く活用しながら，外部の経営資源と自社の経営資源を戦略的に組み合わせ，イノベーションを遂行することを「**オープンイノベーション**」という。オープンイノベーションは，イノベーションを起こす方法の一つである。オープンイノベーションが近年，重視されるようになった背景として，それぞれの領域の技術や製品が複雑化し，また，技術や市場における各領域の専門家の知識を組み合わせ活用しなければ，イノベーションを起こすことが難しくなってきたことが挙げられる。

ネットの設立に結びついた。

ライオンは自社が開発した販売情報管理システムを，プラネットに参加するメーカーに提供することとなったが，これにより参加メーカーは卸売業者との納品・請求データなどの情報交換コストを低減することができ，業界に多大なメリットをもたらした。またライオンにとっても，流通情報の電子化の趨勢において主導権を握ることができ，卸売業者との信頼関係の強化や自社の販売情報管理システムの機能拡大，運営コスト低減などの点で有益といえた。

6.2.5 「新たな原材料の開発や供給源の獲得」の事例

イノベーション遂行の「5つの基本型」のうち，「新たな原材料の開発や供給源の獲得」とは，製品の品質や生産効率性を高めるため，新たな部品や素材を開発することをいう。ここでは1981年発売の「クリニカライオン」について述べる。同製品の発端は，製薬会社の三共株式会社（現・第一三共株式会社，以下「三共」）が，虫歯の原因となる歯垢を分解する酵素を発見したことにあった。この発見は技術の種（シーズ）であったが，三共はライオンとの研究開発を通じて製品化に結びつけようと試みた。

ライオンは三共との共同開発の末，世界で初めてハミガキの中に酵素を安定的に配合することに成功した。また，製品化のためにはこのハミガキが実際の歯磨きで有効かどうか，臨床的な検証が必要であったが，東京歯科大学など複数の大学からの指導・協力を経て製品化に至った。「クリニカライオン」は世界初の歯垢分解酵素入りハミガキとして市場に受け入れられ，**第4章**で解説したように現在もライオンの主力製品として確固たる市場地位を築いている。

6.2.6 「新たな組織の実現」の事例

「新たな組織の実現」とは，革新的な新製品やサービスを創出するため，組織や事業全体の管理・運営に関する新たな仕組みを構築することをいう。1980年代後半頃，ライオンでは製品ラインの増加から，各製品の問い合わせや苦情について年2万件を超えるようになった。実際に，個々の消費者へ問い合わせに適切な対応をするためには，該当する製品情報から相談に応じた情報を選択しなければならない。また，問い合わせ対応から得られた顧客情報もまた，効率的に整理・分析することが必要であった。そこでライオンは，自社の製品情報と消費者からの問い合わせ等の情報を一元的に管理できる情報システム「ピンポンシステム」を構築した。

■図表 6-2-4　ハミガキ「クリニカライオン」（1981 年当時）

（出所）　ライオン株式会社提供。

■図表 6-2-5　ライオンの「お客様相談窓口」と情報システム

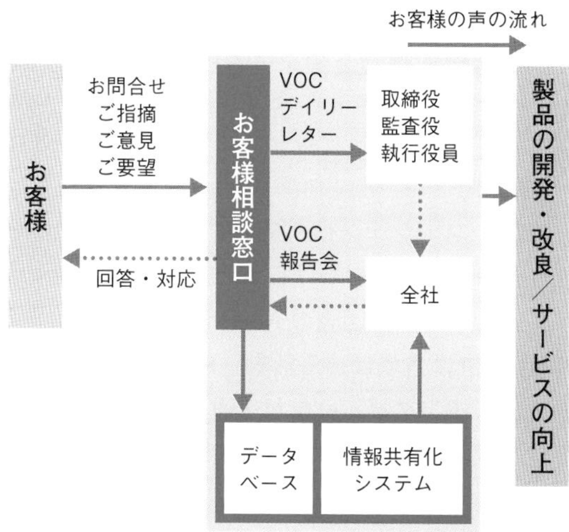

（注）　VOC：Voice of Customers。
（出所）　ライオン株式会社ウェブサイト「お客様センターの役割」（https://www.lion.co.jp/ja/contact/policy/）
（閲覧日：2023 年 6 月 8 日）。

ライオンと顧客との対話を卓球のラリーになぞらえたこのシステムは，消費者対応を担当する社員も開発に携わったことで，現場の彼らの対応業務に即した使い勝手の良いシステムとなった。当システムは，情報通信技術の発展とともに刷新され，1990 年代後半頃になると，前日までに収集・蓄積した消費者情報が研究開発・製品開発・生産などの各部門で検索・閲覧し，各業務に活用できるようなシステムに発展した（図表 6-2-5）。

当初，消費者への相談業務の効率化・迅速化のために構築された「ピンポンシステム」は，効果的な新商品開発を促進する形でも活かされるようになった。例えば，1997 年発売の部分洗い用洗剤である「トップ プレケアシリーズ」（図表 6-2-6）は，襟・袖のシミや泥を洗い手が落としやすいように，容器をブラシ付きにする等様々な工夫をしたことでヒット商品となりロングセラー商品となったが，これは顧客情報の活用が背景にある。

6.3 本章の振り返り

以下の問いを通じて本章を振り返りつつ，内容への理解を深めよう。

1. イノベーションとは何か。本章で示した定義を述べよ。
2. 企業組織においてイノベーションを遂行し成果を創出する場合，そのプロセスが存在する。イノベーション・プロセスについて図表 6-3-1 の A〜D および $\alpha\beta$ に該当する用語を述べよ。
3. 経済学者のヨーゼフ・A・シュンペーターによると，イノベーションの遂行には，5 つの典型的な活動・成果が挙げられた。図表 6-3-2 の (1)〜(5) に当てはまる内容を述べよ。ただし，同図表の A〜D は，図表 6-3-1 と同一とする。
4. 図表 6-3-2 の (1)〜(5) に当てはまる活動・成果について，新聞・雑誌，企業ウェブサイトや社史，インタビューなどを通じて，事例を論述せよ。事例を記すにあたり，可能な限り自身が関心を持つ組織をテーマとすること。

■図表 6-2-6　部分洗い用洗剤「トップ プレケアシリーズ」（現在は「トップ NANOX エリそで用／ドロ用／シミ用」として発売されている）

（出所）　ライオン株式会社ウェブサイト「お客様の声を形に」(https://www.lion.co.jp/ja/contact/voice/),「製品情報」(https://www.lion.co.jp/ja/products/category/fabric/31)（閲覧日：2023 年 6 月 8 日）。

■図表 6-3-1　イノベーション・プロセスの復習

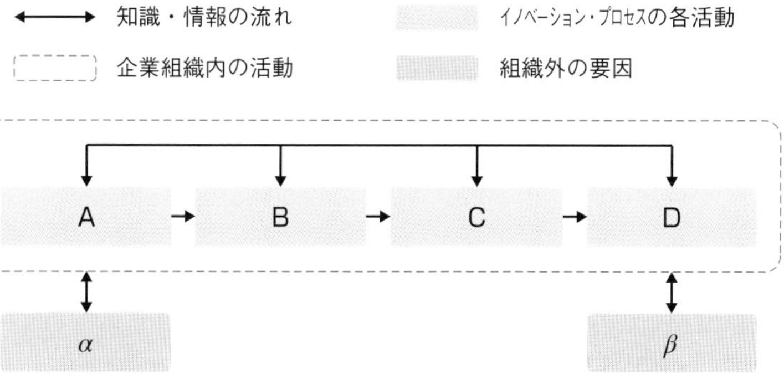

■図表 6-3-2　イノベーションの遂行・各概念の復習

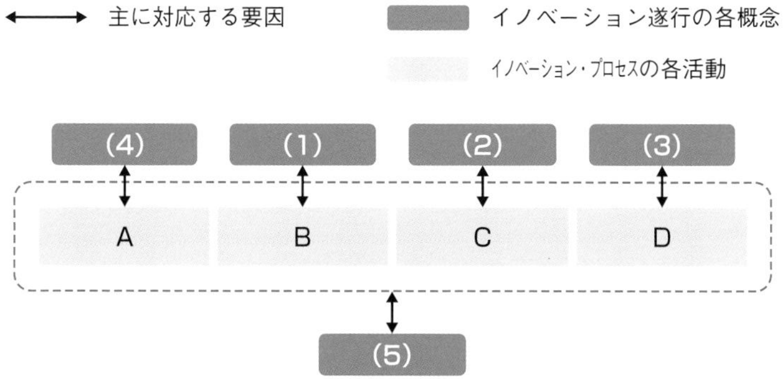

（注）　図中の A ～ D は図表 6-3-1 と同一。

第 3 部
企業価値の実現を学ぶ

企業価値の創造

第 1 章　経営史とは

第 2 章　経営戦略とは

第 3 章　経営組織とは

第 4 章　マーケティングとは

企業価値の拡大と存続

第 5 章　グローバル・ビジネスとは

第 6 章　イノベーション・マネジメントとは

経営学

企業価値の実現

第 7 章　経営情報システムとは

第 8 章　流通論とは

第 9 章　ヒューマン・リソース・マネジメントとは

企業価値の測定と予測

第 10 章　企業会計とは

第 11 章　経営財務とは

第 12 章　経営統計とは

第 7 章

経営情報システムとは

ライオンでは 1980 年のライオン歯磨とライオン油脂の合併による新会社設立当初から情報システムを経営の重要な柱の一つと位置づけ，時代の変化に合わせて情報システムを進化させてきた。デジタル技術の進展が著しく，これらを用いた情報システムの役割はますます重要性を増している一方で，その効果の大きさからデジタル技術を導入すること自体が目的化してしまうケースも少なくない。

ライオンは常に技術に踊らされることなく，生活者のより良い習慣づくりを実現するために情報技術を活用している。本章ではライオンにおける情報化の変遷をベースとして経営情報システムの概念とその導入のあり方について述べる。

■スローガンデザイン図と 2030 年に向けたデータドリブン経営のビジョン図

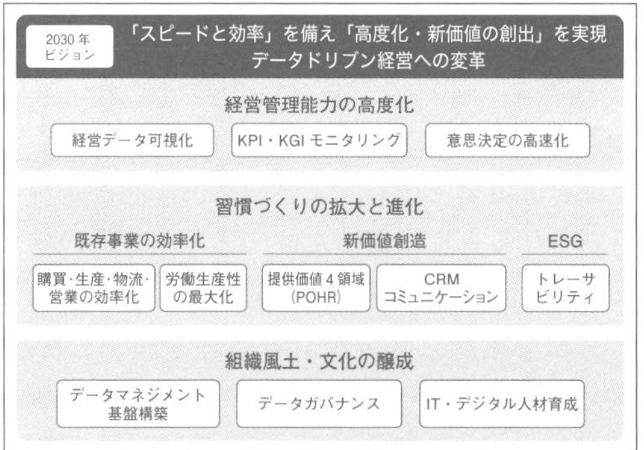

（出所） ライオン株式会社（2023）「ライオン統合レポート 2023」32 頁（閲覧日：2023 年 7 月 5 日）。

7.1 経営と情報，情報とシステム

企業がモノやサービスを生産して顧客に価値を提供する過程では様々な情報を必要とし，また，経営活動を通じて多くの情報が生み出される。こうした情報の処理・加工，記憶・蓄積と交換・伝達を行うことで組織の意思決定やコントロールを支援する仕組みのことを**情報システム**という。また，経営における諸々の活動の効果・効率を最大化するために，コンピュータや情報通信機器などを活用して情報システムを高度化することを**情報化**という。**経営情報システム**とは広義には企業の全ての情報システムを包括的に指し，狭義には管理者の比較的定型的な意思決定を支援するための情報システムを指すが，本章では広義の意味で経営情報システムを捉えて議論を進めたい。なぜならば，この言葉が広く使われ始めた 1970 年代に比べ，現代ではコンピューター性能や技術の進展が著しく，情報システムによって実現できることも，情報システムに求められることも広範にわたるようになっているからだ。

経営情報システムが扱う企業情報は大きく分けて 2 つある。会計や生産管理，在庫管理や顧客管理など日常業務で使う**業務系情報**と，売上や顧客属性などのデータを集計・分析することで意思決定の精度を高めるための**情報系情報**である（図表 7-1-1）。日本では 1950 年代にまず，大企業を中心に経理処理や給与計算などの効率化と省力化を目的とした間接部門の情報化が進められ，徐々に生産管理や伝票処理など直接部門での利用へと広がっていった。1960 年に稼働を開始した国鉄のオンライン座席予約システムは歴史に残るイノベーションの一つであり，今でも上野の国立科学博物館で見ることができる。

1960 年代頃までは以上のように業務系を中心として企業の情報化が進められたが，1970 年代頃からは生み出された業務データをもとにして管理者の比較的定型的な意思決定を支援し，より包括的な状況監視と統制を行うために情報システムが用いられるようになった。つまり情報系の情報化である。この頃企業で盛んに導入された狭義の意味での経営情報システムによって販売・生産の現場で発生するデータを集計し必要な計算処理を施すことができるようになった。1990 年代に入るとインターネット利用の広がりと，分かりやすく使いやすいユーザーインターフェースを備えたパーソナルコンピューター（PC）の登場により，オフィスの情報化が急激に進み，1 人 1 台の PC 環境が整えられ業務効率が飛躍的に向上することとなる。そして企業内において業務系・情報系両側面から情報

■図表 7-1-1　企業活動におけるモノと情報の流れ

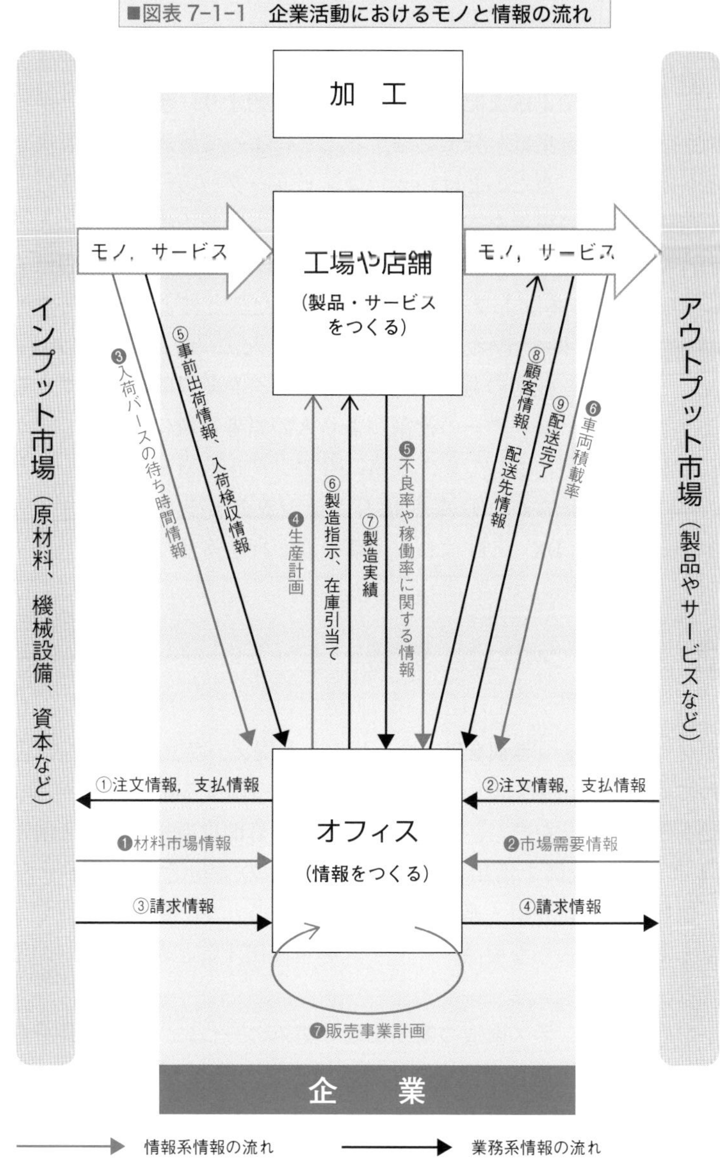

（注 1）①～⑨は，業務系情報の典型例。
❶～❼は，情報系情報の典型例。

（注 2）バリューチェーンにおける製造や販売の部分に着目した流れであり，企業活動としてはこの他にもオフィス内の決裁や調達の流れが当然ある。

利活用の環境整備が進められると，自然な流れで自社のサプライチェーンにつながる社外組織との情報連携が模索されるようになった。

このように情報化の目的は日々の単純なルーチン業務の迅速かつ正確な遂行，各業務に関する細かで正確な記録を行うことから始まり，現場から上がってくる粒度の細かいデータを集計・分析処理することによって管理者の意思決定を支援することへと変容してきた。とはいえ，コンピューターの役割はこうした定型的な処理や意思決定者の思考を支援するために有用な情報を提供することであって，考えるのはあくまで人だった。ところが近年，**IoTs**（Internet of Things，モノのインターネット）機器やネットワーク環境が充実したことにより，大量のデータをリアルタイムに取得できるようになってきたこと，さらに **AI**（Artificial Intelligence，人工知能）技術の発展でそれらのデータを効果的に処理できるようになったことで，コンピューターの役割がより人の思考領域に近づいてきた。これまで人にしかできないとされてきた業務にもデジタル技術を活用することが可能になり，情報化の目的がより高度化し，**デジタルトランスフォーメーション**（Digital Transformation, DX）と呼ばれる変革の波が押し寄せている。

7.2 ライオンの DX 戦略

ライオンでは DX を「**習慣を科学する**」ことと捉え，データ起点の経営変革を推し進めている。DX の柱は，デジタル技術の活用による新規ビジネスの創造と，事業の効率化である。ただし，事業効率化もその目的は新規ビジネス創造である。つまりはデジタル技術を活用し，グループ全体の業務活動を変革することによって，他社との業務分担・連携の高度化を図ることや，生活者ひいては社会の習慣を変えていけるような製品・サービスを生み出すことがライオンの DX であるといえる。

ライオンの新規ビジネス創造の重要な取り組みの一つに，予防歯科を日本でも根付かせ，人生 100 年時代の健康寿命の延伸を支えることを目指した **LION オーラルヘルスイニシアチブ**と呼ばれるオープンイノベーションの枠組みがある（図表 7-2-1，図表 7-2-2）。例えば収集した口腔内の画像データを AI などの技術で処理し，外部パートナーと新たなプロケアサービスを創出したり，生活者自身のセルフケアサービスの充実を支援したりするビジネスモデルが試行されている。歯科医の診察機会が少なく口腔内の健康状況を把握することが困難な生活者にとって，

■図表 7-2-1　LION オーラルヘルスイニシアチブ

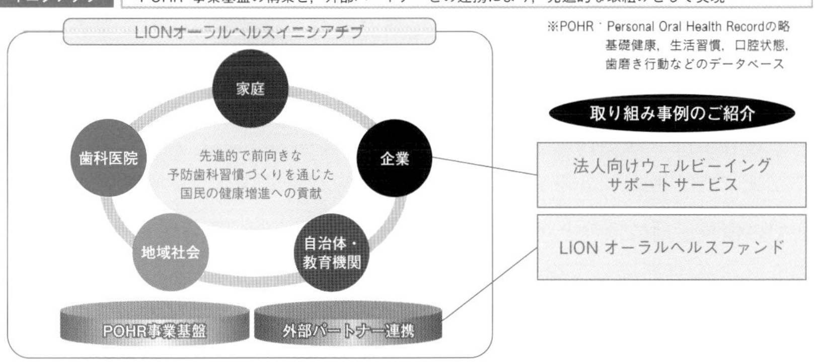

（出所）　ライオン株式会社（2022）「2022 年 12 月期第 2 四半期決算説明資料」22 頁。

■図表 7-2-2　予防歯科の行動習慣化を促すモデルの全体像

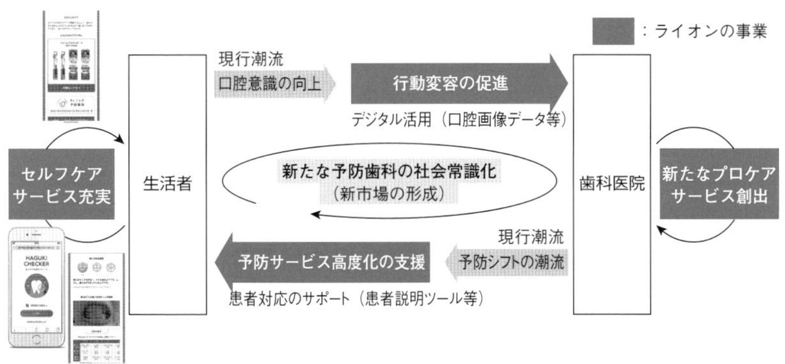

（出所）　ライオン株式会社 DX 推進部が作成した図に，ライオン株式会社ウェブサイト「HAGUKI CHECKER」（https://haguki-check.lion-apps.jp/pc.html）の画像を追加。ハグキチェッカーの口元は筆者のもの。

スマートフォンなど手持ちの機器を使用して手軽に口腔健康状態を把握し，セルフケアに関するアドバイスを得られる価値は高い。そのようにして収集された大量の口腔内画像をもとに，予防歯科の観点から新たな行動を習慣化できるような手段を行政・自治体や企業と連携して見いだしていくのである。

このような新規ビジネス創造を支え，かつ事業効率化を推進するための取り組みが，基幹システムの刷新である。基幹システムとは，購買，生産・サービス提供，物流，販売，財務・会計，人事・給与や研究開発・設計といった企業の核となる基幹業務の遂行を支えるための情報システムのことである。ライオンでは 1980 年の合併新会社設立当初から社内にシステム開発本部を立ち上げて自社で基幹システムを作り上げ，情報技術やデータを積極的に利活用してきた。しかし反面，バリューチェーンに合わせて様々なサブシステムが別々に動いてきたために，機能横断での情報活用にはひと手間もふた手間も要する状態になっていた。これらを 1 つのシステムで網羅し，全体を一気通貫に見渡すことができる事業基盤として 2022 年に新たなシステムを稼働させ，順次その稼働領域を広げているのである。

こうした様々な技術を活用して，企業理念でもある「より良い習慣づくり」を科学し，実現するライオンの DX のベースには，ソフト・ハードの両面から脈々と築かれてきた情報基盤が存在する。次節ではこの情報化の歩みについて述べる。

7.3 ライオンにおける情報化の歩み

ライオンの情報化の流れ（図表 7–3–1）は 1980 年代，合併新会社設立直後からの基幹システム，開発ツールと販売管理システムを中心とした屋台骨部分の構築，1990 年代のいわば血脈ともいえる社内情報ツールの環境整備，2010 年代からのクラウド化を経た 2020 年代における基幹システムの刷新という 3 期に分けて考えることができる。

まずは前節でも触れたとおり，ライオンでは 1980 年の合併新会社設立時より基幹システムを自社で作り上げてきた歴史がある。ライオンは元々，ライオン歯磨とライオン油脂の合併によって誕生した会社である。製品開発フローなどが異なる 2 社の基幹システムは単純に繋ぎ合わせることが不可能であったため，合併新会社設立直後にシステム委員会を発足させ一から作り上げることとなった。製品群が多岐にわたるため，既製品のシステム導入は難しく，内製での構築を余儀

■図表 7-3-1　ライオンにおける情報システムに関わる主な出来事（1）

年	出来事
1980	新規システム開発プロジェクトの統括的運営のため「システム委員会」設置
	「生産購買システム」稼働（購買業務の一本化）
	卸店とのネットワーク化 LCMS(※)稼働（名古屋支店から導入）
	「研究情報検索システム」稼働
1981	「システム開発中長期計画」策定（15 システムの開発計画）
1982	「販売計画システム」稼働
	LCMS 全国稼働
	「人事情報システム」稼働
1983	「新受注合理化システム」稼働
	「生産計画システム」稼働
	「L-CAD システム（包装設計）」稼働，外販
1984	「会計情報システム」稼働
	「物流情報システム」稼働
	ユニ・チャーム（株）とシステム端末の共同利用に合意（業界 VAN 構想の開始）
	「CAD システム」（ボトル設計）を自社開発
1985	日本初 業界 VAN 運営会社「(株）プラネット」設立
	「ピンポンシステム（消費者相談システム)」稼働
1986	「生産管理情報システム」安定稼働
	「ISM(※)支援システム（小売店の店頭を活性化)」稼働
1987	経理情報を各部門で直接入力する「ダイレクトインプットシステム」稼働
1988	「新経費精算システム」の導入（会計情報システム・支払事務合理化の一環）
	「購買管理情報システム」稼働
1989	卸店の出荷状況・在庫状況の日々管理を可能とする「実販管理システム」稼働
	「マーケティング活動支援システム」稼働
1990	「マーケティング活動支援システム」に POS 情報が入って本格稼働
	「新商品供給システム」稼働
1993	「技術標準書システム」本格稼働
1994	全社 LAN(※)環境「LIONET」整備開始
1995	電子メール・掲示板「COLONET」全社本格稼働（LAN 環境「LIONET」の一部分）
	「ロジスティクス統合情報開発プロジェクト」設置
	「健康管理情報システム」稼働
	パソコン通信を通じて消費者と直接対話するための「ラビットシステム」稼働
	「販促企画予実管理システム」稼働（セールス事務作業省力化）
	インターネット本格稼働開始（LAN 環境「LIONET」）

※LCMS：Lion Circle Marketing Management System
ISM：In Store Merchandising
LAN：Local Area Network

なくされた。研究開発，生産，購買など合わせて15のサブシステムの全てが社内のシステムエンジニアの手によって構築されたのである。

これと同時並行的に，商品開発系のCAD（Computer Aided Design）システムや研究開発に関わる情報データベースなどの開発ツールと，販売管理システムの整備が進められていった。販売管理システムは，卸店から販売店への販売実績情報に市場規模や地域特性情報を結合させることでマーケティング戦略の策定に活用できる，当時としては画期的なシステムであった。

さらに特徴的な流れとして，前章でも述べたように1985年には日用雑貨化粧品業界のメーカーと卸店をつなぐ情報ネットワークを運営するための会社，株式会社プラネットを競合他社数社と共同で立ち上げるという大胆な構造改革が行われた。これによって各社でばらばらに行われていた受発注データの交換が共通のVAN（Value Added Network）という統一されたネットワーク基盤を介して行われることとなり，各種各様の伝票処理や個別のシステムメンテナンス等から解放され効率性が格段に向上することとなった。

このようにして1980〜90年代にかけ社内外の情報ネットワークが出来上がっていき，1990年代に入ると，ここで生み出されるデータを使って個別の組織，あるいは社員一人ひとりがどのように業務の効率を上げたり，新たな企画開発を行ったりするのかという情報活用の部分に課題の焦点が合うようになっていった。

そこで，社内にLIONET（ライオンオフィスネットワーク）というコンピューターネットワークを作り上げ，社員1人にコンピューター1端末，つまり1人1台ずつのPC環境を整備していった。現代では当たり前になっているPCやスマートフォン1人1台，あるいは2台3台という環境はこのようにして育まれてきたのである。ライオンの場合，1993年当時1,500台程度であった社内端末が，3年後には2,200台程度まで増え情報活用の機会が広く開かれていったことがうかがえる。

2011年には東日本大震災が起こり，以降の事業継続のあり方を根本から見直すことになった。企業活動は生産から販売までほとんどの領域が情報システムによって支えられ，運営されている。何をいつどれだけ生産して，在庫がいくつあるか。どれだけの注文を受けて，いくつ売れたか。売上はいくらで利益はどうなっているか。こうした企業活動に不可欠なデータが情報システムによって処理，記憶されているため，情報システムが安定して稼働し続けることは事業継続に欠かせない重要な要因なのである。ライオンではそれまで国内2カ所にホストサーバーを配置するバックアップ体制を築いていたが，東日本大震災を契機に

■図表 7-3-1　ライオンにおける情報システムに関わる主な出来事（2）

年	出来事
1996	「新ピンポンシステム」（お客様相談対応）稼働
	ライオンウェブサイト「暮らしのプラザ」を開設
1997	社内情報システムの「イントラネット」が稼働
	お客様相談情報検索システム「ピンポンプラス」導入
	ホストコンピュータの OS バージョンアップ（2000 年問題対応）
1998	「ライオン暮らしの情報 FAX サービス」開始
	「流通システム委員会」を新設「システム委員会」廃止
	卸店自動補給システムが「第 8 回流通システム大賞」など受賞
	総合科学情報データベース，図書管理システム，包装材料データベース
	安全性情報を整備・構築
1999	ライオンウェブサイトに「お客様相談室」開設
	携帯電話を利用して生活情報の発信を開始
	全社横断プロジェクト「西暦 2000 年問題プロジェクトチーム」を設置
	イントラネットに家庭品情報として「セールスマン基本用語集」開設
	イントラネットに社内技術情報の「総合化学技術データベース」開設
	イントラネットに「暮らしの情報ライブラリー」開設
	イントラネットに「特許検索システム」開設
	ライオンウェブサイトに「ようこそ仮想『ライオン博物館へ！』」開設
	「新ロジスティック情報システム」稼働
	イントラネット市場情報部のサイトにマーケティング活動支援システム「Data Click」開設
2000	2000 年問題に対して万全の準備・体制で問題なく新年を迎える
	ウェブサイトにマーケティングコミュニケーションサイト「クラブライオン」開設
	ライオンウェブサイトに子ども向けサイト「ライオンキッズ」開設
2002	営業情報ネットワークシステム稼働
2003	「新生産購買システム」稼働
2006	新通販サイト「LION オンラインショップ」が新装オープン
2007	「LION ウェルネスダイレクト」開設（機能性食品の通販事業を開始）
	基幹業務システムのオープン化を決定
2008	業務用商品のインターネット通販を開始
2009	バファリンがウェブサイト開設（キャラクター「バファリス」が“頭痛の種を食べる”）
2010	子ども向けウェブサイト「ライオンキッズ」が第 4 回ウェブ・グランプリ・ スチューデント部門でグランプリ受賞
2012	「電子決済サービス」（手形の電子化）開始
2013	メインフレームによる基幹業務システムを全面的にオープン環境へ移行
2017	「化学物質情報管理システム（Co-Core）」稼働
2021	オーラルケア情報発信サイト「オーラルコム（マタニティ相談室を含む）」開設
	「DX 推進部」設置
2022	「新基幹業務システム」稼働

2012年，クラウドベースのシステムへの刷新に踏み切ることとなる。

1980年代から一つずつ手作りで組み上げられてきた情報システムにはある種職人技で作られた側面も多いため，年を重ねそのシステムに精通した人材が異動や退職で職場を去ると，ブラックボックス化してしまうという問題が生じる。いわゆる「2025年の崖」と呼ばれる現象であり，これは日本企業の多くが抱えている問題である（**Column** 7.1）。ライオンでは早くからこうした問題を意識していたものの，このクラウド化が契機となって明白に顕在化することとなった。個別のシステムを一つずつクラウドに載せ換えていく過程で，知識喪失が明らかとなり，多くの苦労が生じたのである。

そこで，これまで部門ごとに構築されてきたシステムを標準的なERP（Enterprise Resource Planning）パッケージに入れ替え，全ての情報を一気通貫で見られる仕組みづくりへと舵を切ることとなった。これが**7.2節**で触れた2022年の基幹システム刷新へとつながる。このようにして情報を一元化することによって，活用の幅も質も格段に向上し，DXを加速させる重要なドライバーとしての機能を果たすことが可能になる。

7.4 変革を支え加速させる情報基盤

ライオンでは**サプライチェーンマネジメント**に関わるシステムを全面刷新し，より速く的確な商品供給を実現するため，2022年に新しい基幹システムを稼働させた（図表7-4-1）。システム統一とクラウド化により，業務効率化とシステムのメンテナンスコスト低減を両立させる仕組みである。前節でも述べたとおり，バリューチェーンの各所でそれぞれ構築され運用されていたサブシステムを統一し，関連会社を含め原材料から製品生産までのサプライチェーンを構成する全ての部門でデータを一気通貫に扱えるようにする意味は非常に大きい。

例えば子会社から原料を仕入れて最終製品を製造し消費者市場で販売するサプライチェーンを考える。従来ライオンでは，子会社から供給された原材料の仕入価格をもとに原価管理を行ってきたが，連結原価については各社が独立に構築した会計システムを繋ぎ合わせて管理会計を行うため，ライオングループ全体としてどれだけの利益が出ているかを把握することは難しかった。新しい基幹システムにより，子会社も含め製品生産に関するサプライチェーンの各段階において詳細な原価を把握することができれば，より精緻な連結原価管理が可能になり，グ

Column 7.1 ● 2025 年の崖

経済産業省は 2018 年 9 月に DX レポートと呼ばれる報告書を公表し，あらゆる産業において新たなデジタル技術を使ったゲームチェンジが起こる中，日本においても DX を迅速に進めていくことの重要性を指摘した。この報告書において経済産業省は，日本企業の多くの経営者が DX を将来の成長，競争力強化のために必要な変革であると理解し，推進に向けた投資も行われているものの，実際のビジネス変革にはつながっていないと述べた。

この原因として挙げられたのが，事業部門ごとに構築され全社横断的なデータ活用が困難であったり，過度なカスタマイズによって複雑化・ブラックボックス化していたりする既存システム（レガシーシステムという）の存在である。こうしたレガシーを残したまま新たなデジタル技術を導入しても，データの利活用や連携が限定的であるため，その効果も限定的となってしまう。また，既存システムの維持や保守に経営資源を割かれてしまうため，新たなデジタル技術を活用する IT 投資にリソースを振り分けることが難しいという現状も明らかにした。

経営者が DX を望んでもこのようなレガシーシステム問題の解決とそのために求められる業務自体の見直しに対する現場の抵抗も大きく，課題が山積している。しかし，この課題を克服できない場合，DX の実現が不可能であるだけでなく，2025 年以降，年間最大 12 兆円の経済損失が生じる可能性があると試算している。これがいわゆる「2025 年の崖」である。

経済産業省ではこの後，2020 年 12 月に第 2 弾となる DX レポート 2 も公表し，企業における DX への具体的な取り組み状況の調査報告を行うとともに，企業の目指すべき方向性を示した。その中で，変化に迅速に対応し続けることが DX の本質であり，IT システムのみならず企業文化すら変革の対象として踏み込むことが生き残りの鍵だと述べている。そして，コロナ禍によって人々の固定観念が変化した今こそが絶好の機会だとして変革を促している。

■図表 7-4-1　基幹システムの刷新

従来

部門毎に個別のシステムと計画

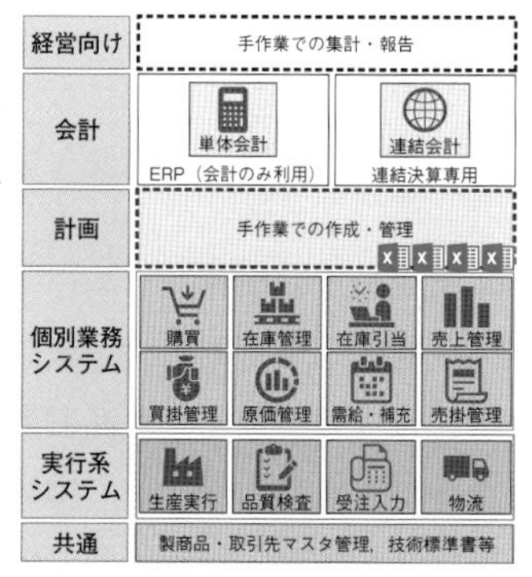

今後

統一されたシステムと計画

（出所）　ライオン株式会社 DX 推進部作成。

ループ全体の生産性向上に役立てることができる。

さらに物流までを含めたサプライチェーン全体の製造，販売と在庫が一元的に管理されることで在庫適正化への可能性は格段に高まる。サプライチェーンに関わる組織が受発注や在庫に関わる情報を共有せず自組織が持つ情報だけを頼りに発注行為を行うと，それぞれが欠品と過剰在庫のリスクを恐れて部分最適的な発注行動をとるため**ブルウィップ効果**と呼ばれる現象が起き，サプライチェーン全体で見ると多くの無理や無駄が生じる結果となる（**Column** 7.2）。受注量が大きく上下動する場合であっても，製造スタッフなどの工場キャパシティは上振れに備えて多めに準備する必要がある。しかし，下振れした場合には準備したキャパシティを持て余すことになり工場の稼働率が低下してしまうというようなことが無駄の典型的な例である。

情報システムを一元化しサプライチェーンの各所で生産計画や販売情報なども含め同じ情報を見られるようになると，今どこにどれだけの完成品在庫があって，出荷予定はどれだけで，何日後には在庫がいくつになる，という時系列上での確度の高い在庫情報をもとにした意思決定が可能となり，部分最適から全体最適に大きく近づけることができる。

7.5 ビジネス基盤としての商品マスター

情報利活用の場面で重要になってくるのが**商品マスター**である。あまり聞き慣れない言葉かもしれないが，端的にいうと商品の戸籍のようなものであり，情報システムの中でその商品が存在するための最も基礎的な情報だ。商品を一意に識別するための商品コードと商品名の登録が最低限必要である。他にも例えば，製造リードタイム，原材料，仕入先や価格といった商品に関わる重要な情報を管理する。

ただし「重要な」という言葉が厄介で，その情報を利用する目的によって重要な項目は異なる。例えば，食品を扱う場合には賞味・消費期限の情報が必要になるが，日用品の場合には必要ない。逆に日用品の場合には同じ商品でも色やサイズ違いの管理が食品よりも煩雑になる。購買部門では仕入先や仕入価格などの情報，生産部門では製品の部品構成や製造手順などの情報，販売部門では顧客や売上といった情報というように，扱う部門によっても必要な情報は異なる。やりたいことに合わせて道具を持ち変えるように，扱う目的に合わせて情報処理も出力

Column 7.2 ● ブルウィップ効果

サプライチェーンにおいて，サプライヤーへの発注量が小売りの販売量よりも大きなばらつきを持つ傾向があり，その発注量のひずみがサプライチェーンの原材料側へ向かうほど大きく増幅されて伝搬される現象を，牛飼いの鞭のしなりになぞらえてブルウィップ効果と呼ぶ。サプライチェーンの各段階が欠品を恐れて多めに発注する行動がこの現象を生み出す。

ブルウィップ効果によって，過剰在庫が発生しやすくなる，過剰キャパシティが必要になる，中長期的な見通しが立てにくくなるなど様々な問題が引き起こされる。需要や在庫情報を一元化せず各組織がそれぞれに行う需要予測がブルウィップ効果を増長させる要因の一つとされており，企業間の透明性を確保し変動を縮小するなどして不確定要因を低減することがその解決策として提示されている。

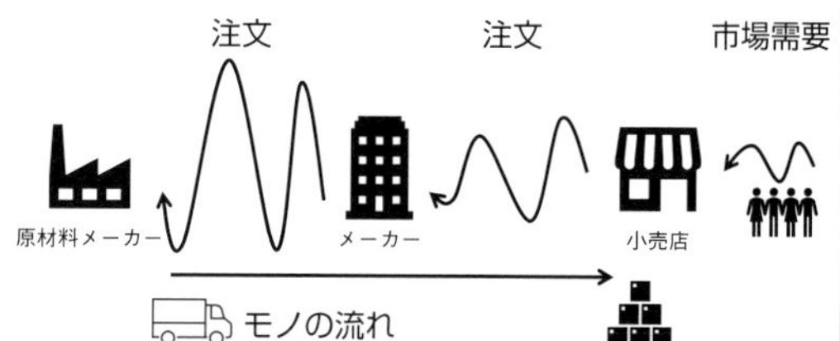

■図表 7-5-1　業務ごとに運営されるサブシステム

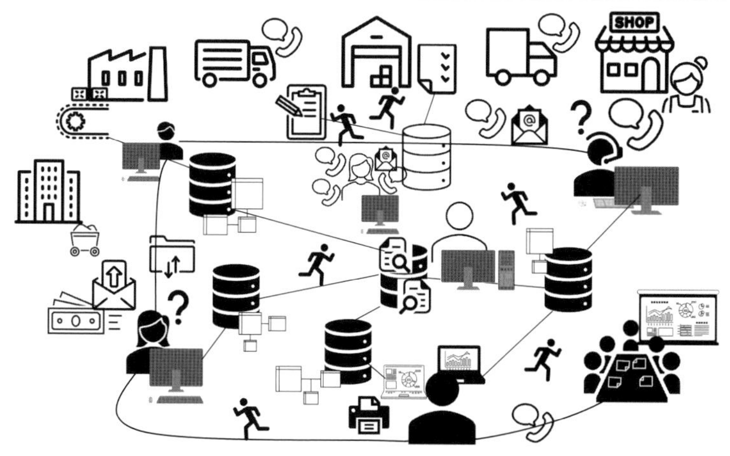

する情報も変えるのである。

事業部ごとに別々のサブシステムが構築される背景にはこのようなことがある。しかし，各システムへの入力となる商品マスターは同じものを使いたい。商品カテゴリごとにマスターを構築すると，例えば全社的な財務分析を行う際には別々のマスターからデータを出力し，それを繋ぎ合わせて必要な処理をしてからでないと意図した分析ができない。また，部門ごとのシステムに合わせて各々がマスターを構築すると，部門をまたぐデータの受け渡しの際に対象商品同士の紐付け，不足する情報の補完などが必要となる。これらを人手で行うと迅速性，正確性を損なわせるという大きな問題が起こり，実際，これによって多くの現場が非効率に悩まされているという事実がある（図表 7-5-1）。

ライオンでは 1980 年代の初期システム構築期より，日用品から医薬品，食品まで多岐にわたる製品群を統合的に扱うことのできる商品マスターを構築し，必要に応じて整備を重ねながら，部署横断的な活用が進められてきた（図表 7-5-2）。それでもまだバリューチェーン全体での連携には課題が残されており，2023 年現在も，全てのシステムを一気通貫につなぐプラットフォームのさらなる進化に向けて，商品コードの体系も含め，商品マスターのさらなる精度向上に取り組んでいる。

7.6 攻守両面の情報化

こうしたライオンの DX を強力に牽引するのが 2021 年に始動した DX 推進部である。DX 推進部に課せられたミッションは「デジタルテクノロジーを活用しオールライオンの事業活動の変革を先導し，企業・生活者・社会の習慣を変えるヘルスケアプロダクト・サービスを提供する」ことである（図表 7-6-1）。目まぐるしく変化するデジタル技術の進歩が社内外の様々な圧を生むため，技術活用それ自体が目的になってしまい，本来の目的を見失うケースが多い中，ライオンではデジタル技術を目的達成のための手段と捉えていることが分かる。

DX 推進部のミッションには，企業・生活者・社会の習慣を変えるヘルスケアプロダクト・サービスを提供するという新規ビジネスの創造，いわば攻めの DX と，オールライオンの事業活動の変革という社内の体質改善，いわば守りの DX の両方が織り込まれている。前者はより良い習慣づくりを提供するための新たな顧客接点や価値提供を目指し，後者は AI やデータを活用した業務効率化や生産

■図表 7-5-2　統一された基幹システム

統一された基幹システム

関係者が全員同じ情報システムのデータを閲覧・処理・加工するので，データの管理は一箇所で済み余計な変換コストや情報の錯綜が最小限に抑えられる

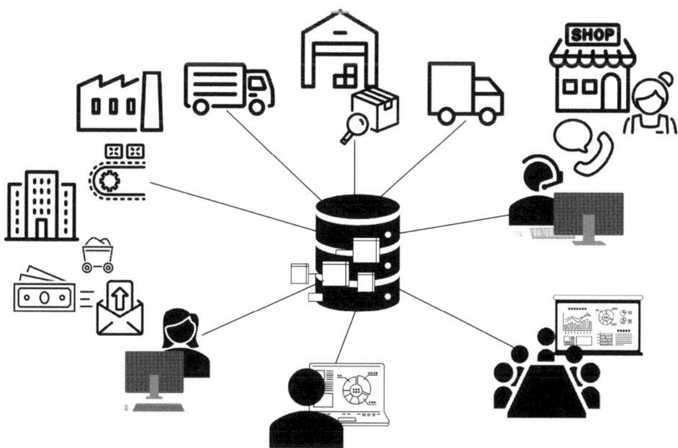

企業の基幹業務や情報の流れを統合し，企業システムに正確なデータを供給する仕組みのことを ERP（Enterprise Resource Planning）システムという

■図表 7-6-1　DX 推進部

2021 年 1 月　DX 推進部 始動

ミッション

デジタルテクノロジーを活用しオールライオンの
事業活動の変革を先導し，企業・生活者・社会の習慣を変える
ヘルスケアプロダクト・サービスを提供する

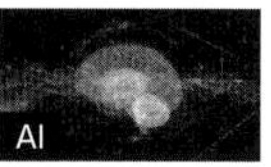

（出所）ライオン株式会社 DX 推進部作成。

性向上に取り組むことを意図している。

AIやIoTsなどのデジタル技術を用いて顧客に新たな価値を提供するためには，そうした価値創造の源泉として，社内の業務効率化が必要となる場面が往々にしてある。業務効率化には，伝票処理の自動化や検品作業へのバーコードスキャナー導入など，情報技術の導入が効果的に機能することも多い。それまで人手で行っていた業務の機械化は速さにおいても正確性においても絶大な効果を発揮し，さらに，機械化によって蓄積されるデータの2次利用が容易になるという利点もある。そうした目に見える効果の大きさから，人の仕事を単に機械に置き換える情報化が行われがちだが，現状業務を維持した情報化がもたらすのは単なる現場業務の効率化のみである。

情報化の真の恩恵を最大限に享受するためには，一連の業務全体をビジネスプロセスとして捉え直し，そのプロセスの最終的な目的に適った業務と情報の整理・整頓を行い，必要に応じて組織や人事評価の見直しなどにも大胆に切り込む必要がある。こうした業務革新のことを**BPR**（Business Process Re-engineering）という（***Column*** 7.3）。ライオンでは基幹システムの入れ替えに合わせてBPR推進部を立ち上げ，システム導入と業務フローの見直しを同時に進めている。業務フローの見直しには痛みを伴うこともあるが，情報化とBPRは必ずセットで行わなければならないということを肝に銘じて欲しい。

7.7 DX推進と組織体制

経営情報システムという学問領域について考えるとき，決して欠かすことのできないテーマの一つに**コミュニケーション**がある。家を建てるときには，自分自身で建築可能な場合を除き，建築士が施主の想いを詳細な設計図に落とし込み，確定したプランをもとに大工，左官といった職人たちが建築工事を行って家を完成させる。想いを形にするうえで建築士の役割は大きい。情報システムやデジタル技術活用の場合にも，実現したい要求を持つ者が実現するための技術を持つ場合は限られており，さらに多くの場合，現場は技術に疎く，技術者は現場に疎いという知識ギャップが存在している。したがって，このギャップを如何に埋めるかが情報化成功の鍵であり，そのためのコミュニケーションが重要な学問的テーマになるのである。

ライオンのDX推進部には**デジタルナビゲーター**と**データサイエンティスト**とい

Column 7.3 ビジネス・プロセス・リエンジニアリング（BPR）

M.ハマー & J.チャンピー（著），野中郁次郎（訳）(2002)『リエンジニアリング革命：企業を根本から変える業務革新』（日経ビジネス人文庫）は企業競争力を回復するためのリエンジニアリングについての著書である。リエンジニアリングの中心には不連続思考というコンセプトがあり，「いかに効率化するか」ではなく「そもそもなぜそれを行うのか」という視点で時代遅れになったルールや基本的な想定を明らかにし，捨てることの重要性が述べられている。本書の中で著者らは，ビジネス・リエンジニアリングにおいては情報技術が際立って重要な役割を担うが，リエンジニアリングとオートメーションは同義ではないと主張している。その文脈で，既存のプロセスをオートメーション化するのは牛専用の道を舗装するようなもの，つまり単に間違ったことをより効率的にやる方法を提供するだけだとしている。原著は1993年に出版されたものだが今でも色褪せず，レガシーからの脱却と競争力回復を希求するわが国にとって多くのヒントが散りばめられている。

■図表 7-7-1　翻訳家の役割を担う DX 推進部

高い専門性を持つ人財が
社内と技術をつなぐ翻訳家の役割を担う

ライオン DX 推進部

デジタルナビゲーター
（人間に対して翻訳）

データサイエンティスト
（機械に対して翻訳）

2 つの「翻訳」を担う組織

（出所）　ライオン株式会社 DX 推進部作成。

う2種類のデジタル人材が属している（図表7-7-1）。前者はデータサイエンティストや情報システム部門に現場の声を翻訳しつつ，問題解決のための方針を考案する役割を，後者はこの方針に従いAIなどを用いて分析（つまり機械語への翻訳）を行う役割を担っている。これによって得られた分析結果を現場に分かりやすく伝えるのもデジタルナビゲーターの重要な役割である。デジタルナビゲーターには，現場知識と問題解決力，情報システムやデジタル技術に関する専門知識，さらには現場と技術者を仲介できる高いコミュニケーション能力が求められる。過去・現在・未来の社内文脈に通じている必要があるため，外部人材の活用が難しく，社内での人材育成がこれからの課題となる。

こうした人材育成の一つの形としてライオンが2022年より導入しているのが株式会社NTTデータ（以下，NTTデータ）との業務連携であり（図表7-7-2），その詳細については同年1月に両社共同で発表している。通常の情報システム案件では，社内のシステムに対する要望を自社である程度まとめ（**Column** 7.4），それをもとにシステム会社がシステム構築を行っていく形が一般的だ。しかしこの業務連携はそれとは全く異なる。NTTデータは情報システム構築やデジタル技術に関する幅広い知識と経験を持つ多くの専門人材を有している。こういった人材を派遣してもらい，ライオンのDXプロジェクトの推進に伴走してもらう。システム構築を行うのはあくまでライオン自身だ。これによってNTTデータの持つ高い知識・技術をライオンに移転しようという取り組みであり，業界でもこれまでに例を見ない新たな挑戦となっている。

なお，DX推進部は，BPR・デジタル関連の企画推進機能および諸施策の実効機能を集約し，全社的なデジタルトランスフォーメーション施策実行を加速させるために，2023年から全社情報システム関連部門と統合し，デジタル戦略部として体制を強化した。

7.8 まとめ

経営活動には生産や販売の現場で扱われる業務データ，それらのデータをもとにしてより高次な管理レベルで行われる意思決定など様々な粒度のデータや情報が存在する。これら情報の処理・加工，記憶・蓄積と交換・伝達を行い組織の意思決定やコントロールを支援する仕組みを**情報システム**と呼ぶ。そして，こうした目的を達成するために様々な情報技術が用いられる。

■図表 7-7-2　デジタル人材育成のためのスキルトランスファー

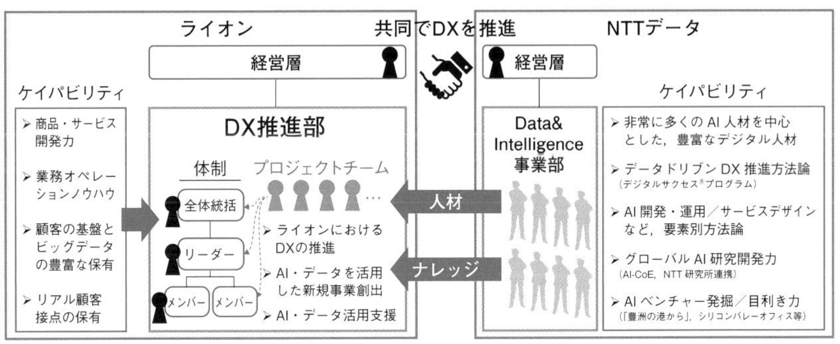

（出所）　ライオン株式会社DX推進部作成。

Column 7.4 ● 要件定義

情報システムの導入プロセスは，システム開発など具体的なプロジェクトが始まる前に情報システムを導入しようとするユーザー企業・組織がそのシステムに求める要件をまとめる要件定義というフェーズから始まる。要件定義は現在のビジネスプロセス（as-is）と目指すビジネスプロセス（to-be）を明確にし，その間にあるギャップを新しい仕事のやり方と情報システムによってどう埋めるかという道筋を考えていく作業なので，当然，ユーザー企業自身が主体的に行う必要がある。しかし，ユーザー企業にビジネスプロセス分析を行える人材が不足しており，要件定義が曖昧なままだったり，コンサルティング企業やシステム開発企業が代わりに行ったりするケースも多く，それによって情報システムの導入効果を十分に得られない結果を招くこともしばしばである。

一方，システム開発企業としても提示された要件定義にきめ細やかに応えるばかりが正解ではない。過度にカスタマイズされたシステムがその後の持続可能性を阻害する場合もあるので，時にはユーザー企業側のビジネスプロセスの変革を促したり，標準識別コードの使用を提案したりすることで，ユーザー企業にとって真の意味で有益なシステム導入となるよう，ビジネスパートナーとしての伴走が求められる。

企業は典型的にはまず省力・省人化による業務効率化や生産性の向上を目的として情報システムを導入する。そしてこの目的がある程度達成されると，知識の可視化，共有と検索支援や知識移転，あるいはコミュニケーションの円滑化によって組織学習を深化させ，さらなる知識創造を可能にするための情報システムへと進化していく。これらを通じて企業は顧客により高い価値を提供するとともに，希少性があり，模倣困難で価値ある経営資源の組織的な活用によって競争優位を獲得することを狙うのである。

近年のコンピューター性能の著しい向上やAIなどデジタル技術の発展によってコンピューターの役割は定型的な処理や意思決定を間接的に支援することから，より人の思考領域へと近づき高度化している。しかしながら，こうした技術的進化の恩恵を最大限に享受するためには，本章で述べたライオンの情報化の変遷に見られるように，時代に合わせた社内プロセスの整理・整頓が必要であり，時に組織のあり方も含め，大胆に再構築を行わなければならない。社外をも含めたサプライチェーン全体のモノと情報の流れを清流化することによって業務効率はもちろんのこと，そこから生み出されるデータを情報の宝庫として利活用することが可能となるのである。

7.9 考えてみよう

(1) 図表7-1-1「企業活動におけるモノと情報の流れ」の業務系情報と情報系情報には例に挙げた以外にどのようなものが考えられるだろうか。また，図に示されていない情報やモノの流れにはどのようなものがあるだろうか。

(2) あなたが今抱えている課題について考えてみよう。その課題はなぜ生じているのだろうか。あなたは何のためにそれを解決するのだろうか。その目的があなたにとって重要なものである場合，AIやIoTsなどのデジタル技術を用いて課題を解決することはできるだろうか。

第8章

流通論とは

本章では，われわれの生活に欠かせない流通を取り扱う。流通には生産者（メーカー），流通業者，消費者全てが関与している。日用品流通を中心に，流通業者（卸売業や小売業）に生じた構造変化，生産者（メーカー）と流通業者との関係性の変化と方向性について見ていこう。

■ライオンの国内生産拠点と生産品目

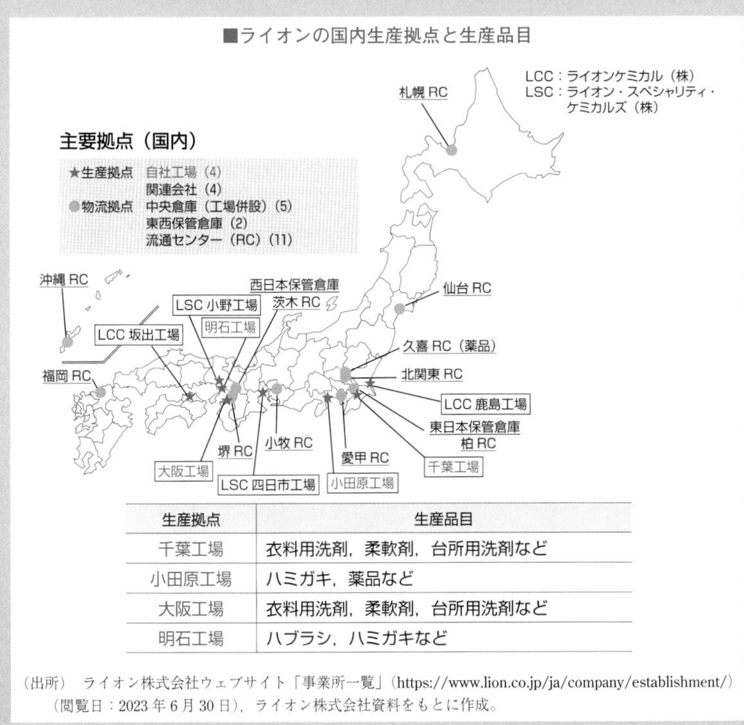

生産拠点	生産品目
千葉工場	衣料用洗剤，柔軟剤，台所用洗剤など
小田原工場	ハミガキ，薬品など
大阪工場	衣料用洗剤，柔軟剤，台所用洗剤など
明石工場	ハブラシ，ハミガキなど

（出所）　ライオン株式会社ウェブサイト「事業所一覧」（https://www.lion.co.jp/ja/company/establishment/）（閲覧日：2023年6月30日），ライオン株式会社資料をもとに作成。

8.1 流通とは何か

人々の生活に欠かせない経済活動は，生産・流通・消費のつながり全体から構成される。このうち**流通**は，生産（生産者）と消費（消費者）の間に生じる隔たりを橋渡しし，経済活動を円滑に循環させる役割を果たす。

この隔たりは**懸隔**（けんかく）と呼ばれ，ここでは以下のように捉える[1]。第1に所有の懸隔である。社会的分業が進み，財の生産者と消費者が分離するようになった結果，生じた隔たりである。第2に空間の懸隔である。生産地点と消費地点の間は地理的に離れていることによる隔たりを意味する。第3に時間の懸隔である。生産者による生産が一定して行われるのに対し，消費が行われるタイミングは消費者の欲求次第であり，この食い違いを指す。第4に量と組合せ（形態）の懸隔である。生産段階では自身の能力に応じて限られた種類の財を継続的に大量生産するが，消費者は財を必要とする時々に少量ずつ多品種消費する。この間に生じる齟齬である。第5に情報の懸隔である。消費者はどのような財がどこで生産されているかについて知らず，生産者はどのような欲求がどこで生じているかについて知らないことから生じる隔たりである。流通によってこの5つの懸隔を架橋し，需給が接合されると，人々の暮らしは豊かなものになる。

所有の懸隔は所有権の移動によって架橋され，これを**商流**と呼ぶ。空間と時間の懸隔は財を輸送や在庫によって架橋され，量と組合せの懸隔は大量かつ同質の財を少量かつ適切な品揃えに組み替えることによって架橋され，これを**物流**と呼ぶ。情報の懸隔は生産から消費，消費から生産への双方向の情報の伝達によって架橋され，これを**情報流**と呼ぶ。また，商流，物流，情報流の移動を総合して，**流通フロー**（flow）と呼ぶ（図表 8-1-1）。

流通フローは，生産と消費を架橋する流通活動の結果として生じる。その活動を機能別で見ると，**所有権移転機能**，**危険負担機能**，**情報伝達機能**，**在庫機能**，**輸送機能**の5つに整理できる。これら流通機能と流通フローとの対応関係は，図表 8-1-2 の通りである。

8.2 流通機能は誰が担うか

生産から消費に至る垂直的な流通フローは，流通機能を担う機関の数によって，

■図表 8-1-1　流通の役割

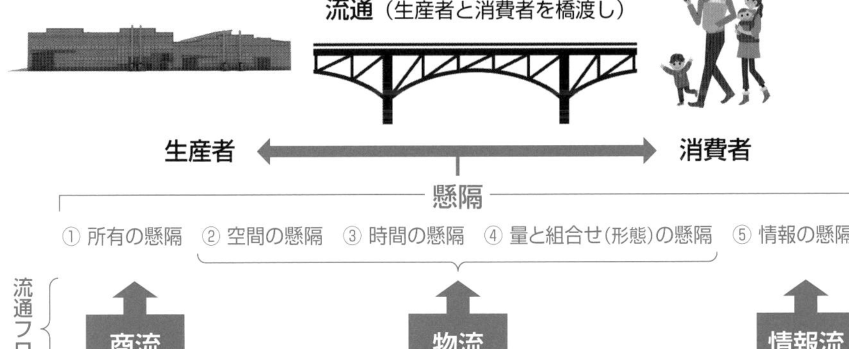

■図表 8-1-2　流通機能と対応する流通フロー

種　類	定　義	対応する流通フロー		
所有権移転機能	財の所有権を移転するための活動。所有権を取得する活動（購買）とそれを譲渡する活動（販売）からなる	商流		
危険負担機能	所有権を保有することから生じる危険を負担する活動。所有中に発生したトラブルによる物的価値の減少，売れ残りリスクなど	商流		
情報伝達機能	財の供給あるいは需要に関する情報を，見込買手あるいは見込売手へ伝達する活動			情報流
在庫機能	所与の場所にある財について，価値を損なわないように保つ活動。保管と荷扱いからなる。荷扱いとは輸送のための財の準備，格付け，注文選別などの活動を指す		物流	
輸送機能	財を異なる場所間で実際に移動するための活動		物流	

（出所）　鈴木安昭・田村正紀（1980）『流通論』有斐閣，48 頁を参照して作成。

直接流通と間接流通に大別できる（図表 8-2-1）。直接流通とは，生産者と消費者しか存在せず，この両者で流通機能を分担する場合を指す。間接流通とは，市場範囲の拡大を受け，生産者と消費者の間に流通機能のみを担う商業者（流通業者）を介在させ，三者で流通機能を分担する場合をいう。この中間段階は，社会的分業の進展などによってさらに複数に垂直分化し，生産者→卸売業者→小売業者→消費者といった形態となることも多い。間接流通の形態は，生産者が商業者を組織化する広さとその管理基準によって，排他的チャネル，選択的チャネル，開放的チャネル（図表 8-2-2）の 3 つに類型化される。

一般に，生産者は生産活動を行い，流通活動は商業者が担うと考えられている。しかしながら，昨今の IT 技術の進展や物流事業基盤の高度化を受け，生産者自らが流通機能を全て担い，最終消費者と直接取引する流通（D to C，Direct to Consumer）も多く見られる。また商業者には，従来の店舗を構えた小売業者に加え Amazon や楽天のような電子商取引業者の構成も高まっているのが現状である。

世間では，生産者は生産活動を行い，流通活動は商業者が行うものと思われがちである。しかし，図表 8-2-1 で見たように，直接流通の場合はもちろん間接流通の場合でも，生産者は生産活動のかたわらで流通活動を行っている。例えば卸・小売業者との取引，自社製品の在庫管理や輸送，新製品に関する営業や広告宣伝活動などによる消費者への情報伝達などがそれにあたる。このため，生産者は流通活動を商業者に委ねず，自らがより積極的に流通に関与していく選択も可能となる。

また今日では，輸送業者，倉庫業者，広告業者，市場調査業者など，流通機能の特定部分だけを専門的に遂行する専門業者も存在する（図表 8-2-3）。これらは生産者や商業者の活動をサポートするとともに，それぞれが 1 つの産業分野を形成している。

8.3 日用品流通の特徴

生産と消費の懸隔は，一国のうちでも産業によって異なり，同じ産業内であっても時代によって変化する。それとともに流通構造も変化していく。それぞれの産業のある時点での流通構造を規定する要因として，①商品特性（破損性・価値・技術的複雑性・規格性），②生産部門の状況（生産者数・生産集中度・生産者立地密度），③消費部門の状況（消費者数・消費者の単位購買量・消費者立地密度・消費

■図表 8-2-1　直接流通と間接流通

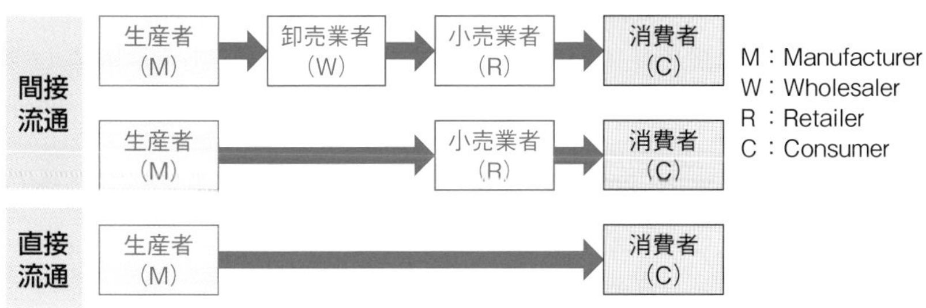

■図表 8-2-2　間接流通の類型

① 排他的チャネル 競合メーカー商品の取扱いを制限し専売店·専属店のネットワーク形成を目指すもの	（例） 制度化粧品，自動車
② 選択的チャネル 卸・小売業者を選別するが商品取扱いや販売地域に関する制限は比較的緩やかなもの	（例） 一般化粧品，一般用医薬品
③ 開放的チャネル より多くの卸·小売業者の取扱いを狙いとするので，取引に係る制限は基本的にない	（例） 日用雑貨品，加工食品

■図表 8-2-3　流通機能の分担例

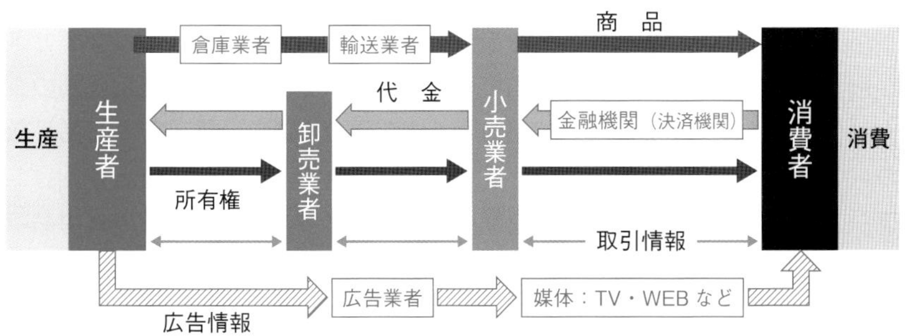

（出所）　鈴木安昭・田村正紀（1980）『流通論』有斐閣，96 頁をもとに作成。

欲求の異質性)，④**生産と消費の対応関係**（生産地と消費地の距離・生産時点と消費時点のタイムラグ・生産者と消費者の品揃えの食い違い）の4点が挙げられる[2]。それぞれの詳しい内容は**図表8–3–1**に示した。

現在，ライオンの扱う製品カテゴリーは日用品，一般用医薬品など幅広い。このうち，以下では**図表8–3–1**を参照しながら，同社の祖業である日用品（衣料用洗剤やハミガキ，ハブラシ等のオーラルケア製品）を念頭において，その流通の特徴を見ていく。

日用品の商品特性は，消費者が毎日使用するため，カテゴリーに対するなじみがあり，商品の購入サイクルが比較的早く，買いやすい価格帯で販売されていることである。そのため，商業者は少数の品目の日用品だけを取り扱ったのでは経営が立ち行かず，カテゴリーやメーカーを横断して，より幅広い品揃えを形成しようと考える。その流通に際して取扱いに複雑性はなく，メーカーによるブランド付与によって取引（売買）が促進される。

日用品の生産部門では，いくつかの商品市場においては寡占化が進んでいる。2023年6月現在，衣料用洗剤市場では花王株式会社（以下，花王），ライオン，P&Gジャパン合同会社（以下，P&G）の3社で90%以上のシェアになるとされる。ライオンはハブラシで約4割，ハミガキで約3割のシェアを持ち，国内首位である。ただし，事業者団体である日本石鹸洗剤工業会によれば，国内の石鹸や洗剤メーカーは200〜300社あるとされており，日用品メーカーの企業総数は非常に多い。

大手日用品メーカーでは，生産品目数が多く，国内に複数の製造拠点を持ち，それぞれの工場で特化した品目の生産が行われている。ライオンの4つの工場とそこでの主要な生産品目について，本章扉頁の図に示した。

日用品は消費者がそれぞれの場で消費し，生活のあらゆるシーンで必要とされる。例えばハブラシのように家庭内で個人ごとに所有したり，衣料用洗剤のように衣料の種類別に異なる商品を使用したりする場合もあり，購入される品目数も多い。このため，消費者の1回当たりの1品目の購買量は通常少量となる。

また，生産地と消費地の間には距離もタイムラグもある。消費者の日用品に対するニーズは多様であり，幅広い製品ラインを有する大規模企業であろうと，1社で1人の消費者ニーズを充足することすら難しい。

つまり，日用品の流通は，あらゆる消費者が様々な場で頻繁に購入機会を持てる形で，各地で製造された様々なメーカーの製品が消費者のニーズに合わせて，消費者が望むタイミングで少量ずつ購入できるようにデザインされることが望ま

■図表 8-3-1　それぞれの産業における流通構造に影響を与える要因

	要　因	内　容	流通業者の介在機会
商品特性	破損性	商品の物理的あるいは心理的寿命	＋
	価値	商品の価格水準	−
	技術的複雑性	商品の特性，使用方法，修繕方法に関する特殊な知識	−
	規格性	商品が標準化，規格化されている程度	−
生産部門の状況	生産者数	商品を生産する企業数	＋
	生産集中度	大規模生産者に生産が集中している程度	−
	生産者立地密度	生産者の立地が地理的に集中している程度	−
消費部門の状況	消費者数	商品を需要する消費者の数	＋
	消費者の単位購買量	1 回の取引で消費者が購買する商品の量	−
	消費者立地密度	消費者の立地が地理的に集中している程度	−
	消費欲求の異質性	商品の属性についての消費者欲求の異質性	＋
生産と消費の対応関係	生産地と消費地の距離	生産地と消費地の距離	＋
	生産時点と消費時点のタイムラグ	生産時点と消費時点の時間差	＋
	生産者と消費者の品揃えの食い違い	生産者の品揃えと消費者が欲する品揃えの不一致	＋

（注）表の右側「流通業者の介在機会」は，それぞれの内容が示す程度が大きくなると「＋」（増加），小さくなると「−」（減少）を意味する。

（出所）鈴木安昭・田村正紀（1980）『流通論』有斐閣，65 頁から抜粋。田村正紀（2001）『流通原理』千倉書房，97 頁を参考に一部加筆。

しい。日用品産業では，相対的に生産と消費の懸隔が大きく，メーカーと流通業者が流通活動を効果的かつ効率的に遂行していくことが不可欠となる。

8.4 小売業と日用品流通 ―― ドラッグストアを中心に

生産者と消費者の間に介在する商業者は，**小売業**と**卸売業**に分けることができる。日本標準産業分類によると，小売業とはBOX8.1で示す業務を行う事業所を指す。この分類では少量または少額の産業用使用者に対する販売も小売に含んでいるが，一般的には，消費者に販売する事業所のことを小売業と捉えている。

流通段階の最末端に位置する小売業者には，消費者に対する社会的役割がある。①適切な品質と組合せの販売，②消費者の選択と購入に役立つ情報の伝達，③消費者から見て適切な立地，適切な営業時間での購入機会の提供，④快適な店舗などの物的施設，⑤適切な価格での提供，の5点である[3]。小売業者は，こうした社会的役割を果たして消費者の欲求を満足させると同時に，図表8-4-1に挙げたような流通活動を通して利潤を追求することになる。

日本では，日用品販売を行う小売業は次のように拡大してきた。戦後，日用品は化粧品店，薬局，雑貨店などの中小専門店で取り扱われていた。1960年代に入ると当時成長著しいスーパーでも扱われるようになり，大型店で日用品を購入する習慣が消費者に定着していく。1990年代に出店攻勢を強めたコンビニエンスストアや，同時期に台頭したドラッグストア，ホームセンター，ディスカウントストアといった小売業態においても日用品は主力商品の一つである。

日用品メーカーの悩みは，日用品が小売店頭で**目玉商品（ロスリーダー）**として安売りの対象になりやすいことである。ライオンは，1960年代のスーパーの大量出店期に図表8-4-2で挙げたようなヒット製品を次々に市場投入している。

規格化（プリパッケージ）され，メーカーによる十分なプロモーションが行われ，ブランド形成されている製品は，消費者が指名買いする。幅広い品揃えを持つ小売業者は，ついで買いを誘発し，粗利益率の高い商品と低い商品を組み合わせて利益を調整すればよい（粗利ミックス）。このため，競合店との差別化の手段として強力なブランド品の価格切り下げを行い，顧客誘引を図るのである。

今日，日用品の主要な販路はドラッグストアである。ドラッグストア業態全体の販売額は，経済産業省「商業動態統計」の2022年業態別販売額によれば，7兆7,087億円（前年比5.5%増）であり，スーパー業態（15兆1,533億円，前年比

BOX8.1　日本標準産業分類による「小売業」(平成 25 年 10 月改定)

(1) 個人用又は家庭用消費のために商品を販売するもの。
(2) 建設業，農林水産業（法人組織），製造業，運輸業，飲食店，宿泊業，病院，学校，官公庁等の産業用使用者に少量又は少額に商品を販売するもの。

■図表 8-4-1　小売業が遂行する流通活動

商　流	品揃えの選択，仕入先の選択，発注，仕入代金の支払い，販売価格の決定，販売代金の受取り
物　流	荷受，保管・店舗内外の移動，値札付け，陳列，包装，配達，流通加工（軽度の加工）
情報流	消費者との間の情報伝達（販売促進，消費者調査），仕入先との間の情報伝達（仕入商品に関する情報の収集と発注，消費者に関する情報の送達）
上記を補助する活動	資金調達，店舗の開設・維持，従業者の採用・訓練，資材の購入など

（出所）　鈴木安昭著，東伸一・懸田豊・三村優美子補訂（2016）『新·流通と商業［第 6 版］』有斐閣，166–170 頁より抜粋し，作成。

■図表 8-4-2　ライオン（ライオン歯磨，ライオン油脂）が 1960 年代に発売したヒット製品の一例

発売年	製品名	カテゴリー
1961 年	ホワイトライオン	ハミガキ
1962 年	ハイトップ	衣料用洗剤
1963 年	アクロン	おしゃれ着用洗剤
1964 年	デンターライオン	ハミガキ
1965 年	エメロンシャンプー	シャンプー
	ブルーダイヤ	衣料用洗剤
1966 年	ママレモン	台所用洗剤
1968 年	エチケットライオン	ハミガキ
1969 年	バネットライオン	ハブラシ

（出所）　ライオン株式会社社史編纂委員会（2014）『ライオン 120 年史』ライオン株式会社をもとに作成。

1.0%増），コンビニエンスストア業態（12 兆 1,996 億円，前年比 3.8%増）に次ぐ規模だが，ドラッグストアはこの 20 年以上成長を続けてきた小売業態である。

ドラッグストアと称する小売店には様々なタイプがあるため，統一見解はないが，一般社団法人日本チェーンドラッグストア協会は「健康と美容に関する提案と訴求を主とし，医薬品と化粧品を中心に，日用家庭用品，文房具，フィルム等の日用雑貨，食品を取り扱う店」をドラッグストアと定義している。同協会に加盟する企業は 122 社（2021 年 6 月時点），店舗数は 22,621 店（2023 年 6 月時点）である（1995 年時点の店舗数は約 1,000 店）。図表 8–4–3 では，ドラッグストア上位企業 6 社の売上高および店舗数の変化を示している。ここでは 2018 年度と 2021 年度を比較しているが，ほとんどの企業がコロナ禍の中でも店舗数拡大の意欲が旺盛であり，かつ売上高を大幅に伸ばしたことが読み取れる。

ドラッグストアの強さの源泉とされるのが，高い粗利益率である。ドラッグストアは粗利益率が 3〜4 割に上る医薬品と化粧品で利益を確保し，食品や日用品の価格を競合するスーパーより抑えて集客することによって，成長してきた[4]。

ドラッグストアは全国各地で地場企業が経営してきたが，今日までに合従連衡が繰り返され，1 兆円企業誕生にまで至っている。図表 8–4–4 は上位企業の直近の M&A の動きをまとめたものである。昨今では，スーパーやコンビニエンスストアが業態を超えてドラッグストアと連携する事例も増えてきたほか，ホームセンターでも経営統合が進む。経営規模の拡大を背景に，取引先の集約が進み，大型小売業のバイイングパワーはさらに強まることが予想されている。

8.5　卸売業と日用品流通 —— 日用品卸を中心に

小売が消費者への販売を指すのに対し，卸売とは消費者以外への販売全てを含む概念である。そのため，卸売業の販売先は，小売業，卸売業，建設業，製造業，運輸業，飲食店，宿泊業，病院，官公庁など多岐にわたる。また，広義には生産者が自社製品の販売のために設けた卸売業，商品を所有しない代理人や仲介人なども含む。さらに卸売業はある商品の流通において複数が介在する場合もあり，全体像を理解するには紙幅を超える。このため，本章では卸売業者を生産者から財を仕入れて小売業に販売する事業者とし，一般に**日用品卸**と呼ばれる事業者を念頭において説明していく。

卸売業が遂行する流通活動について，図表 8–5–1 に示した。流通段階におけ

■図表 8-4-3　ドラッグストア上位企業の売上高等の変化

企業名	2021 年度			2018 年度		
	連結売上高	店舗数	決算年月	連結売上高	店舗数	決算年月
ウエルシアホールディングス株式会社	1兆259億4,700万円	2,468	2022年2月	7,791億4,800万円	1,878	2019年2月
株式会社ツルハホールディングス	9,157億円	2,522	2022年5月	7,824億4,700万円	2,082	2019年5月
株式会社コスモス薬品	7,554億1,400万円	1,244	2022年5月	6,111億3,700万円	993	2019年5月
株式会社マツキヨココカラ&カンパニー	7,299億6,900万円	3,325	2022年3月	5,759億9,100万円	2,955	2019年3月
株式会社サンドラッグ	6,487億3,400万円	1,380	2022年3月	5,880億6,900万円	1,147	2019年3月
株式会社スギホールディングス	6,254億7,700万円	1,483	2022年2月	4,884億6,400万円	1,190	2019年2月

（注）「株式会社マツキヨココカラ＆カンパニー」の 2019 年 3 月時点の店舗数は，経営統合前の株式会社マツモトキヨシホールディングスと株式会社ココカラファインの店舗数の合計である。
（出所） 各社有価証券報告書をもとに作成。

■図表 8-4-4　ドラッグストア上位企業の M&A などに関する最近の動き

企業名	主な動き
ウエルシアホールディングス	・2015 年 9 月に（株）CFS コーポレーションを子会社化 ・2022 年 6 月に関西地盤の（株）コクミンを，12 月に沖縄の（株）ふく薬品を子会社化
ツルハホールディングス	・2017 年 9 月に（株）杏林堂グループ・ホールディングスを子会社化 ・2020 年 5 月に JR 九州ドラッグイレブン（株）を子会社化
コスモス薬品	・M＆A とは距離を置き，自前で店舗網を拡大（本社は福岡） ・2010 年 5 月に関西地区，2015 年 11 月に中部地区，2019 年 4 月に関東地区に進出
マツキヨココカラ＆カンパニー	・2020 年 6 月に（株）マツモトキヨシホールディングスが和歌山県に出店し，全都道府県に進出 ・2021 年 10 月にマツモトキヨシホールディングスと（株）ココカラファインが経営統合しマツキヨココカラ&カンパニーが誕生

（出所）『日経 MJ（流通新聞）』2022 年 1 月 24 日付をもとに作成。

■図表 8-5-1　卸売業が遂行する流通活動

所有権移転機能	販売先に適合する商品と仕入先の決定，販売先と納入する商品の決定，（仕入先または販売先に対して）取引内容の策定と契約，仕入代金の支払い，販売代金の受取り
危険負担機能	在庫保有，売残りリスク，物的破損，貸倒れリスクの負担
情報伝達機能	受発注情報，販売先への営業（新製品や有力ブランド品の販売開拓や販売促進），販売先の販売動向に関する情報の収集と生産者への伝達，小売経営サポート（棚割提案）
物流機能	保管，配送
生産・加工機能	流通加工，プライベート・ブランド（PB）商品の企画・調達・品揃え

（出所） 鈴木安昭著，東伸一・懸田豊・三村優美子補訂（2016）『新・流通と商業［第 6 版］』有斐閣，226–229 頁をもとに作成。

る卸売業の社会的役割は，需給結合，品揃えの形成，流通コストの節約にある[5]。卸売業が介在する意味について，ホール（M. Hall）は取引数単純化の原理によって説明している。それによれば，生産者と小売業者が多数分散している場合，中間に卸売業者が介在したほうが取引数は単純化され，取引総数は少なくなるため，社会的取引コストや全体としての流通コスト削減につながるという（図表 8–5–2）。

小売店頭での幅広い品揃えを必要とする日用品の場合，卸売業が多くの生産者と取引を行って小売業との間で需給結合することが欠かせない。卸売業が介在することによって取引数を減少させ，流通コストを削減する効果は発揮されやすい。例えば，日用品卸大手の株式会社 PALTAC（以下，PALTAC）は，メーカー約 1,000 社と 5 万アイテムを取引し，販売先の小売業者は約 400 社に上ることを公表している。

歴史的に見ると，消費財卸は規模別，業種別，地域別に棲み分けられ，日用品流通は全国に散らばる中小専門店に配荷できる地域の卸売業者に支えられていた。しかしながら，1990 年代の流通規制緩和の影響（大型店出店規制の緩和，化粧品・一般用医薬品の再販制度の廃止），新たな流通勢力の台頭などの流通環境変化を受けて，日用品卸も構造変化を余儀なくされた。

ライオンは，有力な取引先卸との間で「ライオン会」を組織している[6]。ライオン油脂とライオン歯磨の合併時に双方の卸を引き継いだこともあり，その会員数はライオン歯磨とライオン油脂が合併した 1980 年には 1,189 社であったが，1995 年には 697 社，2016 年 2 月時点では 205 社に減少している[7]。今日の日用品卸については，図表 8–5–3 のように分類できる。

全国的に展開して最寄品を扱うコンビニエンスストア，医薬品・化粧品・日用品・食料品を扱うドラッグストアなどとの取引には，業種別，地域別の卸では対応できない。特に 1990 年代後半以降，日用品卸業界では，これら大型小売業の品揃えの多様化や店舗展開の広域化に合わせて業種や地域を超えて対応できる卸売業へと転換すべく，激しい再編の波が起きた。図表 8–5–4 には大手日用品卸である PALTAC と株式会社あらた（以下，あらた）の 1990 年代後半以降の再編過程を整理している。

日用品卸業界は現在，寡占状態にある。日用品卸は企業により取扱いカテゴリーが微妙に異なるため単純に比較はできないが，売上高首位の PALTAC，2 位のあらたで日用品市場の過半のシェアを占め，花王の子会社でその卸機能を専属で担う販売会社の花王グループカスタマーマーケティング株式会社を含めた 3 社で約 8 割のシェアを占めるとされ[8]，激しい競争の渦中にある。

■図表 8-5-2　取引数単純化の原理

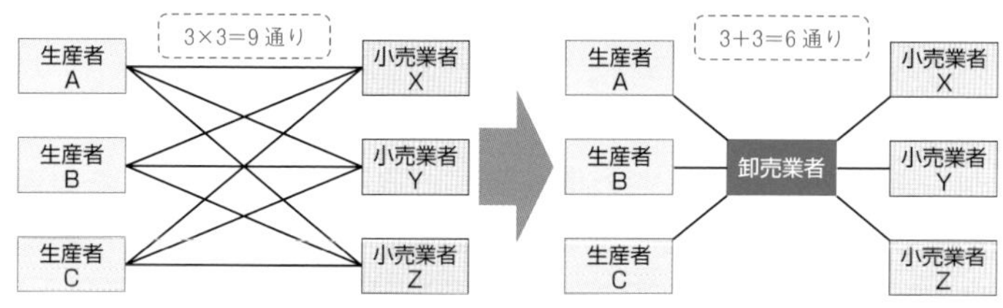

■図表 8-5-3　日用品卸の分類

	地理的範囲	主要取引先
全国卸	全国・広域展開	大型小売業中心
広域型卸	単県～隣接県（数県）	大型小売業と中小小売業（中小スーパー含む）をバランスさせた取引
地域型卸	単県	中小小売業中心

（出所）榊原健郎（2010）『マーケティング・チャネル政策の再構築』唯学書房，26 頁より抜粋し，一部文言変更。

■図表 8-5-4　1990 年代後半以降の主要日用品卸の国内事業における再編プロセス

■ PALTAC

1998 年	（株）新和と合併
	（株）ドメス，（株）スミック，（株）折目の営業一部譲受け
2000 年	江口商事（株）と合併
2001 年	（株）新和パルタックと合併
2002 年	（株）香川パルタック，（株）徳島パルタック，（株）シンコーパルタックと合併
2003 年	（株）小川屋と合併
	加納商事（株）と合併
2005 年	粧連（株）から営業譲受け
	（株）メディセオホールディングスと経営統合
2006 年	（株）アルコスと合併
	一般用医薬品の取り扱いを開始
2008 年	（株）太平パルタックから事業譲受け
	（株）コバショウと合併
2015 年	商号を（株）PALTAC に変更
	伊東秀商事（株）と合併

（出所）株式会社 PALTAC ウェブサイト「沿革」
（http://www.paltac.co.jp/today/history/index.html）
（閲覧日：2023 年 6 月 30 日）をもとに作成。

■ あらた

2002 年	ダイカ（株），伊藤伊（株），（株）サンビックと共同で，（株）あらた設立
2005 年	（株）木曽清，（株）木曽清サービス，（株）ドルフと合併
	株式交換によりジャペル（株）を子会社化
2006 年	（株）シスコと合併
2007 年	子会社として（株）インストアマーケティングを設立
2010 年	（株）日本アクセス，アルフレッサホールディングス（株）と業務提携契約
2012 年	市野（株）（現・（株）リビングあらた）の株式を取得し子会社化
2019 年	子会社である（株）ファッションあらたと合併
	アサヒ化粧品販売（株）の株式を追加取得し，持分法適用関連会社化

（出所）株式会社あらたウェブサイト「沿革」
（https://www.arata-gr.jp/company/history/）
（閲覧日：2023 年 6 月 30 日）をもとに作成。

8.6 メーカーと日用品の流通チャネル

取引関係にある生産者（ある特定の生産者を意識して説明する場合，以下「メーカー」と表現する）と流通業者（卸売業や小売業）の利害は，通常一致しにくい。メーカーから消費者に至るまでの構成員間の取引の連鎖のことを**流通チャネル**（以下，チャネル）と呼ぶ。チャネル構成員であるメーカーにとって流通業者は買い手だが，その一方で流通業者は消費者に向けての売り手である。例えば，メーカーの有力なブランド品について，メーカーは消費者との接点までブランド価値を維持する取扱いや販売方法を望む。しかし，流通業者はそれがブランド形成されていればいるほど，競合他社よりも価格切り下げによって販売することが商売上有利に働くと考える。このため，チャネル構成員のうち主導的な立場にある構成員は，チャネル・リーダーとして長期的にチャネル全体を管理し，売買関係による対立を乗り越え，望ましいチャネルを設計し，長期的に協調していける組織間関係性を作ろうとする。これを**チャネル戦略**と呼ぶ。また，こうした戦略を遂行するために，チャネル・メンバー間で具体的な流通活動に落とし込んだものを**チャネル政策**と呼ぶ。1990年代に入るまで，日本の消費財分野のほぼ全てで，メーカーがチャネル・リーダーとして主導的な立場にあった。

図表8–6–1には流通チャネルの類型を示した。チャネルには**直接流通チャネル**と**間接流通チャネル**がある。本章で取り上げる日用品流通では中間段階に流通業者を介在させる間接流通チャネルが一般的なので，以下では間接流通チャネルについて見ていく[9]。

間接流通チャネルでは，**市場取引によるシステム**か**垂直的流通システム**かの両極が想定される。このうち，市場取引は伝統的な取引システムである。構成員が独立しており，共通の目標を持たない。取引は1回ごとに交渉・調整が行われ，不安定なチャネルであるが，互恵的投資はなく，容易に取引相手を変えることができるため，環境変化に対して柔軟性があるという特徴を持つ。

ただし，マーケティング競争が水平的な次元（メーカー間，卸売業者間，小売業者間）だけにとどまらず，リーダーが設計したチャネルを通じた垂直的競争へと移行するにつれ，チャネル内で長期・継続的な取引関係や企業間関係を構築することの重要性が認識されるようになった。こうした特徴を有する取引システムのことを**垂直的マーケティング・システム**（Vertical Marketing Systems：VMS）という。

VMSは，チャネル・リーダーによる統制の度合いによって，図表8–6–2に示

Column 8.1 ● なぜメーカーは流通に関与するのか

メーカーが積極的に流通に関与する最大の理由は，メーカーのマーケティング目標の実現にある。日本マーケティング協会によれば，「マーケティングとは，企業および他の組織がグローバルな視野に立ち，顧客との相互理解を得ながら，公正な競争を通じて行う市場創造のための総合的活動」と定義される（1990年）。ここでいう「顧客」とは，「一般消費者，取引先，関係する機関・個人，および地域住民を含む」概念である。

メーカーは，マーケティング的成功のため，消費者のみならず，取引先である卸売業者や小売業者と連係しながら自社の製品市場を確立していく必要があるため，流通に関与するのである。

■図表 8-6-1　流通チャネルの類型

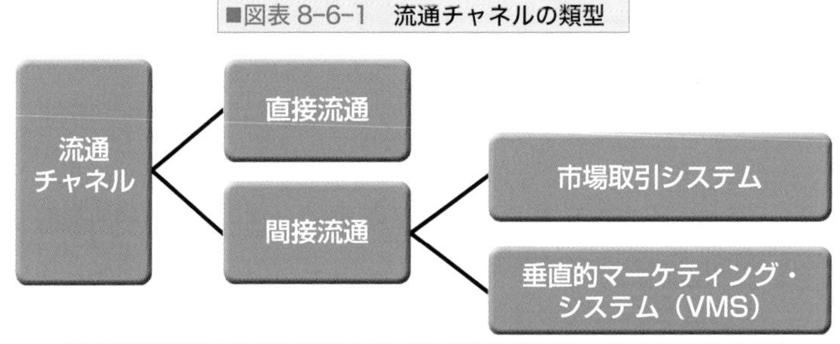

■図表 8-6-2　3つの垂直的マーケティングシステムとその特徴

種　類	定義・例	リーダーの管理力	戦略の長期性	組織化の投資コスト	戦略変更の柔軟性
企業型システム	生産段階と流通段階が単一資本の下に垂直統合されたもの 例：自動車メーカーのディーラー・システム，（株）資生堂・花王の販売会社，アパレルのSPA*など	＋＋＋	＋＋＋	＋＋＋	＋
契約型システム	特定の商品や経営のノウハウを有する企業（本部）が，独立し企業（加盟店）との間で，共通目標の確立，商品やノウハウの提供方法，利益の配分方法などについて厳密に契約を締結して形成するもの 例：フランチャイズ・チェーン，ボランタリー・チェーン	＋＋	＋＋	＋＋	＋＋
管理型システム	チャネル・リーダーが，資本的に独立した構成員を契約によらずに組織化し，自らのマーケティング目標に沿って管理・統制するもの 例：加工食品や日用品で採用される代理店・特約店制度（ライオンをはじめとした多くの日用品メーカー）	＋	＋	＋	＋＋＋

＊ SPA：Speciality store retailer of Private label Apparel，ファッション商品の企画から生産，販売までの機能を垂直統合したビジネスモデル（例：ユニクロ，ZARA）。

（注）＋は多いほどその傾向が大きいことを示す。

（出所）小林哲・南知惠子編（2004）『流通・営業戦略』有斐閣，40–42頁をもとに作成。

した企業型システム（corporate systems），契約型システム（contractual systems），管理型システム（administered systems）の3つにタイプ分けされる。同じ産業内であっても，自社の経営資源や市場地位，販売先のタイプ，競合企業の採用する流通チャネルの類型によって，どの流通チャネルが適しているかは異なる。BOX8.2では，同じ日用品メーカーでも花王は企業型システムを，ライオンやP&Gは管理型システムを採用していることを確認してほしい。

また，図表8-6-2は，この3つのVMSについて統制度の強弱を表したものである。企業型システムがチャネルの管理や組織化の度合いが最も高いのに対し，管理型システムのそれは比較的緩やかなものとなっている。

8.7 ライオンの流通チャネル ――1980年代まで

ライオンの流通チャネル政策を特徴づけるのは，**代理店・特約店制度**である。代理店とは，特定メーカーとの特約で一定地域内の独占的販売権などを与えられる代わりに，メーカーの販売促進活動へ積極的に協力する独立の卸のことを指す。ライオンには戦前から自社と有力な卸売業を「ライオン会」として組織化したり，ライオンの石鹸の販売量が多い小売業者を「ライオン石鹸専売店」に登録して優遇したりして，販促への協力を促すなど，流通業者との協働によってチャネルを構築する組織風土があった。

1950～1960年代に横行した日用品の小売店頭での乱売に対し，ライオンと花王は異なるチャネル政策で応じた。花王は1966年から各地の卸売業者に専業事業部や専任セールスを設置するよう働きかけを進め，1968年には販社（販売会社）制度を全国的に成立させる[10]。販社とは特定のメーカー資本による専属卸をいう（BOX8.2参照）。

もう一方のライオン（当時はライオン油脂）は1965年，小売業者に対し商品の販売価格を守らせる再販契約の届けを公正取引委員会に提出する。また1968年，流通政策の基本理念として「三強政策」を発表する。①自ら努力して体質を強化する卸店に販売の重点を置く（強い卸店），②ライオン油脂製品を強く育てる卸店活動を期待する（強い商品），③行動的ライオン党（同社のマーケティングに協力的な卸売業の意味）との結びつき（強い結びつき）のもと共存共栄を図り激動期に処していく，というものである。これによってライオンは，既存の卸売業との関係性を尊重し，チャネル・メンバーのチャネルへの参画意識を高め，卸売業の利益

BOX8.2　花王はなぜ販社制度を導入したか

1960 年代初め，急速に成長していた大型小売店（スーパー）は，日用品をおとり販売に使い，安価で仕入れるために，卸売業にも値引きを要求し，卸売業の経営は悪化した。流通業者の採算悪化を改善するため，花王は 1964 年，再販制度を全国的に実施した。また，取引制度の改革を行い，卸売業者や小売業者への数量割引を導入した。この狙いは優良な流通業者を正当な手段で支援し，流通機構の強化・集中化を進めることにあったという。

ただし，当時の卸売業は複数のメーカーと取引していたので，花王だけが再販制度を実施しても，他のメーカーが同時に実施しない限り，他メーカーの乱売に巻き込まれ，卸売業の経営は悪化していた。これを解決するため，次のステップとして実施したのが販社制度であった。

適正価格での販売と自社製品のブランド価値の維持，流通業者の収益改善と経営の近代化──。ライオンと花王は，対照的なチャネル政策を採用する企業と評価されているが，実際には同じ流通問題に直面し，同じ目標を目指していたのである。

（出所）孫一善（1993）「高度成長期における流通システムの変化－石鹸・洗剤工業を中心に－」『経営史学』第 27 巻第 4 号，経営史学会。

■図表 8-7-1　日用品の流通チャネル（商流）

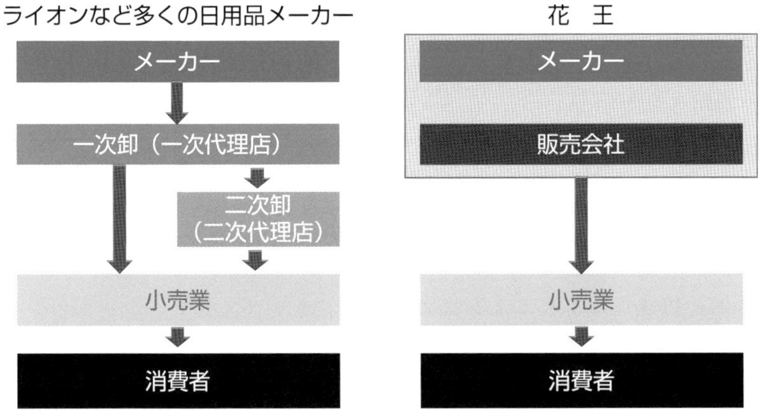

ライオンなど多くの日用品メーカー
メーカー → 一次卸（一次代理店） → 二次卸（二次代理店） → 小売業 → 消費者
（一次卸（一次代理店） → 小売業）

花　王
メーカー ／ 販売会社 → 小売業 → 消費者

を確保するとともに，流通の近代化を協働して推進した[11]。このような歴史的経緯を経てできあがったのが今日の日用品の流通チャネルである（図表 8-7-1）。

情報流（情報伝達機能）におけるライオンの施策として知られるのが，株式会社プラネット（以下，プラネット）の設立である。誕生の経緯は次のようなものである。ライオンは 1983 年，同社と卸売業者を結ぶ「販売情報管理システム（LCMS：Lion Circle Marketing management Systems)」を全国展開し，卸売業者から小売業者への販売情報を把握する画期的な試みを業界に先駆けて手掛けていた。そこにユニ・チャーム株式会社（以下，ユニ・チャーム）がこのシステムの共同利用を申し入れてきたため，小林社長（当時）が「競争は店頭で，システムは共同で」という考え方を背景に共同利用推進の決断を下し，1985 年にユニ・チャーム，株式会社資生堂，サンスター株式会社，十条キンバリー株式会社（現・日本製紙クレシア株式会社），ジョンソン株式会社，エステー化学株式会社（現・エステー株式会社），牛乳石鹸共進社株式会社のメーカー 8 社と情報処理会社の株式会社インテックが出資して設立されたのが，プラネットである。卸売業者からも，取引のあるメーカーごとに LCMS 端末（発注端末）のようなものを置くスペースも情報を入力する作業余力もないとの声が上がり，端末をライオンが譲渡して全メーカーが共同利用できるようにした。プラネットは日本初の業界特化型の VAN（Value Added Network）運営会社として EDI（Electronic Data Interchange，電子データ交換）サービスを作り上げ，業界標準の諸コードや伝票フォーマットの維持管理などを行っている。プラネットは日用品以外の業界にもサービス提供の範囲を広げ，2023 年 5 月時点でメーカー 834 社と卸売業 488 社が利用するまでに育った。プラネットの事業イメージと標準化 EDI の特徴については，図表 8-7-2 を参照されたい。

8.8 ライオンの流通チャネル ――1990 年代以降

1990 年代以降，コンビニエンスストアやドラッグストア，ホームセンターなどの成長により，取引先小売業や卸売業の販売広域化や業態の多様化が生じた。卸売業が大規模化し，チャネルにおいて小売業者がパワーを持つようになって，営業と物流にも大きな変化が出ている。

ライオンは，1998 年に家庭品営業本部の再編を行い，それまでの本支店制による地域単位での営業体制に加え，大型小売業を担当する営業組織が新たに誕生

■図表 8-7-2　プラネットの事業イメージ

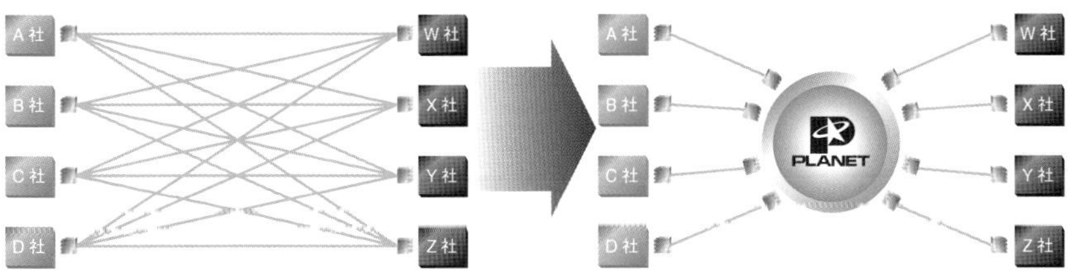

取引先の数＝接続数
取引社数が増えるほど，システム負荷が大きい。

各企業はプラネットへの接続を 1 本確保すれば，複数の取引先とデータ交換が可能。

プラネットの基幹 EDI の特徴

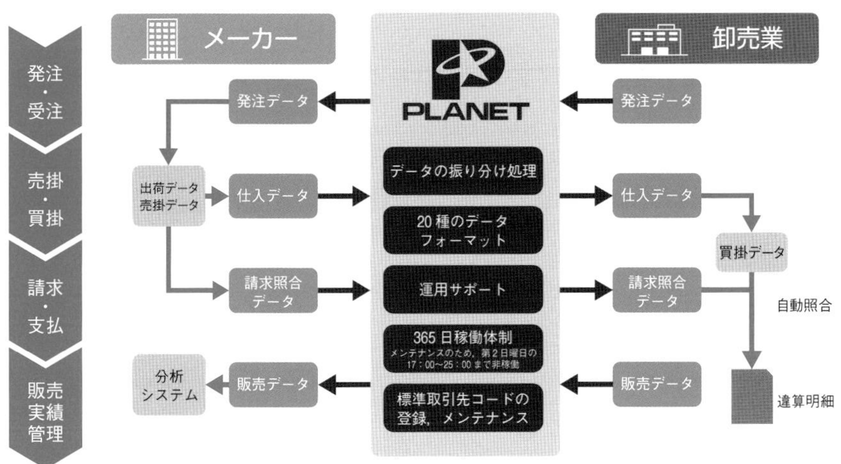

・プラネットの設立によって，各メーカーでバラバラだったデータ交換の仕様が統一され，メーカー，卸売業双方のシステム投資削減につながった。
・実際のデータはシステムインテグレーター（株式会社インテック）の独自のデジタル回線網によってやりとりが行われる。データ自体はプラネットを経由しないため，競合企業への自社情報の情報漏洩はない仕組みになっている。

（出所）　株式会社プラネット ウェブサイト「基幹 EDI」（https://www.planet-van.co.jp/service/edi/base_edi.html）（閲覧日：2023 年 6 月 20 日）。

している。長年築いてきた地域卸との関係性強化を支店別営業組織が担い，広域展開する大型小売業にはアカウント営業部が担当する営業体制である。

1990年代以降の流通構造変化の影響を最も大きく受けたのが物流である。この間，チェーンストア展開する大型小売業が自社専用の物流センターを利用するようになったほか，日用品卸にもタイムリーな配送が求められ，大型小売業の店舗が集中する主要都市近郊に物流センターを設置する動きが進んでいる。

物流改革は日用品流通にとって喫緊の課題である。働き方改革関連法の制定により，2024年4月からドライバーに年960時間の時間外労働の上限が適用される。ドライバーの労働環境のホワイト化自体は望ましいが，荷主にとってはドライバーの担い手不足，物流コスト（原材料調達にかかるコストと完成品の販売にかかるコストの2つがある）の増加といった問題の発生が予想される。

ライオンは，サプライチェーンの発想に基づき，2030年には供給機能（原材料調達・生産・物流など）の基本機能を高度化し，技術を駆使した持続可能な供給体制を構築することを掲げている。その一つが協調物流である。日用品メーカー10社（2023年7月時点）は，プラネットの各メーカーからの受発注情報を集約し，業界全体で柔軟に共同化の組み合わせを作り，配車や物流施設の利用を最適化するものだ。物流効率化に加えて，伝票レス，検品レスで労働生産性の向上を図る狙いもある。環境変化に向けて，ライオンは物流における新たな業界標準づくりに励んでいる[12]。

第9章

ヒューマン・リソース・マネジメントとは

本章では，ライオンにおける事例を紹介しながら，
- ヒューマン・リソース・マネジメント（HRM）とはどのようなことを扱っている仕事（職能）であり，学問領域なのか
- HRM にはどのような機能があるのか
- HRM の担い手は誰なのか
- 日本の HRM で起きている変化としてどのようなものがあるか，

などの点を明らかにする。

■ライオン新本社社屋の全体イメージ図

（出所） ライオン株式会社ウェブサイト「ニュース・リリース（2023 年 4 月 3 日）」（https://www.lion.co.jp/ja/news/2023/4265）（閲覧日：2023 年 7 月 4 日）。

9.1 ヒューマン・リソース・マネジメントを学ぶ

9.1.1 ヒューマン・リソース・マネジメントとは何か

この章では，ヒューマン・リソース・マネジメント（Human Resource Management，以下 HRM）について学ぶ。HRM は，直訳すると人的資源管理と呼ばれ，ヒト・モノ・カネ・情報の経営資源の中でもヒトの管理手法に関する学問体系である。具体的に，HRM は，雇用関係に関する戦略的な管理手法で，人事方針，プログラム，人事施策のセットを通じて従業員の能力やコミットメントを高め，企業の持続的競争優位を達成する管理手法である。簡潔にいえば，HRM とは，人事施策を通じて従業員の人材としての価値を最大化し，経営戦略を実現するための管理手法，である。

図表 9-1-1 は，HRM を取り囲む内外の環境要因を示したもので，三角形は企業であり，企業の内側と外側で内部環境と外部環境に分けられる。HRM の定義と図表 9-1-1 を見ると HRM の定義には 3 つのポイントがある。1 つ目は，HRM は外部環境の影響を受ける点である。図では外部環境として PEST（政治的要因・経済的要因・社会的（文化的）要因・技術的要因）が挙げられている。例えば，障がい者の法定雇用率や従業員の最低賃金などは法律により規定されているため政治的要因である。経済的要因としては，景気動向や為替の影響，インフレやデフレの影響などが挙げられよう。社会的（文化的）要因としては，国の雇用慣行，国民性，商慣習などがある（*Column* 9.1）。日本で一般的な，学校を卒業した後の 4 月に一斉に企業に就職をする新規学卒者一括採用は，世界的に見ると少数派である。HRM に関わる技術的要因としては AI（Artificial Intelligence（人工知能））の活用や通信環境および記録媒体の発達に伴うテレワークの進展，事務作業の省力化などが挙げられる。通信速度の高速化，記録媒体の大容量化で自宅に居ながらも会社の仕事ができるようになったことで従来と異なる人事管理が企業に求められるようになっている。また，採用活動におけるエントリーシートの一部の自動判定や AI を用いた人材配置等の DX（デジタルトランスフォーメーション）も人事管理における新たな動きの一つである。

2 つ目は，戦略との結びつきである。人事管理と聞くと給与計算や労働時間の管理，労使関係を想起するかもしれないが，1980 年代以降，経営戦略と連動した人事管理を行うことが企業業績を高めるうえで重要であると主張されるようになってきた。こうした経営戦略との結びつきを意識した HRM を行うことで企業

■図表 9-1-1　HRM に影響を与える内外の環境要因

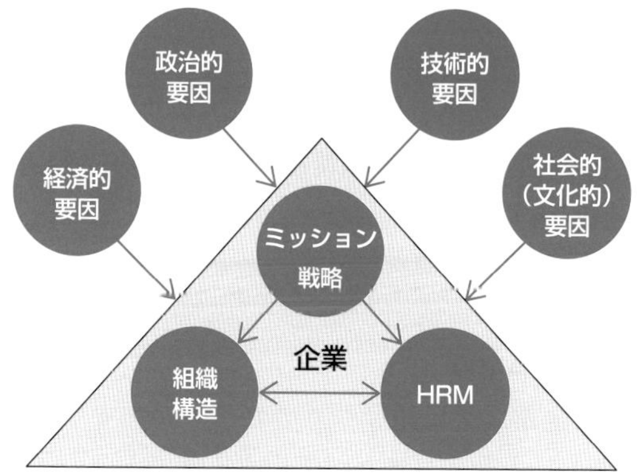

（出所）Devanna, M. A., Fombrun, C. J. and Tichy, N. M.（1984）"A Framework for Strategic Human Resource Management", Fombrun, C. J. Tichy, N. M. and Devanna, M. A., *Strategic Human Resource Management*, John Wiley and Sons, Fig3-1（p.35）を一部改変。

Column 9.1 ● 国の文化の違い

国の文化による違いを大規模調査により明らかにした研究としてホフステード（Hofstede, G.）の国民文化次元がある。ホフステードは，1967 年から 116,000 人の IBM 社員を対象に国別価値観を調査して国別の文化の違いを以下の 6 つの次元にまとめている。

また，ホフステード・インサイト（https://www.hofstede-insights.com/product/compare-countries/）というウェブサイトを見ると，自分で国を最大 4 つまで指定して 6 つの次元の違いを比較することができる。ただし，サンプルが IBM の社員である点でサンプルに偏りがあるという指摘もあることに留意しておく必要がある。

①権力の格差（power distance）

国民が，制度や組織に権力が不平等に配分されていることを容認する度合い。

②個人主義 ― 集団主義（individualism—collectivism）

国民が集団の一員としてではなく個人として行動することを好む度合い。

③男性らしさ ― 女性らしさ（masculinity—femininity）

国民が，自己主張，金銭や物資の獲得，競争といった価値観を優先するか，人間関係やコンセンサスづくりや他人への気配りを優先するか。

④不確実性の回避（uncertainty avoidance）

国民が，不確実な状況をどれくらい嫌うか。

⑤長期志向 ― 短期志向（long term—short-term orientation）

国民が未来に目を向け，倹約や忍耐を重視するか，過去や現在に目を向けるか。

⑥享楽主義 ― 節制主義（indulgence—restraint）

人生を楽しみたいという人間の基本的で自然な欲求を比較的自由に満たすことができる社会かどうか。

業績に影響するメカニズムを考える学問分野を戦略的人的資源管理（Strategic Human Resource Management; SHRM）という。

3つ目は，人事施策をセット（束；Bundle）として捉える考え方である。人事施策は，特定の人事施策単独で機能するだけでなく，企業に導入されている他の人事施策との相乗効果により効果を発揮しているという考え方が1990年代以降に主張されるようになってきた。人事施策を束として捉えた人事施策群をHPWS（High Performance Work System; 高業績ワークシステム）といい，HPWSが個人の能力や組織成果にどのような影響を与えるのかが世界中で研究されている。

9.1.2 人に働きかけるAMO

HRMがどのように企業成果に結びつくのだろうか。まず，ヒトが他の経営資源と異なるのは，第1に入社後に能力が変化する点である。人は，仕事を覚えると仕事が速くなり，ミスも少なくなる。反対に，異なる部署に異動（HRMでは部署や業務が変わるときにはこの文字を使用する）すると，一時的に慣れない仕事に就くため，成果が出づらくなる。第2に，意欲（モチベーション）によって能力の出力が変わる点である。仕事が楽しいと思っていると，前向きに仕事に取組み一生懸命仕事を覚えようとするだろう。あるいは，やる気は体調にも左右される。体調不良により本来の調子がでない場合，成果が低下することがある。単純化すると成果＝能力×意欲と示すことができる。

従業員の能力もしくは意欲，あるいはその両方を高めることで成果を高めることができるため，HRMではそれらに対応する打ち手（人事施策）を行うことになる。人事施策は，大きく①能力（Ability）を高める人事施策群，②意欲（Motivation）を高める人事施策群，③能力発揮や意欲を高める機会（Opportunity）の提供を促す人事施策群の3つにより分けることができる。したがって，先に示した成果＝能力×意欲を発展させると，P（Performance）＝f（A・M・O）と表現することもできる。この式は，ヒトの成果は，能力と意欲と機会の組み合わせの関数であることを意味しており，AMO理論という。図表9-1-2は，SHRMの実証分析をメタ分析という形でまとめたものである。メタ分析とは，「分析の分析」とも呼ばれ複数の実証分析の結果を統合して検討する手法である。メタ分析の結果から，HPWSという人事施策の束が様々な変数に影響を与えて最終的に財務的成果に影響を与えることが示されている。また，同時にHPWSが，AMOに対応する施策によって構成されていることを図の左側（「スキル向上」「モチベーション向上」「機会向上」）は示している。

■図表 9-1-2　HPWS のメタ分析結果

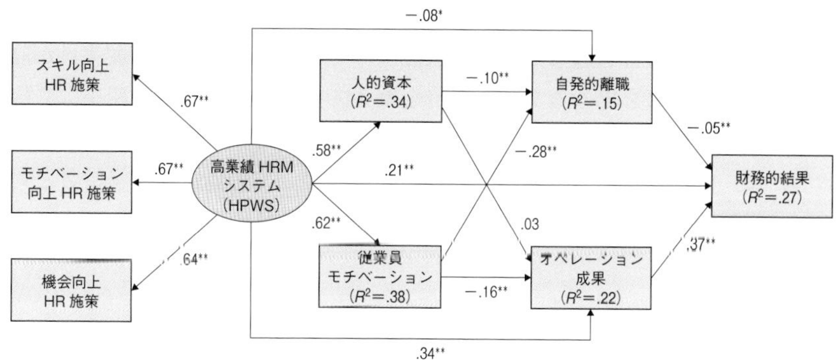

（注）　図中の数値は標準化係数を表示。n＝3.714。$^*p$＜.05, $^{**}p$＜.01。
（出所）　竹内規彦（2017）「戦略的人的資源管理研究における従業員モチベーション」『日本労働研究雑誌』労働政策研究・研修機構，(684)，4-15，図 1（7 頁）。
（原典）　Jiang et al.（2012）“How Does Human Resource Management Influence Organizational Outcomes? A Meta-Analytic Investigation of Mediating Mechanisms”, *The Academy of Management Journal*, Figure4（p.1277）.

■図表 9-1-3　ライオンの個と組織の活性化のための取り組み

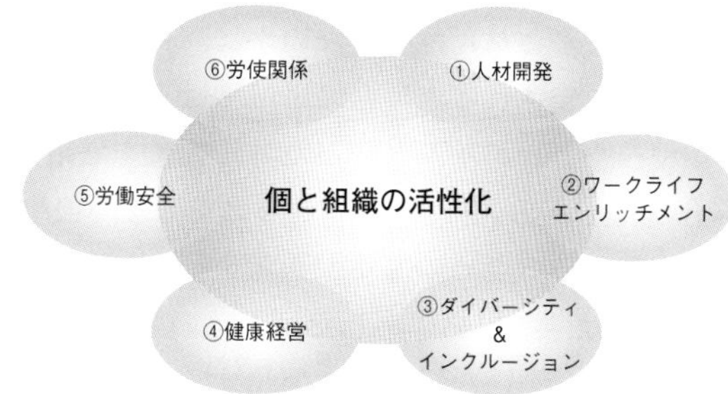

（出所）　ライオン株式会社ウェブサイト「従業員とともに」（https://www.lion.co.jp/ja/sustainability/employee/）（閲覧日：2023 年 6 月 23 日）。

Column 9.2 HRM が扱う範囲

HRM が扱う範囲は，人事施策，労働時間管理や法律の遵守，安全衛生等に限った話ではない。HRM は，極論すると組織内外の人に関わる問題全てに関与する学問である。したがって，HRM は，人事施策とその効果だけでなく，リーダーシップのあり方や組織文化，組織構造，職務特性，組織開発など様々である。特に近年では人的資本経営，ESG 投資などが注目され，投資家の視点も意識する必要がある。

また，ウルリッチ（Ulrich, D.）は，人事部門の役割を①従業員のキャリアや声に耳を傾けることでコミットメントを引き出す「従業員のチャンピオン」，②人事制度の実行や労働時間管理などを行う「管理のエキスパート」，③経営陣（もしくは事業部長）の右腕として戦略を実現するための人材戦略を考える「戦略パートナー」，④長期的な組織力を高めるために変革をリードする「変革のエージェント」の 4 つを挙げている[1]。このように人事部門の仕事は，多岐にわたるのである。

また，図表 9-1-3 は，ライオンが個と組織の活性化のために取り組んでいる項目である。具体的には，①人材開発，②ワークライフエンリッチメント，③ダイバーシティ＆インクルージョン，④健康経営，⑤労働安全，⑥労使関係の 6 項目であり，これらの項目を通じて同社は組織だけでなく，そこで働く従業員が能力や意欲を高め，成果を出せるように環境を整えている。なお，労使関係は，経営者側と労働者の代表である**労働組合**（労組，組合ともいう）に関わる事柄である。具体的には，処遇をはじめ経営に関わる諸問題について労働組合が経営者と対等な立場で話し合い，その結果，賃金や労働協約，就業規則などの規則として従業員に適用される。

9.2 HRM の諸機能

9.2.1 HRM の機能

HRM には大きく①採用，②配置，③育成，④評価，⑤処遇という 5 つの機能がある（図表 9-2-1）。①の**採用機能**は，人的資源を外部労働市場から調達する機能を指す。どのような人材がどれだけ必要なのかは，企業戦略や企業業績，企業の年齢構成などによって規定される。場合によっては正社員の採用人数を減らし，代わりにパートタイマーやアルバイトといった非正社員を雇用するなど企業内の人材タイプの組み合わせである**人材ポートフォリオ**を考える必要がある。企業が採用する人数を決めたら，そのための募集や選考を行い，雇用契約を締結して従業員を雇用する。採用には，学校を卒業したばかりの学生を採用する**新規学卒者一括採用**だけでなく，他社で働いた経験者を雇用する**中途採用**（**経験者採用**）も含まれる。

②の**配置機能**は，従業員に仕事を割り当てる機能である。4 月や 10 月など特定の時期に異動する**定期人事異動**のほか，急な人員の補充に応じて人員を配置する**不定期人事異動**がある。また，従業員を定期的に別の仕事もしくは別の職場に配置換えすることを**ジョブ・ローテーション**という。ジョブ・ローテーションを行うことで従業員は幅広い仕事を覚え，いわば多能工として職場内での緊急対応や物事を俯瞰的に見ることができるとされる。さらに，主に関連企業間の人材交流の方法として**出向**（しゅっこう）と**転籍**がある。出向は，出向元企業に籍を置きながら給与や社会保険も出向元企業で保証されつつ，出向先の指揮命令に従う異動形態である。それに対して，転籍は，転籍元企業との雇用関係を解消し，新たに転籍先企業と雇

Column 9.3 ● 七・五・三現象

企業が新規学卒者を採用しても,「思っていた仕事と違う」「職場の人間関係に悩まされる」「残業時間が多い」などの理由により従業員が企業を早期に辞めることがある。「七・五・三現象」とは,従業員を学歴別に見た場合,中卒者の約7割,高卒の約5割,大卒の約3割が入社後3年以内に離職をすることを表す言葉である。下の図は,厚生労働省のウェブサイトにある「新規学卒者の離職状況」のデータをもとに作成したものである。

図を見ると中卒者および高卒の3年以内の離職率は低下傾向にあるが,短大卒と大卒の3年以内離職率は20年間であまり変わっていない。企業では,早期の離職を防ぐためにも,きちんと入社面接時の段階で企業の良い面だけでなく,悪いところも説明する**リアリスティック・ジョブ・プレビュー（現実的職務予告：RJP）**を行うことで,入社後のギャップ（リアリティ・ショック）を小さくする試みがなされている。また,新規学卒者や中途採用者にいち早く企業になじんでもらうために指導係（メンター制度）を設けたり,ネットワーク構築の手助けをするなど**オンボーディング**施策を行う企業が増えている。ちなみにオンボーディングとは,船舶や飛行機などに搭乗すること指し,そこから転じて組織という船に乗る新規学卒者や中途採用者などの順応を促進する取り組みを指す。

学歴別に見た新規学卒者の3年以内離職率の推移

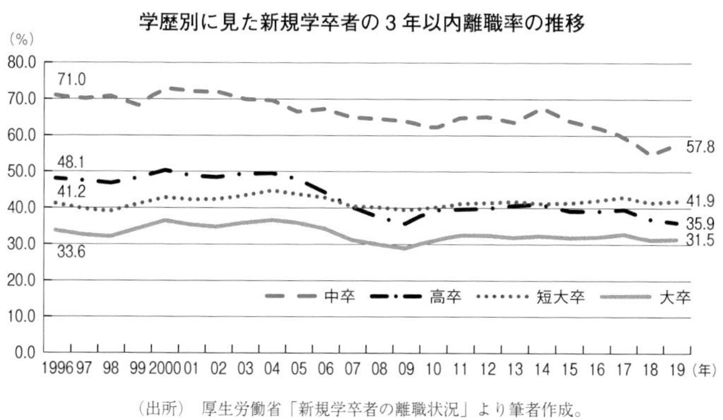

（出所） 厚生労働省「新規学卒者の離職状況」より筆者作成。

■図表 9-2-1　5つの人事機能

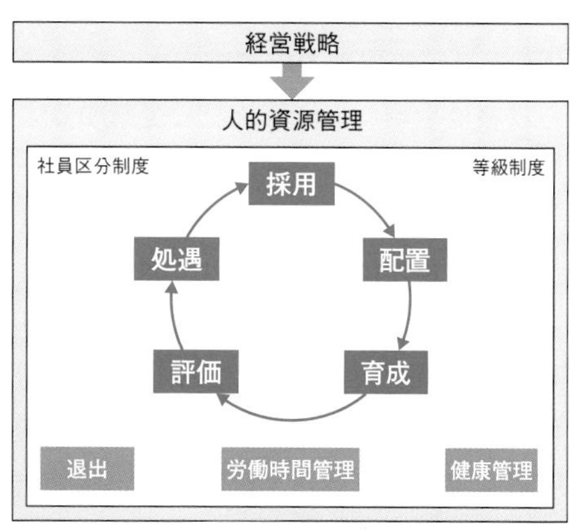

（出所） 島貫智行（2022）「人的資源管理とは何か」西村孝史・島貫智行・西岡由美編著『1からの人的資源管理』碩学舎，図1-1（6頁）。

用関係を結び直す異動形態である（図表9-2-2）。転籍は，雇用契約の解消を伴うため，厳密には異動ではないが，（大手企業を中心に）企業グループ間の異動としてよく用いられる方法であり，外部労働市場と比較する形で**準内部労働市場**と呼ばれる。

近年では，特に転居を伴う人事異動である**転勤**が，単身赴任を生み出し，婚期の遅れ，子供の教育問題など**ワーク・ライフ・バランス**に支障をきたすことから，企業が人事異動を一方的に命じるだけでなく，転勤のない**地域限定社員制度**や自ら希望して異動先を申告する**自己選択型の人事制度**を取り入れる企業が増えている。例えば，**自己申告制度**は，自分で希望する勤務地や業務内容を上司や人事部門に伝える制度であり，**社内公募制度**は，部署やプロジェクトチームがメンバーを募集する場合に用いられる手法の一つで，興味のある従業員が手を挙げて応募する制度である。**社内FA（Free Agent）制度**は，異動してもよいと思う従業員が社内のシステムに予め登録しておき，興味のある部署が声をかける形式である。

③の**育成機能**は，従業員の能力を向上させるための機能で，日々の職場での業務を通じて学ぶ**OJT（On the Job Training）**，職場から離れて学ぶいわゆる座学形式の**Off-JT（Off the Job Training）**，自分で必要なスキルを学ぶ**自己啓発**の3つに分けることができる。OJTでは，職場で教えるため，仕事に直結する実践的な学びがなされるほか，言語化しづらいことを上司や先輩社員が教えることでその企業独自の**企業特殊的能力**を獲得することができる（企業特殊的能力の対概念を**一般的能力**という）。しかし，職場での教えであるが故に場当たり的で体系的な教育にならないケースや仕事を教える上司や先輩社員の能力に依存するといったデメリットもOJTには存在する。

Off-JTは，階層別や職種別，あるいはテーマ別研修など様々な切り口がある。さらに職場を離れて研修施設で受講するようなOff-JTだけでなく，オンラインで職場や自宅に居ながら受講するタイプもある。Off-JTでは，日ごろのOJTを振り返り，知識を体系化したり，抽象化したり頭の中を整理するようなメリットのほか，日常業務では時間をかけて教えることが難しい専門的知識を教えることができる。他方で，Off-JTを受講している間は職場から離席しているため他の職場のメンバーに負荷がかかる場合や研修費用がかかるなどのデメリットがある。

自己啓発は，業務時間外に自分が主体的に取り組む学習である。社会人大学院への通学や英語の勉強，社内の自主勉強会などがあり，これらの活動に会社が資金的な援助を出すことが多い。自分の興味関心のあることに取り組むことができる反面，日々の業務に忙殺されて，会社として制度が整っていてもなかなか時間

■図表 9-2-2　人事異動の例

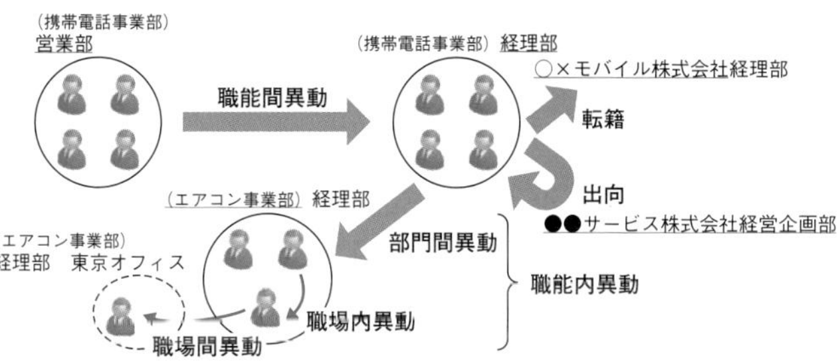

例えば，同じ携帯電話事業部の営業部から経理部に異動することを職能間異動という。一方，経理部から関連会社の○×モバイル株式会社の経理部に異動するタイミングで○×モバイル株式会社と雇用関係を結び直すことを転籍という。それに対して一時的に●●サービス株式会社の経営企画部に異動して業務経験を積むことを出向という。また，職能が変わらずに事業部が変わる部門間異動や職場内での仕事の配置換えである職場内異動，勤務場所が変わる職場間異動がある。いずれも職能内異動の一形態である。

（出所）　西村孝史（2023）「昇進管理と異動・配置」守島基博・島貫智行編著，『グラフィック ヒューマン・リソース・マネジメント』新世社，図表 8-3-3（133 頁）を一部加筆。

■図表 9-2-3　ライオンの人材開発体系

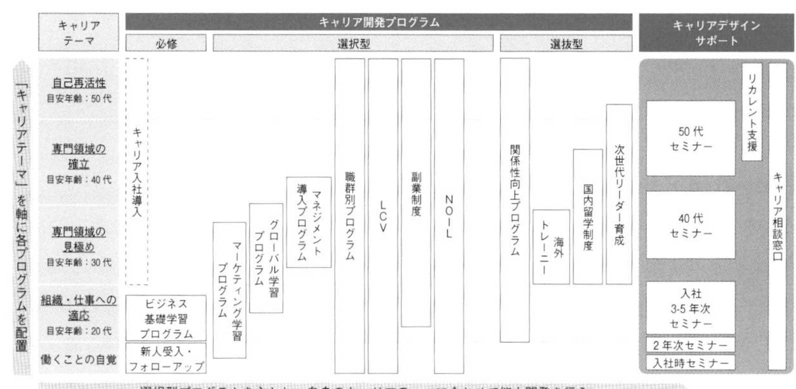

NOIL のスキーム

（注 1）　LCV（ライオン・キャリア・ビレッジ）：約 4000 の Web コンテンツを中心とした e-ラーニングと討議形式プログラムで構成された学習体系。2019 年より開始。

（注 2）　NOIL：「ヘルスケアの常識を破る事業」をテーマとした選抜・実行型プログラムで 2019 年から開始。提案者は社会課題や生活者の課題に向き合い，解決するアイデアを創出し，事業化提案を行う。提案承認後，発案者は「ビジネス開発センター」に異動して自らの手で事業を立ち上げる。

（出所）　ライオン株式会社ウェブサイト「人材開発」（https://www.lion.co.jp/ja/sustainability/employee/development/）（閲覧日：2023 年 6 月 23 日）。

的に余裕がないケースもあり，企業側は資金的な配慮だけでなく，自己啓発への時間的な配慮も求められる。図表 9–2–3 は，ライオンの人材開発体系であるが，横軸は各研修テーマ，縦軸には対象年代を配置し，研修テーマによっては自分で研修科目を選択できるようになっている。

④の評価機能は，従業員の働きぶりを測定する機能である。従業員の評価基準を設定し，それに基づいて評価結果（A, B, C など）を決定する。ライオンでは 1990 年代初めに目標管理制度を導入すると同時に，管理職の評価バイアスを軽減するために考課者訓練に力を入れてきた。営業，生産等の職種ごとに人材評価について実際の現場で起こりうる内容をケースブックとして作成し，それを使って定期的に管理職に研修を実施したのである。また昨今は，組織内のコミュニケーション・関係性向上を狙いとした 1on1 ミーティング（上司と部下の関係性を高め，一人ひとりとの対話を行う）の充実に向けた管理職研修にも注力している。

⑤の処遇機能は，従業員に報酬を分配する機能である。企業は従業員のモチベーションを高めるために給与や賞与といった金銭的報酬，上位職への昇進など様々なインセンティブ（誘因）を持っている。ライオンの賞与制度は，全社業績に連動するとともに，個人の期待役割に対する成果の評価に応じた制度運営を行っており，同一ランク（職能資格）内での報酬に明確な差がつく仕組みとなっている。

9.2.2　社員区分制度と社員格付け制度

HRM には，①採用，②配置，③育成，④評価，⑤処遇の 5 つの基本的な機能があると述べた。これらの 5 つの機能は，パソコンでいうアプリケーションだとすると，社員区分制度と社員格付け制度は，その土台にある OS（オペレーティングシステム）にあたる。社員区分制度は企業の求める仕事内容や責任の違いに応じて社員をグループ化することであるのに対して，社員格付け制度とは，企業にとっての「重要さ」の尺度を決め，それに基づいて従業員のランキング（格付け）を決める仕組みである。

社員区分制度は，企業内の従業員を何かしらの基準に基づいてグルーピングして管理する人事制度である（図表 9–2–4）。代表的な基準として，①仕事内容（職種），②働き方，③期待される長期的なキャリア，④キャリア段階の 4 つがある。①は，事務職，技術職，営業職等を指し，②は短時間勤務，勤務地限定社員等を指す。③は総合職と一般職，キャリアとノンキャリアといったものが挙げられる。④は主に正社員を対象に非管理職層・管理職層などがある。ライオンでは，全国

Column 9.4 ● 均等・均衡待遇

2019年から均等・均衡待遇に関しては関連法が施行されたこともあり，「働き方改革」の中でも同一労働同一賃金という言葉を目にするようになった。同一労働同一賃金とは，「企業に同じ価値をもたらす労働（同一価値労働）であれば，払う賃金は同じであるべき」という賃金の決め方のルールを指す。この際に重要なのは，**「均等待遇」**と**「均衡待遇」**である。

均等待遇とは，①職務内容と②職務内容・配置の変更の範囲，といった人材活用の仕組みが同じ場合，非正規雇用労働者（非正社員）の待遇を正規雇用労働者（正社員）と同じ取扱いにするものである。ただし，職務内容や人材活用の仕組みが異なる場合でも，手当や福利厚生は同一の支給を行わなければならない。

均衡待遇とは，正規雇用労働者と非正規雇用労働者の働き方に違いがある場合に，その違いに応じて，均等待遇の①と②に加えて③その他の事情の違いに応じた範囲内で待遇を決定する必要があるというものである。

■図表 9-2-4　様々な社員区分

<table>
<tr><td colspan="3">正社員</td><td rowspan="3">直接雇用</td><td>無期雇用</td><td rowspan="5">同じ会社で働く労働者</td></tr>
<tr><td rowspan="4">非正社員</td><td>契約社員</td><td>フルタイム勤務</td><td rowspan="4">有期雇用</td></tr>
<tr><td>パート・アルバイト</td><td>パートタイム勤務</td></tr>
<tr><td>派遣労働者</td><td>同社の指揮命令下</td><td rowspan="2">間接雇用</td></tr>
<tr><td>請負労働者</td><td>他社の指揮命令下</td></tr>
</table>

（出所）　西岡由美（2022）「社員区分制度と社員格付け制度」西村孝史・島貫智行・西岡由美編著『1からの人的資源管理』碩学舎，図4-2（51頁）。

を7つのブロックに分けて地域限定社員制度を導入することで，ブロックをまたいだ異動がない正社員区分を設定している。

社員格付け制度は，大きく「ヒトの能力」に対して値段をつける**職能資格制度**と「仕事（イス）の重み」に対して値段をつける**職務等級制度**，職能資格制度と職務等級制度の双方の特性を持つ**役割等級制度**がある。役割等級制度は，担当する職務に対する役割の大きさに応じて等級を設定し賃金を決定する。

図表9–2–5は，日本企業の賃金制度の導入率の推移を見たものである。管理職層の職能給の割合が低下傾向にある一方，非管理職層は依然として職能給が7割から8割前後で推移している。また，役割給・職務給は，管理職層では7割から8割弱の導入率になっており，非管理職層でも近年では5割を超える導入率となっている。

働き方改革以降，よく耳にするようになった**ジョブ型**と**メンバーシップ型**という考え方は，職能資格制度と職務等級制度を中心とした人事制度のセット（束）のことを指す（図表9–2–6）。職能資格制度をベースとした人事制度の下では，賃金決定の基準が「ヒト」であることから職種が変わっても賃金が変わらないため，企業は従業員の異なる職種への配置転換が容易で，幅広いスキルを学習させることができる。それに対して職務等級制度では，「仕事」に賃金がついているため，企業は，従業員を異なる職種へ異動させることは難しい。なぜなら職種（仕事）に賃金が結びついているため，未経験の職種に異動すると，慣れるまで賃金に見合った成果が出ず生産性が落ちてしまう可能性が高いからである。そのため従業員は，賃金の維持向上を目指して専門性を高めるべく同一職種の経験を積む傾向が強くなる。

日本では，多くの企業で職能資格制度を採用し，昇進と昇格を分けて使ってきた。**昇進**とは，役職（職位）が上がることを指し，**昇格**とは資格（その会社が採用する会社内での偉さを示すランキング）が上がることをいう。職能資格制度を社員格付け制度として用いている企業では，昇進と昇格を緩やかに対応させつつ，両者を別々に運用することで，企業としてインセンティブを使い分けていた。しかし，両者を別々に運用することで職位と資格等級にズレが生じ，人件費の高騰を招くことになってしまった。

ライオンの人事制度を振り返ると，1980年にライオン歯磨とライオン油脂が合併するまで両社の人事方針には違いがあった。ライオン油脂は，洗剤事業を中心とした装置型産業であり固定費が相対的に高い事業であったのに対し，ライオン歯磨は，オーラルケア事業の利益をもとに他社との合弁・合併等による事業多

■図表 9-2-5　賃金制度の導入状況

		97年	98年	99年	00年	01年	02年	03年	04年	05年	06年	07年	09年	12年	13年	16年	19年
賃金処遇関連	職能給（管理職層）	―	―	80.9	82.4	67.0	―	60.6	―	57.5	―	74.5	69.9	65.6	69.2	66.9	57.8
	職能給（非管理職層，2001年調査＝中堅層）	―	―	85.2	87.0	76.1	―	69.3	―	70.1	―	80.9	80.7	77.3	81.1	82.7	76.5
	職能給（非管理職層，2001年調査＝一般職層）	―	―			76.7	―		―		―						
	役割・職務給（管理職層）*1	―	―	21.1	43.9	49.9	―	53.4	―	61.0	―	72.3	70.5	79.2	76.3	74.4	78.3
	役割・職務給（非管理職層，2001年調査＝中堅層）	―	―	17.7	24.9	32.0	―	34.3	―	40.9	―	56.7	51.1	58.4	58.0	56.4	57.8
	役割・職務給（非管理職層，2001年調査＝一般職層）	―	―			16.2	―		―		―						
	年俸制（管理職層）	(9.8)	14.6	22.7	25.2	34.8	40.9	35.1	39.1	37.4	42.3	―	―	―	―	―	―
	年俸制（一般職層）*2	(0.5)	0.3	1.9	1.0	3.8	2.3	4.4	8.1	7.1	8.3	―	―	―	―	―	―
	年齢給（2001年調査＝管理職層）	―	―	78.2	72.8	32.2	―	―	―	―	―	33.5	27.3	22.7	25.8	24.8	26.7
	年齢給（2001年調査＝中堅職層）	―	―			59.6	―	―	―	―	―	61.9	59.1	48.1	62.3	49.6	47.1
	年齢給（2001年調査＝一般職層）	―	―			73.2	―	―	―	―	―						

（注）導入率は「すでに導入している」と「すでに導入，今後は廃止・縮小予定」の合計値。
*1：() 数値は96年調査。
*2：一般職層への年俸制導入率は03年までは係長・主任クラスへの導入率，04–06年は一般職層全体の数値。
（出所）日本生産性本部（2020）『第16回 日本的雇用・人事の変容に関する調査報告 日本的雇用・人事システムの現状と課題 2019年度調査版』生産性出版，6頁。

■図表 9-2-6　ジョブ型とメンバーシップ型の比較

	ジョブ型	メンバーシップ型
雇用	職務を特定して雇用	職務を特定せずに雇用 新卒一括採用
賃金	契約に定める職務で決定 （イスに値段）＊レンジ制	職務と切り離した職務遂行能力 （≒勤続年数・年齢）（「ヒト」基準）
評価	・厳格な査定をしない （する必要がない）＊タレント層は別	・厳格な査定，業績・情意・能力 ・積み上げ式
労使関係	・職種別・業界別 ・職業・職種の賃金を決定	・企業別組合 ・総額人件費の増分（ベア）
配置	・社内公募 ・転職	・定期人事異動 ・職種をまたぐ異動
教育訓練	・ポストに就くために教育を受ける （Off-JT）	・ポストに就いてから仕事を覚える （OJT）

（出所）濱口桂一郎（2021）『ジョブ型雇用とは何か：正社員体制の矛盾と転機』岩波新書をもとに筆者作成。

角化で成長を指向する企業であった。そのため，ライオン油脂は固定費の中の大きな割合を占める人件費を安定的に管理するために年功色の強い人事制度運用をしていたのに対し，ライオン歯磨は若手抜擢や中途採用に積極的でかつ昇進格差も大きかった。

両社は合併に伴い中間的な人事施策を行うこととした。その特徴は，①職能資格（社員3級～参事等），②職位（マネジメント・専門知識等），③職制（ポスト）の「3本柱」を中心に処遇制度を運営することであった。職能資格による年功的要素を残しつつも，職位と職制を区分して運用することで抜擢や特別昇進の仕組みを併存させたのである。しかしながら，3本柱の処遇制度も長年の運用を経て年功的運用が強くなっていった。こうした年功的色彩を排除するため，2000年に目標管理を徹底した成果主義型の人事制度に改定したのである。

さらに2013年には図表9–2–9（195頁）にあるような社員格付け制度に人事制度を変更した。まず，係長以上をマネジメント層とし，入社10年目までの若手・中堅社員を成長期待層と位置づけた。また，給与テーブルの読み替えを図りながらマネジメント層に役割等級制度を導入し，成長期待層には職能資格制度を維持した。2013年の制度改訂の背景には，海外拠点で採用する現地人材にも職務に必要な能力（職能資格）をきちんと測定できているのか，という疑問に加え，能力はあっても能力に見合った役割を果たしていなければ意味がないという考えがあった。そこで仕事に求められる役割を定義し，その役割に必要な能力・専門知識が決まるという形式を導入した。なお，2023年からはジョブ型にシフトした新たな人事制度に移行している。

9.3 HRMに関わるプレイヤー

9.3.1 HRMの担い手

HRMに関係する人々としてまず思い浮かぶのは，人事部門である。ただし，一口に人事部門といっても，大企業では人事制度の立案や企画を行う本社人事と，各事業部でライン管理職や事業部の人事業務を支援する事業部人事に分けられることが多い。また，人事施策を企画・立案するのは人事部門だが，それを実際に運用するのは現場の管理職（ライン管理職／ラインマネジャー）であり，ライン管理職の人事施策の運用の仕方次第で部下のHRMに対する印象は変わる。

さらにHRMの重要な担い手として経営者がいる。経営者はビジョンやパーパ

■図表 9-2-7　ライオンの人事制度の変遷

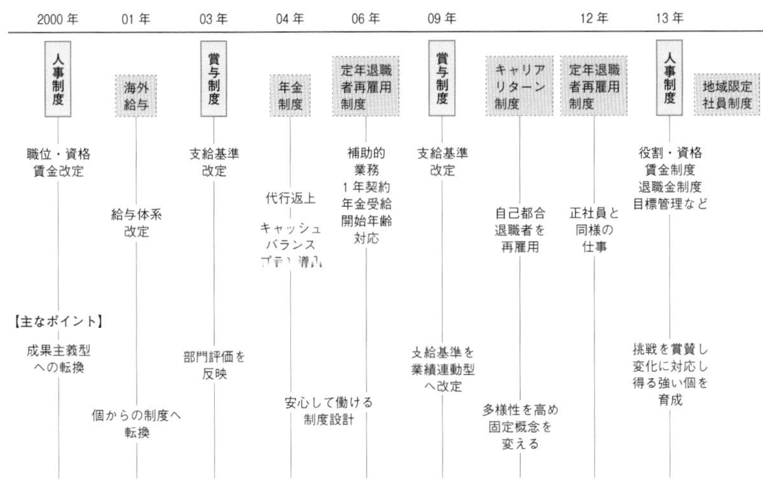

（出所）労務行政（2014）「社員の行動変容につなげるため，積極的なチャレンジを高くする制度に」『労政時報』3876号（2014年10月24日），図表1（48頁）。

■図表 9-2-8　ライオンの人事制度（1980-2013年）

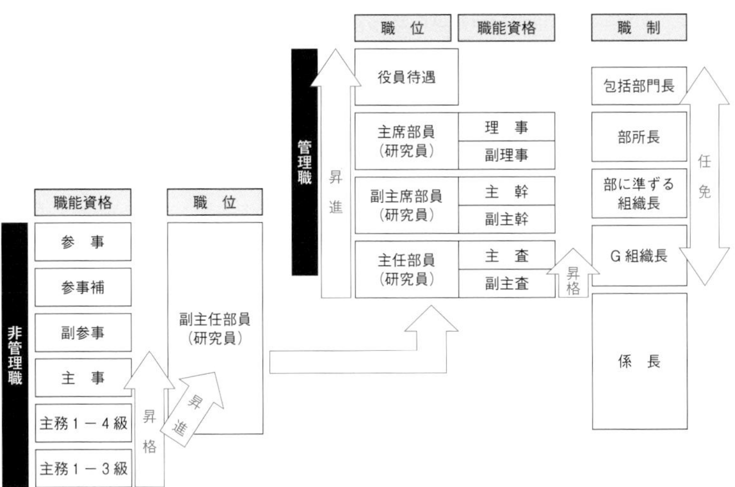

（注1）管理職層は「職位」，非管理職層は「職能資格」が基軸。「職位」は能力の格付けだが，実際に担当させる職務を決める基準として用いられており，職責・役割に応じた格付けに近い面もあった。本人の適性・業績によっては降格もあり得るが，実際には，よほど客観的な判断材料がない限り，降格させることはなかった。

（注2）主務1級以下では，人事考課により毎年一定の号棒が加わり，一定号棒に達すると上位資格に昇格する自動昇格を行っていた。

（出所）労務行政（2014）「社員の行動変容につなげるため，積極的なチャレンジを高くする制度に」『労政時報』3876号（2014年10月24日），図表2（49頁）。

スを提示し，経営戦略を立案するだけでなく，それらを遂行できるような一貫した人事方針を定め，様々な人事施策を実行することでHRMの成果に影響を与える。例えば，Off-JTを行うために利益額の何％を教育訓練費用にかけるのか，女性管理職比率を上げるための経営陣の啓発活動など，人材価値を高めるための活動なども含まれる。

他にもHRMに関わる人々として労働組合や社外の**人材サービス企業**が挙げられる。労働組合は，労働者の代表である労働組合が経営者と労働条件の改善を話し合い，話し合いの結果により労働条件に反映される。人材サービス企業は，企業のHRM機能の一部を代替・補完する機能を有している。例えば，HRテクノロジー（HR tech）を提供する企業は，採用業務の一部を自動化したり，日々の勤怠記録の自動化，人事情報の可視化などにより業務効率を図っている。また，人材サービスでは，中途採用者の紹介や派遣労働者の派遣によりHRM機能の一部を代替している。

9.3.2 リーダーシップとHRMの知覚

ライン管理職が人事施策についてよく知っていたり，人事評価について部下とよく対話していると，部下はHRMを肯定的に捉える。その意味で管理職によるHRMの運用も大切であるが，同時に従業員が人事施策をどのように**知覚（perception）**しているのかも重要になる。ライオンでは，管理職にマネジメント能力だけでなく，リーダーシップ能力もより高めて欲しいとのことから2021年より関係性向上プログラムを実施し，人材の成長支援や働きがいのある場づくり，**心理的安全性**を高めるリーダーシップの獲得に取り組んでいる（図表9-3-1）。なお，リーダーシップとは，「自分が実現したいことに，周囲の人を自発的に参画させる力」と定義される。つまり，リーダーシップは，①目標の設定とそのための道筋（自分が実現したいこと），②集団の存在（周囲の人），③他者に影響を与える過程（自発的に参画させる力）の3要素で構成される。

古典的なリーダーシップ論では，研究により様々な呼び方があるが，大きく業務の進捗管理を行う「**構造**」と職場の人間関係に気を遣う「**配慮**」と呼ばれる二次元で類型化される[2]。しかし，構造と配慮のリーダーシップスタイルは，既に目指すべきものが決まっている中でのものであり，先の見えない中で目標そのものを探し出す状況で当てはまりが良くない。そこで，古典的なリーダーシップに代わり**サーバントリーダーシップ**や**オーセンティックリーダーシップ**等のネオ・リーダーシップ論と呼ばれるスタイルが登場している。サーバントリーダーは，

■図表 9-2-9　ライオンの 2013 年の人事制度改革

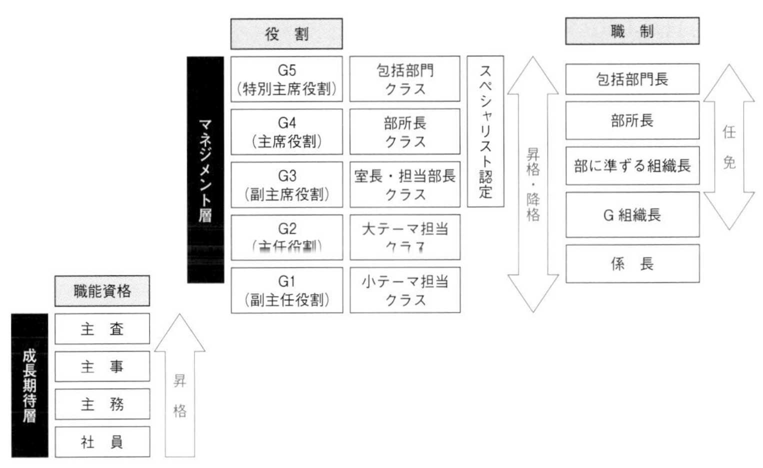

（注）　マネジメント層の格付け基準は「役割」に変更。使命・業績向上・組織力向上を総合的に担う。成長期待層は，「職能資格」が基準。経験および会社に対する累積的貢献度，発揮能力の向上を継続する層と位置づけている。

（出所）　労務行政（2014）「社員の行動変容につなげるため，積極的なチャレンジを高くする制度に」『労政時報』3876 号（2014 年 10 月 24 日），図表 4（51 頁）。

■図表 9-3-1　ライオンにおけるリーダーシップとマネジメントの違い

マネジメント		リーダーシップ
目標・目的達成のための手段を定め，管理すること		ビジョンを明確にして，組織のモチベーションを高めながら目的達成へ導く力
秩序と安定性をもたらすこと	目的	変化と成長を生み出すこと
戦術的かつ現場主義	アプローチ	戦略的で未来志向
短期的	時間軸の視点	長期的
狭い：チームや組織内	対象範囲	広い：市場や業界動向 政治や国際問題
現行のもの，既存のもの	リソース 業務体制	新しいもの，革新的なもの
組織の理念を実現するために 日々の業務を管理する	タスク 目標	先見の明をもって方向性を定め 変革を実現する
個人面談，業務の委任，従業員の指導	従業員との 接し方	企業文化の構築，関係者に影響を与える， 協調関係を築く，将来のリーダーの育成

（出所）　労務行政（2022）「ライオン 管理職を対象に，社内での関係性のリデザインを図る「関係性向上プログラム」を実施」『労政時報』4036 号（2022 年 6 月 10 日），図表 6（98 頁）。

部下を下から支えるタイプのリーダーで，傾聴や共感などまず相手に奉仕し，その後相手を導くものと考えるスタイルである。オーセンティックリーダーは，リーダーの自分らしさ（価値観）を貫くことでメンバーに影響力を与えるリーダーシップである。

9.4　個と組織の調和を求めて

9.4.1　関係性のマネジメント

海外への進出，事業構造や組織管理上の変化だけでなく，働く人のニーズの多様化や労働力人口の減少による労働力確保など，企業はこれまで以上に個に寄り添った経営が求められている。政府も健康経営銘柄やワーク・ライフ・バランスに配慮した経営を行っている企業を認定する「くるみんマーク」などを積極的に推進しており，こうした**雇用主ブランディング**を確立することが人材を惹きつけ，保持するうえで重要になりつつある。

ライオンでも2019年7月より「ライオン流働きがい改革」を打ち出し，個と組織の関係について見直しを行っている。具体的には，従業員がハッピーな状態でないと事業の成長は望めないし，イキイキ，ワクワクしないと仕事への積極性が生まれないと考え，図表9-4-1のような枠組みを提案した。

同社では，上記を実現するために④ライオン流健康サポート“GENKI”アクションを土台に①ワークマネジメントと②ワークスタイル，③関係性マネジメントがある。これは健康という土台の上にこれらの活動が成立しているからである。また，③関係性マネジメントが①ワークマネジメントと②ワークスタイルの下にあるのは，職場の心理的安全性が担保されないと様々なワークスタイルが受け入れられないし，仕事で能力が発揮できないからである。

なお，ライオンに限らず，関係性マネジメントは新型コロナウイルス感染症の影響で特に重要性を増している。新型コロナウイルス感染症で出社制限が設けられたことで，職場の人達とのコミュニケーションが減少し，メンタル不調を訴える人が増えただけでなく，OJTが機能しづらくなっている。そのため上司との**1on1ミーティング**により相互の理解と尊重を高め，信頼関係を高めることが一層求められている。図表9-4-2は，新入社員が役立ったこと・不足していたことを新型コロナウイルス感染症流行時と新型コロナウイルス感染症流行の前年に入社した新入社員とで比較したものである。これを見ると同期との交流に統計的

■図表 9-4-1 「ライオン流働きがい改革」のフレームワーク

働きがい
企業人，家庭人として自己成長し，充実した人生を実現できている

① ワーク マネジメント
多彩な能力の発揮最大化

② ワークスタイル
働き方を変え，
自律性を重んじる

③ 関係性を高める
互いの理解と尊重

ライオン流健康サポート
④ “GENKI” アクション

①ワークマネジメント

・資格役割に拠らない活躍ステージ	・新昇格制度
・キャリアデザイン・サポート	・ライオン・キャリアビレッジ
・多面行動能力測定	・社員情報の見える化

②ワークスタイル

・裁量権ある働き方（服装，時間，場所）	・新就業制度（フルフレックス，テレワーク，お助け休暇）
・本社移転	・副業制度

③関係性を高める

・関係性向上プログラム	・1 on 1 ミーティング
・従業員表彰制度	・お互いのバイアスに気づく，知る，対処する

④“GENKI” アクション

・新健康情報システム：GENKI ナビ →健診結果＆将来健康リスクの見える化， →運動・食事＆血圧・体重のアーカイブ化	・予防歯科
・3 大がん対策	・禁煙強化

（注） ライオン流健康サポート“GENKI”アクション：同社で 2012 年に定めた健康指針に基づき，従業員の健康行動を「もっとさりげなく，楽しく，前向きなものにリ・デザインする」をコンセプトにした，健康意識の向上，自発的な健康意識の向上，自発的な健康行動の実践を促す活動。

（出所） ライオン株式会社ウェブサイト「従業員とともに」（https://www.lion.co.jp/ja/sustainability/employee/）の図の体裁を一部変更（閲覧日：2023 年 6 月 23 日）。

に有意差が見られ，新型コロナウイルス感染症流行時に入社した新人は，同期のつながりに不足感を覚えていることが分かる。図表 9–4–3 は，雑談（small talk）が，仕事の妨げになる側面を持ちつつ，一日の仕事終わりに幸福な感情を抱かせることを示す研究であり，職場でのコミュニケーションの価値が見直されている。

9.4.2 小 括

本章では，経営資源の中でもヒトに注目してきた。日本では，日本的経営の 3 種の神器と呼ばれていた終身雇用・年功序列（年功制）・企業別労働組合といった特徴が多くの企業で変化しつつある（ただし，この 3 つの単語だと日本的経営の特徴を正しく捉えられないという指摘もあり，長期雇用・年功制・企業別労働組合とする考え方もある）。このことは，個人が企業に抱いている信念である心理的契約が変化しつつあることも意味している。ライオンも例外ではなく，2013 年に大きな人事制度改革を行い，2019 年にライオン流働きがい改革を打ち出し，個と組織の関係について見直し，2023 年には新たな人事制度に移行している。

さらに近年，人的資本経営の一環として企業内の人的資本を何かしらの方法で測定し，投資家に開示することが求められている。ヒトという心を持つ資源を扱う以上，HRM には答えがないが，答えがないからこそヒトに関する基本的な考え方や機能をおさえることが重要になるのである。

■図表 9-4-2　新型コロナウイルス感染症流行時に新人にとって役立ったこと・不足していたこと

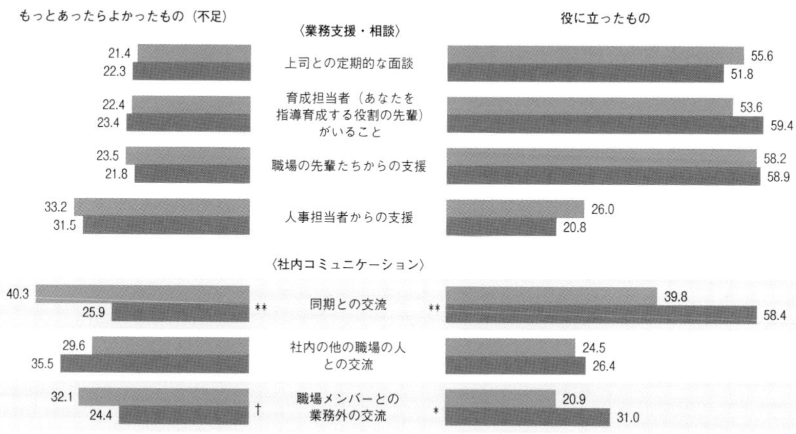

（注１）　上段が新型コロナウイルス感染症流行時に入社した新人で下段が流行前に入社した新人。
（注２）　統計的有意差のある項目に印（$^{**}p<0.01$，$^{*}p<0.05$，$^{\dagger}p<0.1$）。
（出所）　リクルートマネジメントソリューションズ（2021）『RMS message』No.63，25 頁。

■図表 9-4-3　雑談がもたらす効果

自己統制
個人レベル
日レベル
0.8*
0.16*
0.10**
ポジティブな社会的感情
0.24**
業務終了時の幸福感
0.22**
雑談
-0.12*
認知上のワークエンゲイジメント
組織市民行動
0.08**
$^{*}p<.05$, $^{**}p<.01$.

（出所）　Methot, J. R., Rosado-Solomon, E. H., Downes, P. E., & Gabriel, A. S.（2021）"Office chitchat as a social ritual: The uplifting yet distracting effects of daily small talk at work", *Academy of Management Journal*, 64(5), Figure 1（p.1458）をもとに筆者が簡略化して作成。

第 4 部
企業価値の測定と予測を学ぶ

企業価値の創造

第 1 章　経営史とは
第 2 章　経営戦略とは
第 3 章　経営組織とは
第 4 章　マーケティングとは

企業価値の拡大と存続

第 5 章　グローバル・ビジネスとは
第 6 章　イノベーション・マネジメントとは

経営学

企業価値の実現

第 7 章　経営情報システムとは
第 8 章　流通論とは
第 9 章　ヒューマン・リソース・マネジメントとは

企業価値の測定と予測

第 10 章　企業会計とは
第 11 章　経営財務とは
第 12 章　経営統計とは

第 10 章

企業会計とは

本章では，企業会計の仕組みの概要を示す。

企業会計を通じて企業経営における価値創造のプロセスを把握することができる。「会計」というと，家計簿のような現金収入と現金支出を記録する帳簿をイメージしてしまうかもしれないが，本章の学習を通じてそのイメージは払拭してほしい。企業会計は企業の活動や状態を把握するための高度な情報システムである。

本章ではライオンに限らず一般的な企業会計についての説明を行っているが，本章の内容は企業会計の学習にあたっての入口部分であるにすぎない。ただし，本章で示した企業会計についての大きなイメージを理解しておくことは，より具体的な企業会計の学習を進めるうえで非常に重要である。

■ライオンの 2022 年 12 月期の経営成績（2022 年 1 月 1 日～ 2022 年 12 月 31 日）

FASF

2022 年 12 月期決算短信〔IFRS〕（連結）

2023 年 2 月 13 日

上場会社名　ライオン株式会社　　上場取引所　東
コード番号　4912　　URL　http://www.lion.co.jp/
代表者　（役職名）　代表取締役兼社長執行役員　（氏名）　掬川 正純
問合せ先責任者（役職名）　執行役員　経理部長　（氏名）　竹生 昭彦　（TEL）　03-6739-3711
定時株主総会開催予定日　2023 年 3 月 30 日　配当支払開始予定日　2023 年 3 月 2 日
有価証券報告書提出予定日　2023 年 3 月 31 日
決算補足説明資料作成の有無　：　有
決算説明会開催の有無　：　有　（機関投資家，証券アナリスト等向け）

（百万円未満切捨て）

1．2022 年 12 月期の連結業績（2022 年 1 月 1 日～ 2022 年 12 月 31 日）
（1）連結経営成績

（%表示は対前期増減率）

	売上高		営業利益		税引前利益		当期利益		親会社の所有者に帰属する当期利益		当期包括利益合計額	
	百万円	%	百万円	%	百万円	%	百万円	%	百万円	%	百万円	%
2022 年 12 月期	389,869	6.5	28,843	△7.5	31,292	△8.2	23,110	△9.1	21,939	△7.7	32,025	12.5
2021 年 12 月期	366,234	3.1	31,178	△29.3	34,089	△23.4	25,431	△20.4	23,759	△20.5	28,467	△8.0

（注）　事業利益 2022 年 12 月期 23,559 百万円（△23.8%）2021 年 12 月期 30,923 百万円（△14.0%）事業利益は，売上総利益から販売費及び一般管理費を控除したもので，恒常的な事業の業績を測る当社の利益指標。

（出所）　ライオン株式会社 2022 年 12 月期決算短信より一部抜粋。

10.1 企業会計とは

企業会計のことを英語ではAccounting（アカウンティング）という。accountという動詞の意味は「説明する」である。単に数を数えること，つまりcountではない。すなわち企業会計は，企業の活動内容や状態を様々な関係者に適切に説明（情報提供）することを主たる役割としている。

企業の規模が大きくなれば，自社に関する情報を収集し，その結果を経営者に報告する目や耳に相当する仕組みが必要になる。それが企業会計である。

また，企業の外部にも様々な関係者がいる（図表10-1-1）。例えば投資家は自らが投資した資金が適切に運用されているか否かを判断するために，企業に対して説明を求めるだろう。さらに取引先も，その企業との取引の適否を判断するうえで説明を求める。また，企業が融資を求める場合，金融機関も企業に説明を求めるだろう。くわえて納税にあたって税務署も企業に対して説明を求める。それらの説明で企業会計は大きな役割を果たしている。

外部の関係者に対する情報提供を役割とする会計を**財務会計**，経営者に対する情報提供を役割とする会計を**管理会計**という。財務会計では外部の関係者に対して信頼性の高い情報を提供することが重視されるのに対して，管理会計では企業の経営管理を迅速・柔軟に行ううえで役立つ情報を提供することが重視される。

近年，財務会計で重視されているのが，資本市場（株式市場，社債市場）における企業から投資家への情報提供のための社会的な仕組みである**ディスクロージャー制度**である。各企業から投資家に提供される情報がバラバラだと，投資家は適切な意思決定ができず，投資を控えてしまう。ディスクロージャー制度を通じて全ての投資家に適時適正な情報の提供が行われれば，投資が促進され，経済も活性化する。そして，企業から投資家に提供される情報が適切なものであるためには，外部の専門家によるチェック（**会計監査**）が必要であり，会計監査を行う資格を国家試験により認められた専門家が**公認会計士**である。

現代の資本市場は国境を越えて拡大し，グローバルな市場になっている。そこで，世界規模のディスクロージャー制度を整備することを目的として，**国際会計基準審議会**（IASB：International Accounting Standards Board）という組織が**国際財務報告基準**（IFRS：International Financial Reporting Standards）を作成・公表している。わが国でもIFRSを採用する企業が増加している。

■図表 10-1-1　企業会計とは

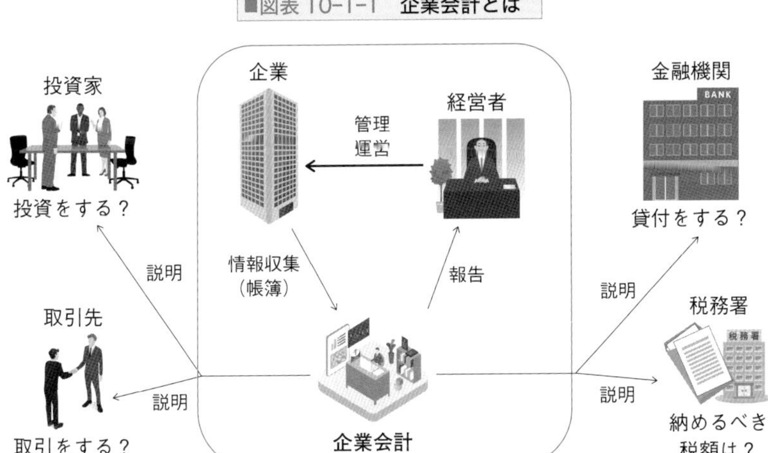

Column 10.1 ● ライオンによるIFRSの採用

ライオンは，2018年から決算に用いる企業会計のルールを国際財務報告基準（IFRS）に変更した。その背景には，ライオンの事業活動の国際化があった。ライオンの海外投資家比率が30％を超え，海外売上高も30％近い水準になっていた。

ライオンがIFRSを導入することのメリットとして考えたのは，第一にライオンの財務諸表を国際的に比較することが容易となり，それが投資家の利点となることである。また，IFRSであれば海外の子会社を含めたグループを構成する全ての企業で採用することが可能であり，グループ内関係会社間の業績等の比較が容易になる点もある。また，日本の会計基準とIFRSとの内容にはまだ差異があるが，IFRSの方が日本の会計基準よりも財産価値を重視した会計基準であり，財産状態をより適切に連結財務諸表に反映できるとライオンは判断していた。そして，その特徴がライオンの経営管理の方針と一致していたこともIFRSへの変更を促した。

10.2 複式簿記と財務諸表

企業会計の役割が情報提供であるならば，提供されるべき情報の元データが蓄積されなければならない。そのために作成されるデータベースが帳簿である。企業会計の帳簿を作成するうえでは，一般に**複式簿記**が用いられる。

複式簿記とは，1つの事柄を常に2つの数字で記録する簿記である。企業において運用されている資金について常に調達と運用という2つの側面を結び付けて記録しようとすれば，2つの数字で記録することが必要になる。また，手元の現金以外の多くの事項の変化も網羅的に記録しなければならない。その際には「何が」「なぜ」変化したのかという2つの側面からの記録が必要になる。複式簿記であれば，これらの要望に応えることができ，企業価値の基礎となる資金の調達・運用の状況を網羅的に把握することができる。

企業を構成する様々な要素についての複式簿記での記録区分が**勘定科目**と呼ばれる。勘定科目ごとの記入欄をまとめた帳簿が**総勘定元帳**である。データベースとして機能するのは総勘定元帳である。企業の活動内容や状態を適切に記録するためには，それらの内容をどの勘定科目にいくらの金額で記入するのかを決めなければならない。その手続きが**仕訳**である。仕訳をした結果が時系列で記入されるのが**仕訳帳**である。（図表 10–2–1）

複式簿記から必要な情報を得るためには，帳簿記録を分類・集計する手続きである**決算**が行われる。決算にあたっては必ず実地調査に基づく帳簿記録の修正を行わなければならない。また，決算では経営者による見積りや判断も会計数値に反映される。そして決算の結果をまとめた報告書である**財務諸表**が作成される。企業会計による説明で関係者に具体的に提示されるのは，財務諸表である。

財務諸表には**利害調整機能**と**情報提供機能**という2つの機能がある。企業の様々な関係者の利害は対立していることが多い。しかし，財務諸表を通じて企業に関わる実情が客観的に明らかになれば，それらの利害を調整し，多くの関係者にとって納得ができる企業の運営が行われることになる。これが利害調整機能である。また，企業の関係者は自らの行動を決めるために多様な情報を必要としているが，その情報も財務諸表を通じて提供される。これが情報提供機能である。これらの機能を果たすためには，財務諸表は統一されたルールに基づいて作成されなければならない。そこで，企業による財務諸表の作成に対しては**会計基準**というルールが設けられている。

■図表 10-2-1　複式簿記の基本的な仕組み

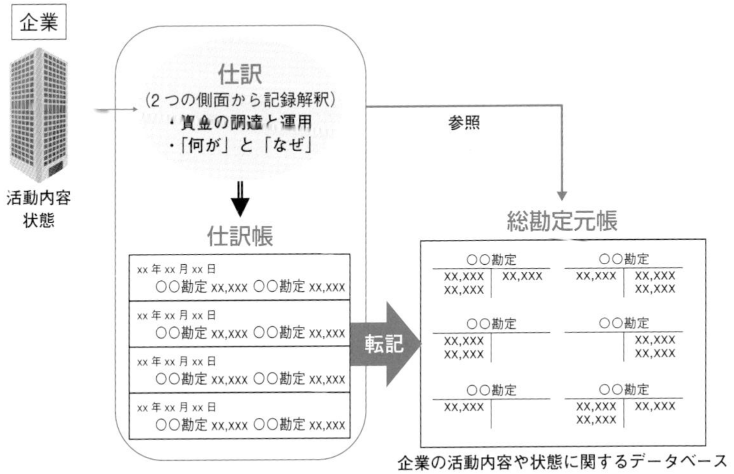

・企業の活動内容を総勘定元帳に設けられた勘定科目を参照して2つの側面から記録解釈（仕訳）。
・仕訳帳の内容が総勘定元帳に転記され，データベースが構築される。

Column 10.2 ● 連結決算

現代の企業は，1つの会社組織だけでなく，法律的には別の会社である複数の企業を自らの指揮下においた企業集団として事業活動を行っている。このとき，株式保有を通じて他の会社の支配を受けている会社を子会社といい，支配している会社を親会社という。特に海外での事業展開にあたっては，進出しようとするそれぞれの国に子会社を設立して，事業活動を展開することが多い。また，事業活動の多角化にあたって，既に活動している企業を買収して子会社にする場合もある。ライオンも2022年12月末の時点で国内外に23社の連結子会社を有しているが，子会社が数百になる企業も少なくない。そして，企業集団全体の活動や状況を把握するために行われる決算が連結決算である。連結決算の具体的な説明はこのテキストの範囲を超えるが，連結決算が行われることで，企業集団全体を1つの企業とみなした連結財務諸表が作成される。

10.3 企業の財政状態 —— 貸借対照表の内容と機能

決算で作成される財務諸表の一つが貸借対照表である。**貸借対照表**は，期末の1時点における企業の状態を，資産，負債，および純資産というストック（過去からの蓄積）情報を用いて示している。

資産の内容は多岐にわたるが，企業が調達した資金を投下した対象である点が共通している。すなわち貸借対照表では，資産の内訳を通じて，企業による資金の運用状況が示される。そして資産は，それ自体を換金することを目的として保有している資産（流動資産）と，事業活動の中で自ら使用することを目的として保有している資産（固定資産）に区分される。

流動資産には，現預金のような支払手段や現金で回収される営業債権，および販売を目的とした商品・製品（棚卸資産）が含まれる。現預金以外の流動資産については，将来における換金可能性を考慮する必要がある。

また，固定資産の中心となるのは，製造や販売のために企業が行ってきた設備投資の結果としての施設・設備や土地である。さらに，特許権等の長期的な権利や子会社の株式等のような長期的な投資も固定資産とされる。したがって，固定資産の大きさや内容は，その企業の事業活動におけるポテンシャルを表している。そして固定資産の増減やその内訳を通じて，その企業が採用している将来に向けた経営戦略に関する情報を得ることができる。

一方，**負債**は企業が将来において返済する義務を負って資金を調達していることを示し，短期的に返済することが必要になる負債（流動負債）と長期的に資金を利用することができる負債（固定負債）に区分される。また，**純資産**は企業による事業活動で返済の義務のない資金が元手として運用されていることを示している。純資産が生じる大きな理由には，株主からの出資が行われていることと，企業自体が事業活動で得た利益を内部留保していることがある。負債と純資産により，企業が事業活動で運用した資金がどのように調達されたのかが示される。

資産は資金の運用を表し，負債と純資産が資金の調達を表している。そして，運用されている資金と調達された資金は必ず一致する。それゆえ貸借対照表においては「**資産＝負債＋純資産**」という関係が必ず成立する。この等式を**貸借対照表等式**という。企業による資金の調達と運用によって企業価値が生み出されているゆえ，貸借対照表には企業価値を生み出すための企業の努力が示されているといえる。（図表 10-3-1）

■図表 10-3-1　貸借対照表の内容

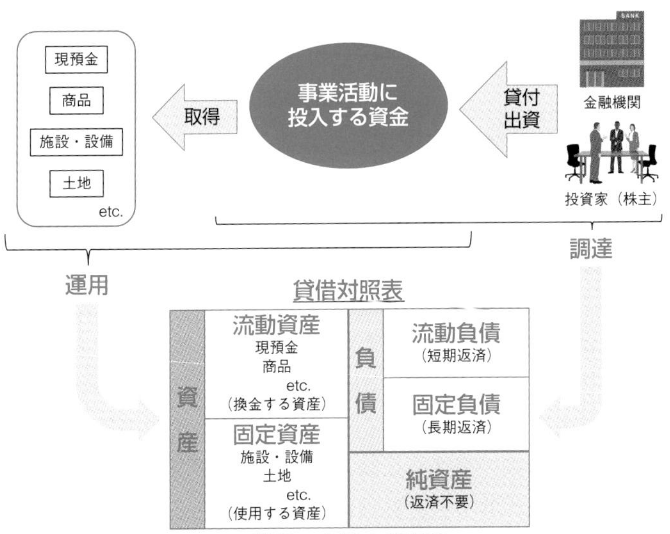

資産＝負債＋純資産

Column 10.3 ● ライオンの貸借対照表における変化

ライオンの連結貸借対照表の内容は，2019 年末から 2022 年末に大きく変化した。

資産合計は 380,701 百万円から 469,278 百万円へと 23.3% 増加したが，全ての資産が同じように増加したわけではない。むしろ現金及び現金同等物は，110,406 百万円から 101,078 百万円に減少している。増加しているのは，生産のための施設・設備を意味する有形固定資産であり，90,903 百万円から 130,137 百万円へと 43.2% も増加した。ライオンはこの期間中に香川県坂出市のオーラルケア工場の新設や既存システム・製造ラインの更新を行っており，積極的な設備投資を行ったことが貸借対照表に表れている。その分，資本及び負債合計ともに増加しており，また負債の構成比率においても，流動負債が低下し，固定負債が増加している。ライオンにおいては，手持ちの現金が減少し固定負債が増加するも，利益成長による資本の増強を背景とした積極的な設備投資の結果であることを貸借対照表から読み取る必要がある。

（百万円）	2019 年末	2022 年末	（百万円）	2019 年末	2022 年末
現金及び現金同等物	110,406	101,078	流動負債計	135,718	141,574
流動資産計	222,497	237,691	固定負債計	23,781	48,536
有形固定資産	90,903	130,137	負債計	159,499	190,110
固定資産計	158,204	231,587	資本計	221,201	279,168
資産合計	380,701	469,278	負債・資本計	380,701	469,278

（出所）　ライオン株式会社 2019 年 12 月期および 2022 年 12 月期決算短信より作成。

10.4 企業の経営成績 —— 損益計算書の内容と機能

企業の業績を示す1期間で獲得された利益の内容を説明している財務諸表が**損益計算書**である。

損益計算書では，1期間の**収益**と**費用**の差額としてその期間の利益（**当期純利益**）が計算される。収益と費用は収入と支出ではない。収益と費用は，現金の増減ではなく，その企業による活動の実施に基づいて計上される。企業が活動を通じて成果を挙げれば，収入が得られる前であっても収益が計上され，たとえ収入があっても活動が実施されていなければ収益は計上されない。また，企業が活動を通じて資源を費消すれば，支出が行われていなくても費用が計上される。収益と費用を，収入・支出ではなく，企業の活動に基づいて計上するという考え方を**発生主義**という。発生主義が採用されることで，単なる手元の現金の金額の増減ではなく，企業の事業活動の実情を反映した期間損益計算が行われる。

発生主義に基づく代表的な会計処理に減価償却がある。減価償却は，土地以外の固定資産の金額をその資産の使用期間にわたって規則的に配分して減価償却費を計上する手続きである。ただし，固定資産の取得のための支出は過去に行われているため，減価償却費が計上された時点では支出は生じない。減価償却費は固定資産を事業活動で使用していることを表す費用であり，発生主義に基づく適正な損益計算のためには必ず計上されなければならない。

なお，企業の活動は多岐にわたる。それゆえ，収益合計から費用合計を差し引くだけでは企業の活動による業績を適切に把握することはできない。そこで，収益や費用はその発生の原因となった活動の内容に基づいて区分され，区分された収益・費用ごとに段階的に差引計算が行われる。それにより営業利益や経常利益といった中間的な利益が計算される。これを**区分損益計算**という（図表10-4-1）。区分損益計算にあたって重視されるのは，製造・販売活動（営業活動）と資金の調達・運用に関する活動（財務活動）の区別と，継続的な活動と臨時的な活動の区別である。

企業の業績を適切に評価するためには，区分損益計算により中間的な利益指標も企業間で比較できなければならない。それゆえ，区分損益計算は統一されたルールに基づいて行われる。ただし，企業が独自の判断で計算・公表している利益指標もある。その代表的なものとしては，利払い前・税引前・減価償却前利益（EBITDA：Earnings Before Interest, Taxes, Depreciation and Amortization）がある。

■図表 10-4-1　区分損益計算（日本基準）

（＋）売上高
（－）売上原価 （販売した製品の原材料費等）

売上総利益（製品の利幅，有利さ）

（－）営業費及び一般管理費 （人件費等の製造・販売の費用）

営業利益（製造・販売活動の業績）

（＋）営業外収益 （受取利息等の資金運用による収益）
（－）営業外費用 （支払利息等の資金運用の費用）

経常利益（毎年繰り返し行う活動の業績）

（＋）特別利益 （臨時的・一時的活動による収益）
（－）特別損失 （臨時的・一時的活動の費用）

税引前当期純利益

（－）法人税等

当期純利益（1 年間の全ての活動の業績）

Column 10.4 ● ライオンの区分損益計算における変化

2021 年度と 2022 年度のライオンの連結損益計算書を比較すると，売上高は 366,234 百万円から 389,869 百万円に増加しているが，当期純利益は 25,431 百万円から 23,110 百万円に減少している。そして，売上総利益も増加しておらず，営業利益の段階での減少が大きい。このことから，ライオンにおいては営業活動の費用及び減価償却費の増加に加え原材料費の上昇が収益の増加以上に大きく，必ずしも売上の成長に見合った利益成長を獲得できなかったことが分かる（本章扉「2022 年 12 月期決算短信」を参照のこと）。

10.5 キャッシュ・フロー計算書

前節で示したように，企業会計における収益・費用は収入・支出ではない。発生主義に基づいて計上される収益・費用により企業の業績が活動実態に即して計算されるが，収益が必ずしも収入になっていないため，利益が計上されていても資金不足に陥り，企業が倒産する（これを**黒字倒産**という）可能性がある。そこで，損益計算書とは別に，キャッシュ・フロー計算書が作成される。（図表 10-5-1）

キャッシュ・フロー計算書の対象となる「キャッシュ」は，現金よりも範囲が広い。銀行預金や確実・迅速に換金することができる有価証券の一部も「キャッシュ」に含まれる。そしてその「キャッシュ」の増減がキャッシュ・フローである。キャッシュ・フロー計算書では，キャッシュ・フローが3つの活動によるものに区分して表示される。

まず**営業活動によるキャッシュ・フロー**が示される。営業活動には，製造・販売に関わる活動と，税金の支払い等の後述する投資活動や財務活動以外の活動が含まれる。営業活動が企業の主たるキャッシュの源泉であるが，同時に，様々な経費の支出や商品・製品の取得に伴うキャッシュの減少も生じる。営業活動によるキャッシュ・フローは正味でプラスになっていることが望ましいが，事業規模を拡大する段階では資金の流出が資金の獲得に先立って生じるため，営業活動によるキャッシュ・フローがマイナスになることもある。

そして，営業活動とは区分して，投資活動と財務活動によるキャッシュ・フローが示される。

投資活動は，設備投資や出資・貸付けを行う活動である。投資活動により資産が取得されるが，貸付金等の債権を除き，その多くは直接には換金されない。したがって，投資活動においては，使われるキャッシュが投資活動自体から得られるキャッシュを上回る。不足分のキャッシュは営業活動や財務活動により調達される。

そして**財務活動**は，企業が借り入れや株式の発行により資金を調達する活動である。借り入れた資金は返済しなければならないが，株式の発行で得た資金は返済されない。それゆえ，財務活動全体としては得られるキャッシュの方が出ていくキャッシュよりも多くなる。

キャッシュ・フロー計算書において重視されるべきは，3つの活動によるキャッシュ・フローのパターンである。計算書末尾のキャッシュの期中増減額だけで資金の状況を判断してはならない。（図表 10-5-2）

■図表 10-5-1　キャッシュ・フロー計算書の内容

キャッシュ・インフロー　：キャッシュの増加額
キャッシュ・アウトフロー：キャッシュの減少額

（＋）営業活動によるキャッシュ・インフロー
（－）営業活動によるキャッシュ・アウトフロー
営業活動によるキャッシュ・フロー

（＋）投資活動によるキャッシュ・インフロー
（－）投資活動によるキャッシュ・アウトフロー
投資活動によるキャッシュ・フロー

（＋）財務活動によるキャッシュ・インフロー
（－）財務活動によるキャッシュ・アウトフロー
財務活動によるキャッシュ・フロー

キャッシュの期中増減額
キャッシュの期首残高

キャッシュの期末残高

■図表 10-5-2　キャッシュ・フローのパターン

＋：キャッシュ・インフロー＞キャッシュ・アウトフロー
－：キャッシュ・インフロー＜キャッシュ・アウトフロー

営業活動	投資活動	財務活動	パターンの意味
＋	＋	＋	営業活動でキャッシュを得ているだけでなく，外部からキャッシュを調達しているのに，投資が行われていない。
＋	＋	－	営業活動でキャッシュを得ているが，投資へ資金投下が行われておらず，借入資金の返済が重視されている。
＋	－	＋	営業活動で得たキャッシュに加えて，財務活動で調達した資金も含めて，投資活動への大規模な資金投下が行われている。
＋	－	－	営業活動で得たキャッシュで投資活動への資金投下を続けているだけでなく，借入資金の返済も行われている。
－	＋	＋	営業活動で不足している資金を，投資活動を抑制し，外部から資金調達を行うことで賄っている。
－	＋	－	営業活動で資金が不足しているが，固定資産の売却等で投資活動から資金を調達し，借入資金の返済を行っている。
－	－	＋	外部から調達した資金を営業活動に投入するだけでなく，投資活動にも投入している。
－	－	－	営業活動で資金が不足している中で，投資活動への資金投下や外部資金の返済も行っている。

10.6 支払能力・安全性の評価

企業は債務の返済能力を失ったときに倒産する。それゆえ，企業の支払能力を読み取り，その企業が将来に向けて継続して事業を行ううえでの安全性を評価することが重要になる。また，企業が成長のための設備投資等を続けていくためにも資金は必要である。それゆえ企業の支払能力や安全性は，単に倒産を回避するだけでなく，企業の将来に向けた成長可能性を評価するうえでも重要なポイントとなる。

企業の支払能力や安全性を評価するためには，貸借対照表に示された負債と，将来における資金獲得能力を表す資産との対比が行われる。その対比にあたっては，資産と負債との相対的な関係を明らかにするための手法として，様々な**財務比率**が用いられる。（図表 10–6–1）

支払能力の評価でまず重要となるのは，企業が短期的に返済しなければならない流動負債と，それ自体が直接に換金される流動資産との関係である。そこで，流動資産を流動負債で除した**流動比率**が計算される。ただし，流動資産に含まれる商品・製品（棚卸資産）は必ず販売できるとは限らない。そこで，流動資産から棚卸資産を差し引いた金額（当座資産）を流動負債で除した**当座比率**も用いられる。そして流動比率や当座比率が大きければ支払能力が高いと考えられる。

ただし，企業活動の長期的な安全性については企業における元手の大きさが重要である。そこで純資産の相対的な大きさを示す**自己資本比率**や，元手と負債の相対的な関係を示す**資本負債比率**が計算される。また，それ自体は換金の対象ではない固定資産は，返済の必要のない元手としての資金で取得されることが望ましい。そこで，純資産に対する固定資産の相対的な大きさを示す**固定比率**や，長期的に利用可能な資金である固定負債を組み入れた**固定長期適合率**が計算される。

負債が相対的に大きい場合，企業が倒産するリスクも大きい。しかし，負債に対しては一定の利息を支払えばよく，利息を上回る成果をあげれば，その資金を企業規模の拡大のために用いることができる。これを**負債のレバレッジ効果**という。

なお，支払能力はフローの側面からも評価しなければならない。その場合には，キャッシュ・フロー計算書に示された営業活動によるキャッシュ・フローの相対的な大きさが重要になる。また，財務活動や税の影響を除外し，支出を伴わないため資金が企業に残る減価償却費を戻し入れた利益指標である EBITDA も，企業の資金力を評価する指標として用いられる。

■図表 10-6-1　支払能力・安全性評価のための財務比率

① 短期的な支払能力を見るための財務比率

$$流動比率 = \frac{流動資産}{流動負債} \qquad 当座比率 = \frac{当座資産（流動資産 - 棚卸資産）}{流動負債}$$

② 長期的な安全性を見るための財務比率

$$自己資本比率 = \frac{純資産（資産 - 負債）}{資産合計} \qquad 資本負債比率 = \frac{負債合計}{純資産}$$

※純資産を自己資本とするうえでは，株主からの出資分に限定するための修正を加える場合もある。

$$固定比率 = \frac{固定資産合計}{純資産} \qquad 固定長期適合率 = \frac{固定資産合計}{（純資産 + 固定負債）}$$

※固定比率が 1 を上回る場合には，負債で調達した資金による設備投資が行われている。
※固定長期適合率が 1 を上回る場合には，短期的に返済すべき資金（流動負債）による設備投資が行われており，資金繰りに問題が生じる可能性がある。

Column 10.5 ● ライオンの支払能力と安全性

2022 年度末と 2021 年度末のライオンの連結貸借対照表を比較すると，流動比率はわずかに増加（166.8%→167.9%）しており，当座比率はほぼ横ばい（129.6%→129.8%）であった。したがって，資金の支払能力は維持されていると考えられる。ただし，自己資本比率はやや低下し（61.9%→59.5%），固定比率や固定長期適合率も増加していた（それぞれ，73.9%→83.0%，67.8%→70.7%）。したがってライオンにおける負債による資金調達の度合いは増加しつつある。そのため，資本負債比率は 61.5%から 68.1%に増加している。ただし，ライオンの自己資本比率の値自体は大きく，固定比率も100%を下回っている。したがって，負債が増加しているとしても，ライオンの安全性が損なわれているわけではない。ライオンは原則として設備投資の資金を負債に依存しないという方針を採っており，貸借対照表から見ても支払手段や安全性は高い水準にあることが分かる。

10.7 業績の評価

営利企業は事業活動を通じて成果を得なければならない。企業が獲得している成果の大きさが業績である。企業の業績を評価するうえでも，財務諸表が重要な情報源となるために様々な財務比率が用いられる。（図表 10–7–1）

企業の成果を得るためには，まず収益が得られなければならない。しかし，たとえ収益が大きくとも，それ以上に費用がかかってしまえば，利益は得られず，損失になる場合もある。それゆえ，企業の業績評価では，単なる収益の大きさではなく，収益を利益に変える能力を見なければならない。そのために用いられる財務比率が**売上高利益率**である。売上高利益率による業績の評価では，損益計算書における区分損益計算の結果を活用する。

ただし，損益計算書だけは企業の業績は評価できない。企業が収益を得るうえで資産等の利用効率も重要なポイントとなる。そこで様々な**回転率**が計算される。回転率が大きければ企業における資産等の利用度は高く，活動は効率的であると考えられる。しかし，資産が過小である場合にも回転率が大きくなる点には注意をしなければならない。

また，企業の業績に関して重要なのは，収益よりも利益である。企業は事業活動に投下している資金の規模に見合った利益を獲得しなければならない。そこで，企業の利益を資産合計（総資産）で除した**総資産利益率**（ROA：Return On Assets）や，企業が債権者や株主から調達した資金の合計額で除した**投下資本利益率**（ROIC：Return On Invested Capital）による評価が行われる。

また，株式会社では出資者に対する業績を評価するうえで，株主からの出資額に対する利益の相対的な大きさを示す**自己資本利益率**（ROE：Return On Equity）が重視される。特に近年は，企業の成長を支えるためには株主との長期的な関係を構築するために企業は一定水準以上の ROE を維持することが求められている。

企業の最終的な評価では ROE が重視されるが，ROE の大小や増減の原因を分析するためには ROE を構成要素に分割することが求められる。そこで一般的に用いられているのが**デュポンシステム**である。デュポンシステムでは，ROE を売上高純利益率，総資本回転率（総資本とは負債と資本の合計（＝資産合計）であり，したがって総資本回転率は総資産回転率に相当する），および財務レバレッジに分割することで，収益に対する利益の獲得能力，資産の活用度，あるいは財務的な活動のそれぞれが業績に与えている影響についての分析が行われる。

■図表 10-7-1　業績評価のための財務比率

① 収益を利益に変える能力を見るための財務比率（売上高利益率）

$$売上高営業利益率 = \frac{営業利益}{売上高} \qquad 売上高純利益率 = \frac{当期純利益}{売上高} \qquad \text{etc.}$$

② 資産の利用効率を見るための財務比率（回転率）

$$総資産回転率 = \frac{売上高}{資産合計} \qquad 営業債権回転率 = \frac{売上高}{営業債権（売掛金等）} \qquad \text{etc.}$$

③ 事業規模に対する相対的な業績の評価

$$総資産利益率（ROA）= \frac{当期純利益}{資産合計} \qquad 自己資本利益率（ROE）= \frac{当期純利益}{自己資本}$$

$$投下資本利益率（ROIC）= \frac{税引後営業利益（NOPAT）}{有利子負債 + 資本}$$

※NOPAT：Net Operating Profit After Taxes

【デュポンシステム】

$$自己資本利益率（ROE）= \frac{当期純利益}{自己資本} = \frac{当期純利益}{売上高} \times \frac{売上高}{総資本} \times \frac{総資本}{自己資本}$$

$$= 売上高純利益率 \times 総資本回転率（総資産回転率）\times 財務レバレッジ$$

※詳細は第 11 章 11.2 節を参照のこと。

Column 10.6 ● デュポンシステムによるライオンの業績の分析

ライオンの連結財務諸表から得た数値を用いて，デュポンシステムにより，2021 年度と 2022 年度の業績を比較すると，以下の表のようになる。

	自己資本利益率	売上高純利益率	総資本回転率（総資産回転率）	財務レバレッジ
2021 年度	9.83%	6.49%	0.85	1.79
2022 年度	8.51%	5.63%	0.87	1.74

ライオンの自己資本利益率（ROE）は低下しているが，その主たる原因は売上高純利益率の低下にあることが分かる。したがって，自己資本利益率の引上げに向け売上高純利益率を改善するためには，付加価値化を進め収益性を高めることと，費用構造の見直しを行うことが重要となる。ただし，収益力の改善および費用の削減が難しいのであれば，総資本（総資産）の利用効率を高めることによる自己資本利益率の改善が図られることになるだろう。

10.8 管理会計

10.1 節で示したように，企業を運営する経営者に対して様々な意思決定のために企業の状況に関する情報を提供することも企業会計の大きな役割である。企業の経営者に情報提供を行う企業会計は**管理会計**と呼ばれる。管理会計は企業の内部管理のための会計である。具体的な管理会計の仕組みには様々なものがあるが，ここでは**原価計算**と**損益分岐点分析**という 2 つの仕組みを紹介しよう。

現代企業の多くでは，企業の活動の中で原材料が製品に加工されていく。その製品生産の進行状況を会計の仕組みを通じて把握するのが原価計算である。基本的には，原材料費，人件費，あるいは製造施設を稼働させるための水道光熱費などが製品の金額（原価という）として集計されていくが，現実の企業は共通した施設を多種多様な製品の生産に用いているため，その集計の仕組みも複雑なものとなる。しかし，原価を正確に計算することができなければその製品の価格を決めることはできず，利益を獲得することもできない。それゆえ，製造業では適切な原価計算の仕組みを構築することが極めて重要である。

ただし，原価は正確であることが求められるとしても，その算定に時間がかかっていては販売活動に支障が生じる。そこで，原価計算では科学的に見積もられた数値（標準）を使うことが多い。そのような原価計算の仕組みを**標準原価計算制度**という。標準原価計算制度を用いることによって経営者に対する迅速な情報が提供されるだけでなく，科学的な見積りと現実との差額を把握し，その発生原因を明らかにすることが生産工程を効率化するうえで役に立つ。この分析も管理会計の重要な役割である。

また，製品生産にかかる費用には，原材料費のように製品の生産規模に比例して増加するものと，工場の土地・建物の賃借料のように生産活動を行わなくても生じるものがある。前者を**変動費**，後者を**固定費**という。変動費と固定費の区分は原価計算の仕組みの中で行われるが，製品 1 個当たりの価格から製品 1 個当たりの変動費を差し引いた金額を**限界利益**（Marginal Profit）という。そして限界利益の総額が固定費の金額を上回ることで利益が得られる。例えば，製品 1 個の価格が 100 円で，変動費が 80 円の場合，製品 1 個当たりの限界利益は 20 円である。ここで，生産設備に係る固定費が 100,000 円であるとすると，5,000 個（$\frac{100{,}000\text{円}}{20\text{円}}$）の製品を販売することが**損益分岐点**となる（図表 10-8-1）。そして経営者はこの損益分岐点の販売実績を実現するために，経営計画を立て，企業の運営を行うことになる。

■図表 10-8-1　損益分岐点分析

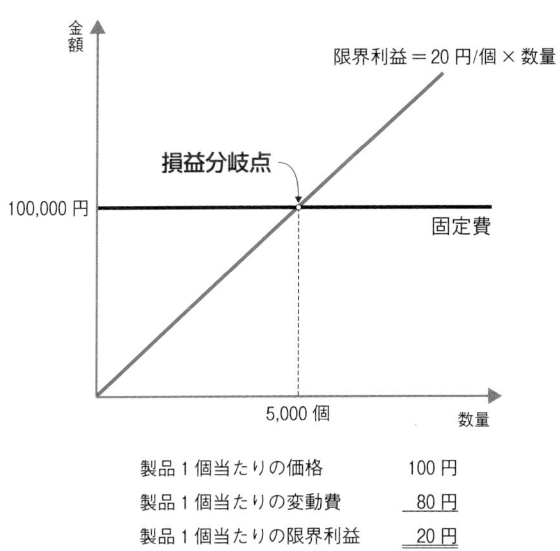

製品 1 個当たりの価格	100 円
製品 1 個当たりの変動費	80 円
製品 1 個当たりの限界利益	20 円

Column 10.7 ● ライオンの利益責任システム

企業規模が拡大し，事業内容が複雑化すれば，企業の組織を適切に区分して管理することが必要になる。そこで，区分された組織と管理会計の仕組みとの整合性を高め，企業会計を現実の組織運営のツールとして活用することが目指される。そこでは，計上された費用や収益を企業の組織の中のどの部門が管理し，最終的な企業全体の利益に結び付けていくのかが明確となる仕組みが整備される。ライオンも，1990 年から，利益責任システムと呼ぶ管理会計の仕組みを整備している。

当時のライオンの利益責任システムでは，家庭品，薬品，食品，化学品および国際の各事業本部別に収益と費用の帰属が明確にされ，それぞれの事業本部ごとの損益計算が行われていた。その際，費用はそれぞれの事業本部が増減を管理できるものと，管理できないものに区分される。ライオンはこの管理会計の仕組みを通じて，その後も各事業本部および各関係会社の特性を踏まえて，実績を適切に把握・評価してきた。さらにその流れを今後の ROIC 管理につなげていこうとしている。

10.9 企業会計に関するさらなる学習に向けて

企業会計は企業の活動内容や状態に関する情報システムであり，企業会計を通じて企業活動における資金の動きを適切に把握することができる。したがって，企業会計が適切に整備されていなければ，企業経営を通じた価値の創造を進めることはできない。

複式簿記を基礎とした企業会計の仕組みには長い歴史があるが，企業会計を通じて把握しようとするものは時代とともに変わり，企業会計の内容も変化している。特に大きな節目となったのは，20 世紀初頭の産業革命と近年の金融革命である。

産業革命では，企業の中心が商業から製造業に変化した。企業にとって重要となる資産も，販売を目的とした商品から製品を製造するために長期的に使用する施設・設備になった。その結果，企業の業績である利益の計算方法も，単発的な商品の売買による利益よりも長期的な活動による利益を計算する方法が開発された。また，企業の継続的な活動に関する情報を外部の関係者に提供するための仕組みとしての企業会計も発展した。

さらに金融革命を通じて，企業における資金の調達・運用をより適切に把握する必要性が高まった。また，企業自体が売買の対象となることも踏まえた情報を外部の利害関係者に提供することが求められるようにもなった。さらに，過去から現在に至る実績だけでなく，企業の将来を予測するための情報も必要とされるようになった。

企業会計を通じて把握すべき活動や状態はますます拡大し，複雑化しているが，企業会計の仕組みはそのような要請に応えることができる。企業会計の仕組みの柔軟性は非常に大きい。ただし，その結果として，企業会計の具体的な内容は時代とともに変わってきたし，今後も変わっていくことになる。従来は行わなかった企業会計上の処理が求められることもあるし，過去において適切であった企業会計上の処理が不適切なものとみなされることもある。

重要なのは，「説明する」という企業会計の役割を適切に果たすことである。企業の活動内容や状態に関して何を説明すべきであるのかを考えることが，企業会計を活用していくうえで重要なポイントとなる。本書の学習を通じて，企業について何が説明されるべきであるのかを考えてみよう。それを考えることが，現代の企業会計の内容を理解し，今後に生じ得る企業会計の変化を予測するうえで大きな意味を持つ。

第11章

経営財務とは

経営財務とは，経済活動を行う継続事業体が，周囲を取り巻く環境の変化に適応しつつ成長と発展を遂げることを狙って実施される，資本（資金）の調達・運用・分配に関するマネジメント（管理）のことである。本章では，ライオンの事例を取り上げながら，経営財務の手法について紹介・解説していきたい。

■ライオンの中長期経営戦略フレーム「Vision2030」のターゲットイメージ

Vision2030 では，サステナブルな社会への貢献を通して経済価値の向上を図り，企業価値を拡大することを目指している。本章では，この経済価値に示された指標について学ぶ。

（出所） ライオン株式会社ウェブサイト「ライオンの概要について　初めて当社とお会いする投資家向け資料」（https://www.lion.co.jp/ja/ir/pdf/library/outline/t202302_01.pdf）（閲覧日：2023 年 7 月 6 日）。

11.1 3つの経営指標

本章ではライオン・グループの成長と発展を狙った戦略目標達成のために，財務の3つの柱である**運用**（投資の評価），**調達**（資本構成），**分配**（株主還元）の諸政策がどのように実施されているか，データを用いて説明する。

11.1.1 戦略目標としての収益性指標

ライオンは2030年に向けた中長期経営戦略フレーム「Vision2030」において，高付加価値化と構造改革に重点を置いた2020年までの10年に対し，今後の10年は海外・新規ビジネスの拡大に重点を置くことを謳っている。この中長期方針に則り，同社は2022年に中期経営計画「Vision2030 1st STAGE（2022-2024年）」を策定し，「市場・経済・社会的プレゼンスの向上」という経営テーマを掲げた。このテーマの狙いは，先行投資や事業成長から創出されたキャッシュをさらなる成長に向けて再投資するとともに，マルチステークホルダーへの還元を強化する「企業価値拡大スパイラルの実現」である（図表11-1-1）。

中期経営計画では経営テーマ達成のための売上成長，減価償却前利益の拡大，そして投下資本の効率性および収益性向上が強調され，それぞれの指標についての目標値が示されている。これらの指標は事業活動と投資の成果を反映することから，戦略目標として用いられた背景と近年の推移について確認しておこう。

11.1.2 収益性指標の推移

ライオンは2030年に向けた成長のポイントとして海外事業の拡大を掲げている。具体的には海外事業の拡大に向けたグローカライゼーション戦略（海外で参入する国・地域の現地ニーズに即した事業戦略）の推進，中国事業の拡大，新規国・エリアの拡大から構成され，2021年には約27%であった海外事業の売上高構成比を，2030年には約50%に引き上げることが目標とされている。

① 年平均成長率（CAGR）

2024年の目標売上高4,200億円を達成するためにライオンが重視するのは2022年から2024年までの3年間の**年平均成長率**（Compound Annual Growth Rate，以下CAGR）である。海外事業の成長がグループ全体の戦略達成において要となることから，持続的にプラスの複利平均成長率を達成することが肝要となる。中期経営計画の目標売上高4,200億円を達成するための目標CAGRを図表11-1-2

■図表 11-1-1　市場・経済・社会的プレゼンスの向上

パーパス（より良い習慣づくりで人々の毎日に貢献する）の実践による事業成長

事業成長＝「より多くの生活者接点」×「より多くの生活者」×「より多くのエリア」の拡大

企業価値拡大スパイラルの実現

先行投資 ⇒ 事業成長 ⇒ キャッシュ創出 ⇒ 再投資/マルチステークホルダーへの還元 ⇒ 更なる成長・・・

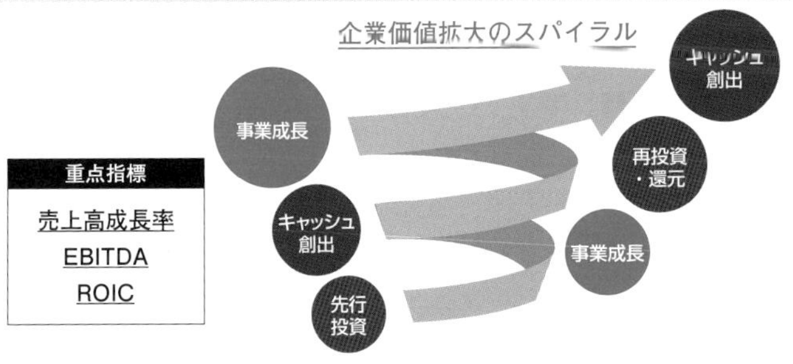

（出所）　ライオン株式会社（2022）「中期経営計画『Vision2030 1st STAGE』策定のおしらせ」5 頁。

■図表 11-1-2　3 つの収益性指標

① 年平均成長率（CAGR）

$$\mathrm{CAGR} = \left(\sqrt{\frac{n\text{年目の売上高}}{1\text{年目の売上高}}} - 1\right)^{\frac{1}{n-1}} \quad (\text{単位：\%})$$

② 利払い前・税引前・減価償却前利益（EBITDA）

EBITDA ＝ 事業利益 ＋ 減価償却費

＝ 売上高 － （売上原価＋販管費） ＋ 減価償却費

③ 投下資本利益率（ROIC）

$$\mathrm{ROIC} = \frac{\text{税引後事業利益（NOPAT）}}{\text{有利子負債} + \text{資本}} \times 100 \quad (\text{単位：\%})$$

（注 1）　②の事業利益は，売上総利益から販売費および一般管理費を控除したもので，恒常的な事業の業績を測るライオン独自の利益指標である。

（注 2）　③では税引後事業利益を NOPAT（Net Operating Profit After Taxes）と見なしている。

①に基づいて計算すると約4.7%となる。

② 利払い前・税引前・減価償却前利益（EBITDA）

利払い前・税引前利益（Earnings Before Interest and Taxes，EBIT）に減価償却費を加えたものが**EBITDA**（Earnings Before Interest, Taxes, Depreciation and Amortization，利払い前・税引前・減価償却前利益）である（図表11-1-2②）。この指標は，金利，税率の違いや減価償却方針の違いを捨象した利益額を測定するため，国家間の経済成長や制度の違いに影響されることなく企業間の収益性比較を可能とする点に特徴がある。ライオンがEBITDAを重視する背景には，海外市場に成長機会を求めるグローバル化の影響，**キャッシュ・フロー**（Cash Flow，以下CF）重視の経営戦略策定の影響があるものと推察される。

なお，ライオンが営業利益に代わって「**事業利益**」概念を使用している点は注目に値する。この「事業利益」は日本基準でいえば営業利益に相当する。同社は投資者の観点からの比較可能性の向上，グループ内での経営管理上のメリットを考慮して2018年から国際財務報告基準（International Financial Reporting Standards，以下IFRS）を任意適用しているものの，事業活動全般の利益を表す「事業利益」を独自に開示し，EBITDAとともに重要な経営指標と位置づけている。なお同社の2024年のEBITDA（連結ベース）の目標額は過去最高の520億円，事業利益（連結ベース）の目標値は300億円に設定されている。

③ 投下資本利益率（ROIC）

ライオンは投資の収益性と効率性を高めるべく，**投下資本利益率**（Return on Invested Capital，以下ROIC）を戦略目標として採用している（図表11-1-2③）。事業の収益性を分子，資本提供者から委ねられた資本を分母とするこの指標は，収益性のみならず，B/S（Balance Sheet，賃借対照表）管理も兼ねた経営管理指標の役割も担っている。なお分子には一般的に税引後営業利益を用いるが，同社の場合は既に説明した通り事業利益ベースとなっており，2024年におけるROIC（連結ベース）の目標値は7.5%水準である。

11.1.3 売上高，EBITDA，ROICの推移

図表11-1-3にはこれら3つの指標の推移が示されている。①の売上高は海外事業の展開等に代表される成長戦略の推進により，2019年を除いて増加傾向にある。②の事業利益およびEBITDAについては2020年まで順調に増加するもオーラルケア新工場を竣工・稼働させた2021年は減じており，積極投資が促す減価償却費の増加が事業利益増益のブレーキとなる可能性がある点には留意すべ

■図表 11-1-3　3つの指標の推移

① 売上高（連結ベース）

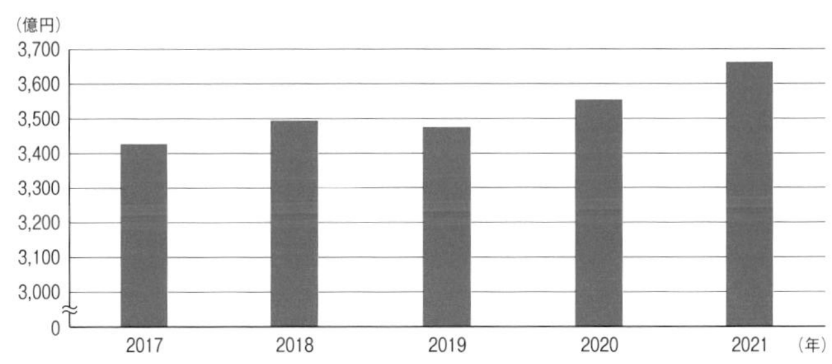

（注）データは全て国際財務報告基準ベース。以下同様。

② EBITDAと事業利益（連結ベース）

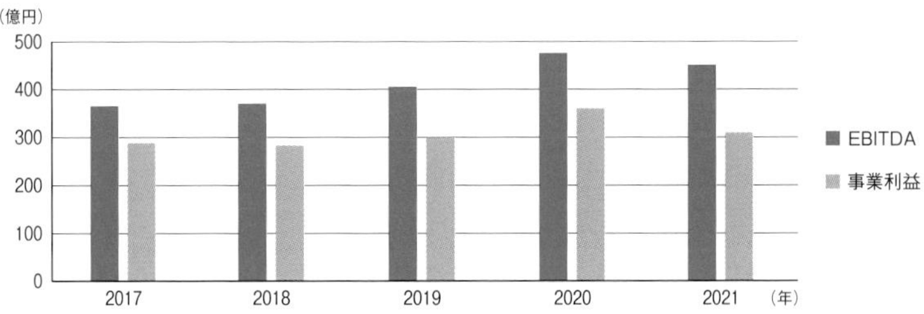

③ ROICの推移（連結ベース）

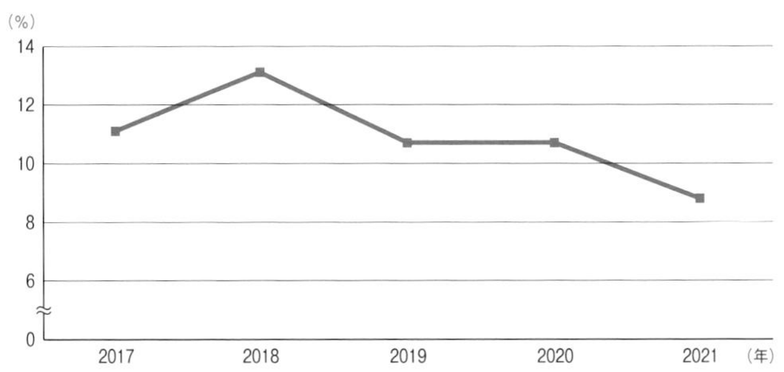

（注1）投下資本利益率＝税引後事業利益/期中平均投下資本。
（注2）投下資本＝借入金＋リース負債＋親会社所有者持分。
（出所）①ライオン株式会社「有価証券報告書」より作成。
②ライオン株式会社「有価証券報告書」より作成。
③ライオン株式会社（2022）「ライオン統合レポート2022」10頁より作成（閲覧日：2023年1月31日）。

きである。③の ROIC は，積極投資による規模拡大の影響もあり，2018 年をピークに緩やかな低下傾向にあるものの，2024 年の目標値である 7.5%よりも高い水準にある。

このように，新たな中期経営計画に入る前の段階で 3 つの指標は比較的高水準にあることから，将来の目標達成も十分期待できる。この背景には投資案件の CF を正味現在価値，内部収益率，回収期間の観点から吟味し，当初のプラン通りの収益性が確保されているかを定期的に評価するなど，マネジメント・サイクルを適切に運営する組織体制がある。

11.1.4 資本コスト

近年の日本企業において企業価値最大化のための経営戦略と財務戦略の融合が本格化しつつある。そして，収益性の向上と最適資本構成の実現のために行う財務基盤の強化，さらには ESG（Environment, Social, Governance，環境・社会・ガバナンス）投資への対応（**11.4 節**参照）と実行すべき経営財務についてのオペレーションは年々複雑化，高度化している。

そのような状況において柱となるのは収益性の向上による企業価値最大化であり，企業価値向上を達成するための道標となるベンチマークとしてわが国でも重要視され始めたのが**資本コスト**（Cost of Capital）である。この資本コストは機会費用概念に基づく収益率であり，その平均値のことを**加重平均資本コスト**（Weighted Average Cost of Capital，以下 WACC；ワック）という。

近代財務理論において，資本コストは「投資家が期待する収益率」と定義され，財務理論の中核をなす重要な概念となっている。それゆえ資本コストは投資決定にあたっては最低限度達成すべき収益率，すなわち，投資のハードルレートとされている。しかしながら 21 世紀に入るまで，日本の企業経営者の資本コストに対する意識は低く，資本の調達・運用に伴う現金支出の類として理解されていたとの指摘がある。具体的にいうならば，日本企業の経営者の多くは株主資本コストを単に支払配当のみと考えており，配当されず蓄積される留保利益にはコストがかからないとの意見が支持される状況にあった。

近年，そのような状況は変化し，資本コスト概念が日本企業の財務戦略にも徐々に浸透してきた。間接金融から直接金融への移行，機関投資家（特に外国人投資家）の増大と相まって「モノ言う株主」の増加等に象徴される経営環境の変化により，株主重視への意識が高まり，彼らの求める期待収益率を考慮するうえで，そのハードルレートとしての WACC が否応なく認識されるようになったといえる。

Column 11.1 ● WACC を計算するには？

加重平均資本コストとは，負債の資本コストと株主資本コストの加重平均である。負債の資本コストは利息（金利）である。株主資本コストは一般的に株主から出資を受けて調達した資本に対するコストと説明される。言い換えると株主資本コストは，株主が企業に対して要求するリターンのことを指す。株主資本コストを推計する代表的な手法として CAPM（Capital Asset Pricing Model，資本資産価格モデル）が挙げられる。以下の式で株主資本コストは推計される。

株主資本コスト
　＝安全資産利子率
　　＋ベータ（β）×（市場ポートフォリオの期待収益率－安全資産利子率）

上式のベータ（β）は個別株式の市場ポートフォリオに対する感応度である。分かりやすくいえば，市場ポートフォリオ（株式市場）が 1％変化したときに任意の株式のリターンが何％変化するかを示す係数である。市場ポートフォリオは株式や債券など世界中のあらゆる市場にあるリスク資産をそれぞれの時価総額の比率に応じて投資した集合体であるが，実際には東証株価指数（Tokyo Stock Price Index，TOPIX）などを用いる。上式の（市場ポートフォリオの期待収益率－安全資産利子率）の部分は市場ポートフォリオの期待超過リターンを意味する。安全資産利子率には新発 10 年物国債の利回りを使用することが多い。なお WACC は以下の計算式で求められる。

$$\text{WACC}(\%)=\frac{\text{株式時価総額}}{\text{株式時価総額}+\text{有利子負債}}\times\text{株主資本コスト}(\%)+\frac{\text{有利子負債}}{\text{株式時価総額}+\text{有利子負債}}\times\text{有利子負債コスト}(\%)\times(1-\text{税率})$$

このような経営環境の変化に適応すべく，ライオンも同様にWACCを重視している。WACCは ***Column*** 11.1にあるように，有利子負債コスト（負債の資本コスト）と株主資本コストの加重平均で推計される。同社の場合，有利子負債が比較的少額であるため，株主資本コストとWACCの差が僅少だと推察される。さらに同社が属する産業の性質上，事業リスクが低いと予想されることから，ベータ（β）値も相対的に低くなる傾向にあると推測される。

ライオンは自社のWACCを4%水準と推計しており，この水準をベンチマークとして全社レベルの収益性向上に取り組んできた。具体的にはROICとWACCのスプレッド（差分）が拡大するよう事業運営に取り組んでおり，直近では5%程度のスプレッドを確保している。ROICを評価するうえでWACCとの比較は必要であり，企業価値向上を図るうえで資本コスト概念は必要不可欠なベンチマークとして活用されている（図表11-1-4）。

11.2 自己資本利益率（ROE）と資本構成

11.2.1 ROEの意味

ライオンは2020年までの10年間，高付加価値化を念頭に収益力，とりわけ自己資本の収益性向上に努めてきた。自己資本の収益性を示す指標である**自己資本利益率**（Return on Equity，以下ROE）は長きにわたり重要な経営指標であり，中長期経営戦略フレーム「Vision2030」においても前節で挙げた3つの経営指標に次ぐ位置づけとなっている。

個別決算の場合，ROEは当期純利益を自己資本で除すことによって求められるが，連結の場合，親会社の所有者の持分のみが計算式に組み入れられ，非支配所有者の持分は除外される（図表11-2-1）。連結か個別かによって計算式に若干の違いはあるものの，株主に帰属する利益をどの程度生み出したかを示す指標であることに変わりはない。加えて，株価指標との強い相関が指摘されることから，ROEが高いほど株主の立場から見た収益性は高いと評価される。

11.2.2 デュポンシステムに基づくROE分析

ROEを高めるための手法を探る上で有効なのがデュポンシステムを用いた分析である。この分析の狙いは，ROEを「**売上高純利益率**（当期純利益/売上高）」，「**総資本回転率**（売上高/総資本）」，「**財務レバレッジ**（総資本/自己資本）」からなる3

■図表 11-1-4　WACC のイメージ図

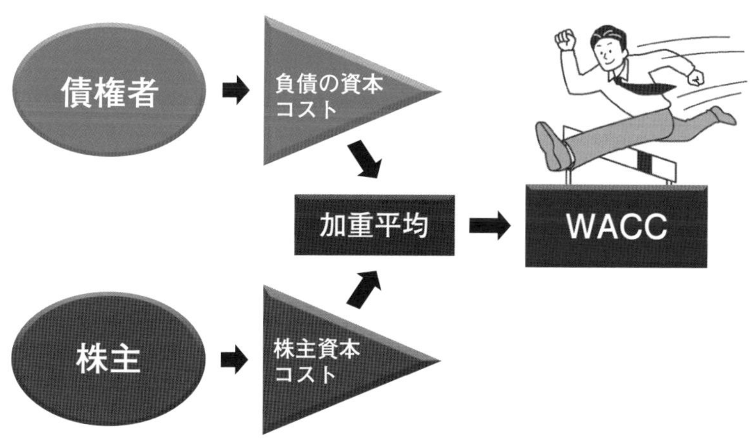

■図表 11-2-1　ROE の計算式

○連結決算の場合

$$\mathrm{ROE} = \frac{\text{当期純利益} - \text{非支配所有者に帰属する当期純利益}}{\text{資本合計} - \text{非支配所有者持分}} \times 100 \quad (\text{単位：\%})$$

○個別決算の場合

$$\mathrm{ROE} = \frac{\text{当期純利益}}{\text{純資産合計} - \text{新株予約権}} \times 100 \quad (\text{単位：\%})$$

（注 1）連結決算における ROE の分母は「親会社所有者に帰属する持分」のことで，本章ではこれを自己資本としている。
（注 2）連結決算の場合は国際財務報告基準，個別決算の場合は日本基準に基づく。

指標の積に分解し，ROE の引き上げに有効な手段を明らかにすることである。

この分解式によると，ROE を高めるためには増益により当期純利益率を高めること，増収により回転率を高めること，自社株買いや配当増などを通じて自己資本を減らして財務レバレッジを上昇させること，以上 3 つの手法が有効となる。ただし，企業が事業活動に用いる資本を総資本（負債＋資本）と見なすか，投下資本（有利子負債＋資本）と見なすかによって，分析結果が異なる点には注意を要する。

デュポンシステムに基づきライオンの直近 5 年の ROE を要因分解してみよう。図表 11-2-2 に ROE と当期純利益率の推移が示されている。ROE はおおよそ 10%から 15%の幅で推移しているが，当期純利益率との相関が強く，変動パターンも酷似している。ただし，ROE の水準が一貫して当期純利益率より 3%から 6%ほど高いことから，両指標の差は回転率あるいは財務レバレッジの水準に求められる。総資本と投下資本，2 つの回転率の推移を示したものが図表 11-2-3 である。

総資本回転率は「負債＋資本」を用いた回転率指標だが，ライオンは投下資本を重視しているため，2 種類の回転率を計算した。投下資本額は常に総資本額未満であるため，投下資本回転率は総資本回転率を一貫して上回っているものの，両者の乖離幅は縮小傾向にある。この背景には，事業へ投下する資本を積極的に増やす一方，総資本に占める無利子負債の割合を引き下げる動きがあるものと推察される。財務レバレッジも同様に総資本ベースと投下資本ベースの 2 種類を示した（図表 11-2-4）。総資本ベースでは無利子負債が含まれるため，財務レバレッジは高めに計算されるが，投下資本ベースでは無利子負債が含まれないため，低めに計算される。

以上のことから，ROE が当期純利益率を一貫して上回る主因は，総資本ベースでは財務レバレッジとなる一方，投下資本ベースでは回転率となるなど，ROE の分解手法により主因が異なる（図表 11-2-5）。この事例においてどちらの分析手法を用いることが適切かと問われれば，後者の投下資本ベースを用いることが望ましい。グループ全体の経営戦略上，売上高の成長と投下資本が重要な役割を果たしているからである。

11.2.3　資金調達と資本構成

ライオンは連結ベース（2021 年 12 月期）で 4,280 億円の総資産，うち現預金等で 973 億円を保有している。年間 400 億円程度の営業 CF が見込まれるが，必要に応じては社債発行登録を行う等，有事の資金対応にも備える場合もある。財務

■図表 11-2-2　ROE および当期純利益率の推移（連結ベース）

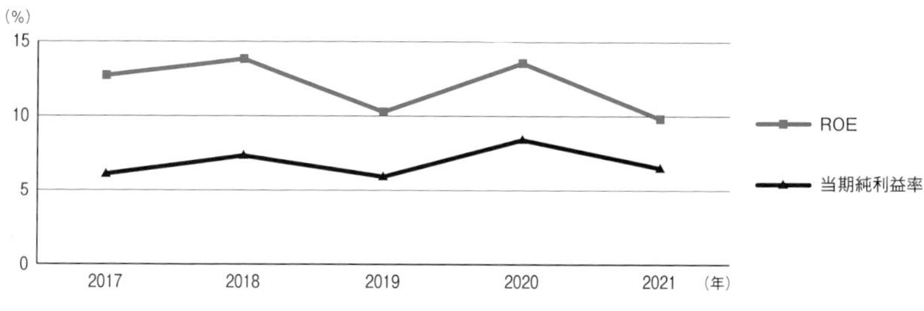

（出所）　ライオン株式会社「有価証券報告書」より作成。

■図表 11-2-3　総資本回転率および投下資本回転率の推移（連結ベース）

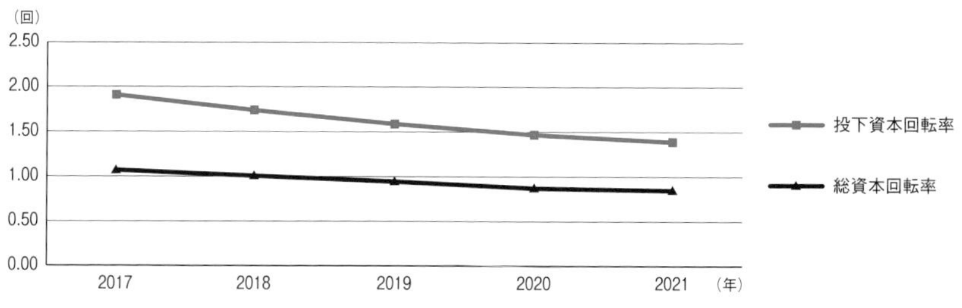

（注 1）　総資本回転率＝売上高/期中平均総資本。
（注 2）　投下資本回転率＝売上高/期中平均投下資本。
（出所）　ライオン株式会社「有価証券報告書」より作成。

■図表 11-2-4　財務レバレッジの推移（連結ベース）

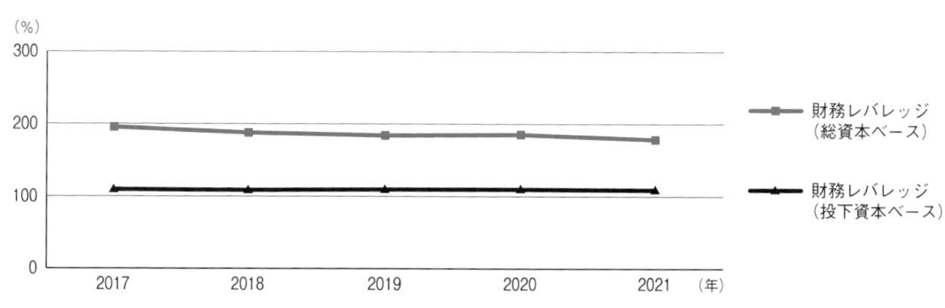

（注 1）　財務レバレッジ（総資本ベース）＝期中平均総資本/期中平均自己資本。
（注 2）　財務レバレッジ（投下資本ベース）＝期中平均投下資本/期中平均自己資本。
（出所）　ライオン株式会社「有価証券報告書」より作成。

運営については，リーマンショックのような経済変動リスクに耐え，かつ有事でも機動的な資金調達が可能となる「格付けA－以上」の財務健全性維持を念頭に，①自己資本比率，②自己資本額，③D/Eレシオ（純有利子負債/自己資本），④債務償還年数（純有利子負債/EBITDA）等の複数の指標で基準値を設けている。

ライオンは，自己資本比率の逆数である財務レバレッジ（総資本ベース）が200%弱の水準から緩やかな低下傾向にあることを反映し，①自己資本比率は50%超の水準で上昇傾向にあり，②自己資本額は2017年の1,700億円台から2,500億円台に増加するなど，安定的に推移している（図表11-2-6）。純有利子負債（有利子負債－現金および預金）は一貫してマイナスで実質的には無借金経営であるから，③D/Eレシオ，④債務償還年数の基準値達成について危惧する必要はないと考えられる。

このように，原則的には内部金融に基づく資金調達を行い，有事の際には外部から負債を調達する方針の下，負債依存度の低い資本構成となっており，財務構造は極めて安定的である。増益により自己資本比率の向上に努め，留保利益の充実を元手に再投資を行うことで投下資本を増加させつつ売上高の成長を実現している。ライオンの場合，内部金融重視による自己資本の成長が投下資本の成長につながり，増収の促進と構造改革による費用低減とが相まって増益基調を作り出すことが，企業価値拡大スパイラルを実現する原動力となっている。

11.3 株主還元

11.3.1 1株当たりの利益と配当金の推移

ライオンは従前から高付加価値化への移行とコスト削減を通じて収益性向上に邁進してきた。加えて，中期経営計画において株主価値の希薄化をきたさない資金調達手段の一つとして**社債**（債券発行による資金調達）を選択している。これは新株発行による株式数の増加がもたらす1株当たりの純資産や利益の低下を未然に防ぐことを狙いとしている。このような方針を堅持した結果，**1株当たり利益**（Earnings Per Share，以下EPS）が急成長したことにより，フローベースの配当余力が大幅に高まった。

2012年には15.77円（日本基準）であったEPSが2021年には81.73円（国際財務報告基準）に急成長している。この利益成長を背景に，2012年に10円であった**1株当たり配当金**（Dividends Per Share，以下DPS）が2021年には2.4倍の24円

■図表 11-2-5　デュポンシステムに基づいた ROE 分析

● 総資本ベース

$$\text{ROE} = \frac{\text{当期純利益}}{\text{売上高}} \times \frac{\text{売上高}}{\text{総資本}} \times \frac{\text{総資本}}{\text{親会社所有者持分}}$$

(9.83%)　(6.49%)　(0.85 回)　(178.67%)

● 投下資本ベース

$$\text{ROE} = \frac{\text{当期純利益}}{\text{売上高}} \times \frac{\text{売上高}}{\text{投下資本}} \times \frac{\text{投下資本}}{\text{親会社所有者持分}}$$

(9.83%)　(6.49%)　(1.39 回)　(108.91%)

（注）カッコ内の数値はライオン株式会社「有価証券報告書」2021 年のデータに基づき算出。

■図表 11-2-6　自己資本額および自己資本比率の推移（連結ベース）

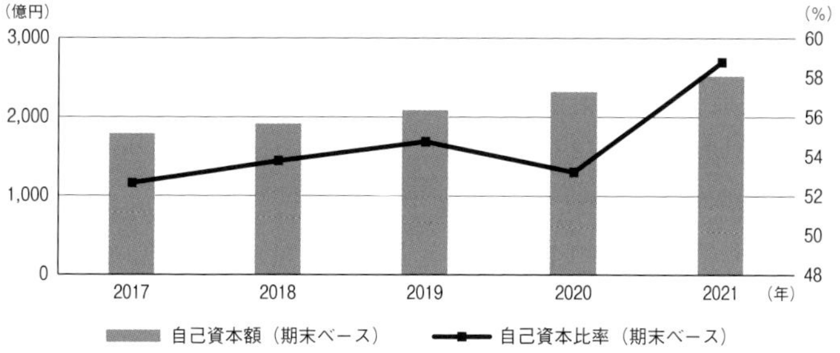

(億円)
3,000
2,000
1,000
0
(%)
60
58
56
54
52
50
48
2017
2018
2019
2020
2021
(年)
自己資本額（期末ベース）
自己資本比率（期末ベース）

（注）自己資本比率＝親会社所有者持分/総資本。
（出所）ライオン株式会社「有価証券報告書」より作成。

■図表 11-3-1　EPS と DPS の推移

(円)
150
100
50
0
2017
2018
2019
2020
2021
(年)
EPS
DPS

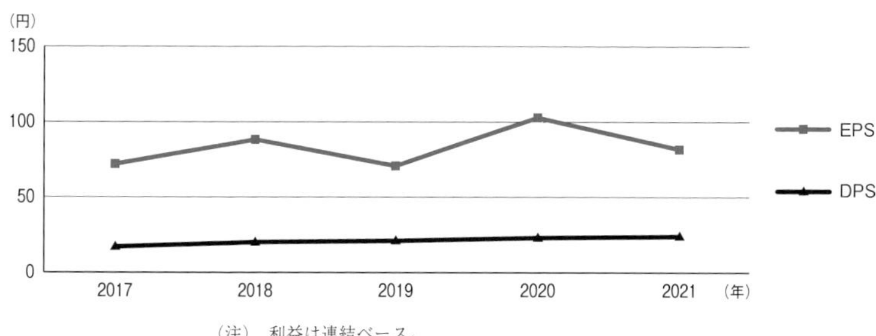

（注）利益は連結ベース。
（出所）ライオン株式会社「有価証券報告書」より作成。

に成長している。この期間の発行済み株式数（普通株式）は約2億9,991万株で変化がないことからDPSの成長は内部資金の再投資によるEPS成長によって達成されたといえる（図表11-3-1）。

11.3.2 株主還元の方針

ライオンは中期経営計画期間中において1,200億円程度のCFを見込み，そのうち800億円相当を設備投資および・省力化・合理化投資等に充当し，残り300億円を株主還元に充てることを予定している。配当政策については連結配当性向30%を目安に安定的・継続的に増配を行うことを基本方針としており，中期経営計画期間中においては増配の継続を目指している。また，自社株買いについては中長期的な内部留保の確保を総合的に判断して実施を検討する方針としている。

同社の配当総額および連結配当性向の推移を示したものが図表11-3-2である。連続増配が実施されているものの，それを超えたペースで増益が実現されていることから，連結配当性向は目安となる30%以内の水準にとどまっている。データ期間中の自社株買い取り額は配当総額に対して少額であり，総還元性向（配当総額＋自社株買い取り額）を計算しても，30%に満たない水準となっている。

ただし近年この傾向に変化が生じている。データ期間後の2022年2月14日，ライオンは大規模な自社株買いを実施した。取締役会の決議により実施されたこの自社株買い取り額は総額約100億円と過去最高額であった。投資を積極的に推し進めてきた後に実施された自社株買いの狙いは，ROEおよびEPSの向上にあると推察される。財務理論上，自社株買いの実施は株価に対し中立的であるが，株主側が自社株買いをどう判断するかについては別途検討を要する。株主還元策が今後どのように実施されるか，興味深いところである。

11.4 ライオンのESG経営

近年，持続可能な開発目標（Sustainable Development Goals，以下SDGs）の重要性が理解され始め（図表11-4-1），ESG投資への関心も高まっている。2006年に国連のPRI（Principles for Responsible Investment，責任投資原則）が公表され，機関投資家のESG投資に企業と社会の持続的な成長を目指すための重要な役割が期待されている。2000年代に入り，欧州各国や米国では年金運用に関して，財務情報と同様に環境や社会との関わりについての情報開示を行うことや，投資に際し

■図表 11-3-2　配当総額と連結配当性向の推移

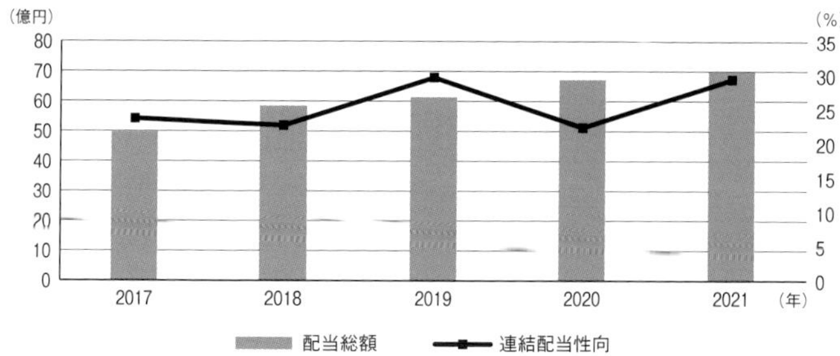

(注)　連結配当性向＝配当総額/(当期純利益－非支配所有者に帰属する当期純利益)。
(出所)　ライオン株式会社「有価証券報告書」より作成。

■図表 11-4-1　持続可能な開発目標（SDGs）への貢献

ライオンの取り組み		持続可能な開発目標 (SDGs：Sustainable Development Goals)
生活者と一緒に行動する習慣づくり	●予防歯科習慣づくりで心と身体の健康の実現 ⇒目標 3,4,10,12,17	目標 1：貧困をなくそう
		目標 2：飢餓をゼロに
	●清潔衛生習慣づくりで心と身体の健康の実現 ⇒目標 3,4,6,12,17	目標 3：すべての人に健康と福祉を
		目標 4：質の高い教育をみんなに
	●節水・節電型商品を使う習慣づくりで脱炭素社会の実現 ⇒目標 3,6,7,9,13,14,15,17	目標 5：ジェンダー平等を実現しよう
		目標 6：安全な水とトイレを世界に
	●4R の習慣づくりで資源循環型社会の実現*1 ⇒目標 3,6,7,9,12,13,14,15,17	目標 7：エネルギーをみんなに そしてクリーンに
		目標 8：働きがいも経済成長も
	●楽しい家事シェア習慣づくりでジェンダー平等の実現 ⇒目標 3,4,5,17	目標 9：産業と技術革新の基盤をつくろう
		目標 10：人や国の不平等をなくそう
		目標 11：住み続けられるまちづくりを
従業員と一緒に行動する習慣づくり	●従業員の成長と会社の発展の実現――ライオンで働く人たち ⇒目標 8	目標 12：つくる責任 つかう責任
		目標 13：気候変動に具体的な対策を
	●社会や環境に配慮した原材料の調達・使用 ⇒目標 12	目標 14：海の豊かさを守ろう
		目標 15：陸の豊かさも守ろう
	●生物多様性保全活動 ⇒目標 14,15	目標 16：平和と公正をすべての人に
		目標 17：パートナーシップで目標を達成しよう
	●パートナーと目指す持続可能な社会の実現*2 ⇒目標 17	

*1 「4R」とは，循環型社会を形成（廃棄物減量）するための取り組みである「Refuse, Reduce, Reuse, Recycle」の頭文字である。
*2 「パートナー」とは，行政や自治体，NGO・NPO，民間企業などを指す。
(出所)　ライオン株式会社（2022）「LION's SUSTAINABILITY 2022」，外務省ウェブサイトを参照して作成（閲覧日：2023 年 6 月 29 日）。

てこれらの事項をどの程度考慮したかについて開示することを義務付けている。わが国の年金積立金管理運用独立行政法人（Government Pension Investment Fund, GPIF）も2015年にPRIに署名し，ESGインデックスを採用している。

ライオンは2009年に持続可能な成長を実現する世界的な取り組みである「国連グローバル・コンパクト」への支持を表明し，社会的責任の国際規格「ISO26000」や世界共通の課題であるSDGsを踏まえ，積極的にESGの取り組みを進めてきた。とりわけ図表11-4-1で示されるように，商品・サービスを通じて，SDGsの目標3「すべての人に健康と福祉を」の達成に貢献している。その成果として，同社は2022年現在，ESGインデックス「FTSE 4 GOOD」構成銘柄に15年連続で選定され，「FTSE Blossom JAPAN Index」，「MSCI日本株女性活躍指数（WIN）」，「Dow Jones Sustainability Indices（DJSI）」の構成銘柄にも6年連続で選定されている。2018年9月には「S&P/ JPXカーボン・エフィシェント指数」に選定されるなど，ライオンは現在5つのESGインデックス構成銘柄となっている。

これらのインデックスに選定されるには，時価総額が一定規模以上であり，ESGリスクへの対応力や女性の活躍度等をスコア化したうえで，一定の要求水準を満たす企業努力が必要となる。ライオンがESGインデックスに選定された背景には，ESGに関わる4つの取り組みが評価された事実がある。第一に，国内外での温室効果ガスの削減，製造工程排水リサイクルシステムの稼動や事業所内外での水使用量の削減等，環境面での取組みが挙げられる。第二に，ワーク・ライフ・バランス施策の推進や，従業員対象の歯科予防プログラムの導入等，健康管理施策の推進など，労働慣行の改善に関わる取り組みがある。

第三に，国内外での「安全衛生防災マネジメントシステム」の構築および安全防災研修の実施等，安全・衛生に関わる取り組みがある。最後に，社長および執行役員がメンバーとなる「サステナビリティ推進協議会」を設けてESGマネジメント全体の強化に取り組んでいる点が指摘できる（図表11-4-2）。これらの取り組みは様々なステークホルダーからの共感を得てライオンの長期的な企業価値の向上に資するものと理解されている。

11.5 おわりに

ライオンは2010年代にグループ全体としての高付加価値化とコスト削減を推

■図表 11-4-2　サステナビリティマネジメント（推進体制）

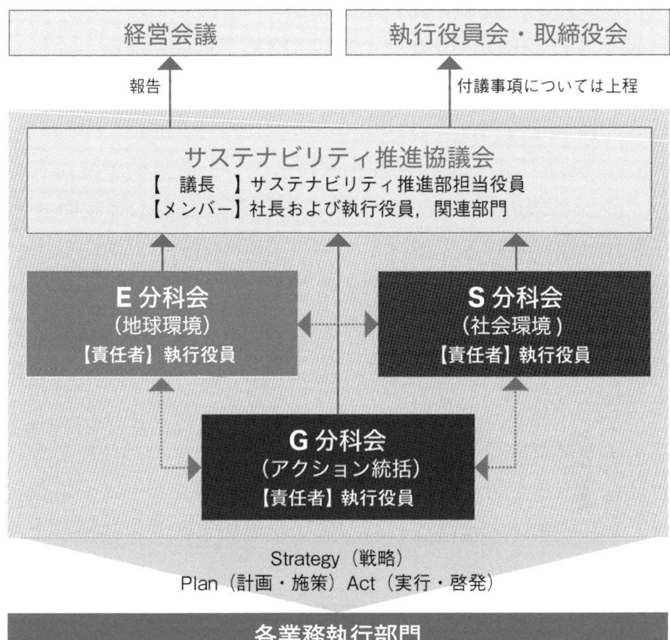

（出所）　ライオン株式会社（2022）「ライオン統合レポート 2022」49 頁（閲覧日：2023 年 1 月 31 日）。

し進めることで収益性を格段に向上させた。そこでは株主価値向上のためのROE引上げが重要な経営目標であった。次の2020年代においてはグループ全体の成長機会を新規事業と海外市場に求め，売上高（成長率），EBITDAの目標値を掲げるとともに，ROICによる収益性の向上と投下資本の効率的な調達を狙ったROICマネジメントを導入した。

ROICマネジメントへの移行は全社的な投下資本の収益性と効率性を管理するだけでなく，セグメントごと（事業別・地域別）の収益性と効率性を管理する「**重要な業績評価指標**」（Key Perfomance Indicator，以下KPI）としてROICを用いることが意図されている。新規事業や海外市場への展開を視野に入れた成長戦略においてこそKPIとしてROICの果たす役割は極めて重要となる。そして将来の再投資や株主還元の原資として事業から回収される収益をキャッシュベースで評価するEBITDAの重要性も増すことになる。

ROICマネジメントによって収益性を維持しつつ企業規模が拡大する中で獲得されるキャッシュは取引先，債権者，株主をはじめとする複数のステークホルダーに支払われ，還元される。彼らとの契約・利害関係や商圏の拡大がグループの市場・経済・社会的プレゼンスを高めることにつながれば，企業の経済的価値の向上に貢献することが明らかになりつつある社会（非財務）的な要素にも配慮せざるを得なくなる。この状況に対応するために持続可能性を共通項とするSDGsやESGに向き合う経営姿勢が今後一層必要かつ重要となる。

以上がライオンによる環境適応の軌跡と今後のシナリオだと推察される。前半部分の軌跡は経営トップの指導の下，中長期経営戦略フレーム「Vision 2030」の達成に向け，全社戦略と各種機能戦略が適切に実施されて収益性が改善するプロセスであったといえる。

後半部分のシナリオから垣間見えるライオンの経営課題は次の2点となろう。第一に，ライオンの成長の方向性である「4つの提供価値領域」（オーラルヘルス，インフェクションコントロール，スマートハウスワーク，ウェルビーイング）と「持続可能性」が重なる領域に競争優位のある事業を育成できるかという点である。第二に，単独での成長速度には限界があるため，他社との提携や外部資源の獲得を視野に入れた成長戦略を推進させることである。

とりわけ後者は財務の領域と絡む課題であり，「アジアでの生き残り」を考えるうえで検討すべき選択肢である。国内と国外，垂直と水平，既存技術と新技術，様々な観点から提携先あるいは外部資源の獲得先を見極めることが肝要となる。

第 12 章

経営統計とは

経営統計とは文字通り経営活動で直面する様々な現象を対象とした統計（データや指標）のことである。臨床試験や財務会計情報の分析など業種や業務に応じて様々な統計手法が使われているが，本章では選りすぐりの手法を紹介するのではなく，初等的かつ標準的な統計手法をどのように使うのかという視点で解説する。経営統計の特徴は用いられる統計手法にあるのではなく，解釈や適用の仕方にあるからである。自然科学では統計学を“物”に適用するのに対し，経営統計の対象は心を持った“人”であることが多い。同じ統計手法を適用するとしても，自ずと違いが生じてくるわけである。

本章で使われる統計学や確率論の概念の多くは，こうした分野に馴染みのない読者でも理解しやすいように，平易な言葉で説明している。見方を変えると厳密性を欠く説明ということになるが，細かいことは気にせず，まずは基本的な考え方を理解するようにしてほしい。

■2011 年に発売された新「Ban」

本章 12.6 節で紹介されているデオドラント「Ban」。発売 50 年目を迎え，リニューアルされた黒いパッケージデザインが好評をもって受け入れられた。

（出所）　ライオン株式会社資料。

12.1 記述統計学

たくさんの観測値からなるデータを眺めても，その語るところを理解するのは難しい。難しいのであれば，データを簡潔に記述して理解できるようにしなければならない。ここに記述統計学の役割がある。記述したいのは**観測値の分布**，つまりある範囲にどのくらいの観測値が含まれているかという情報である。分布を表現する手段には**度数分布表**と**ヒストグラム**がある。度数分布表とは観測値の定義域をいくつかの範囲に分割し，その範囲ごとに観測値の個数を数えて表にしたものである。統計学ではこの範囲のことを階級，階級の中点を階級値，観測値の個数を度数という。階級ごとの度数を棒グラフにしたものがヒストグラムである。

図表 12-1-1 はライオンのある製品の 1 日当たり出荷梱数（梱とは製品が複数入った段ボールケースのこと）について作成した度数分布表であり，図表 12-1-2 はそのヒストグラムである。出荷梱数を 1 日当たりとしたのは前回出荷からの経過日数の影響を除くためである。度数分布表からは階級 “300–350” が分布の中心であり，ここに全体の約 24%が含まれていることが分かる。さらにヒストグラムを見ることで，分布の形状はこの階級を中心とした概ね左右対称の山型だが，階級 “100–150” にも小さな山があることが読み取れる。いろいろと問題の多い形状である。12.2 節で改めて考察しよう。

ヒストグラムに関して重要なことを 2 つ補足しておく。まず，ヒストグラムでは棒に隙間を空けないことが約束である。2 つ目は例を見た方が早いだろう。度数分布表で階級 “400–450” と階級 “450–500” を 1 つにすると，この階級の度数は 24 となる。このときの棒グラフ（図表 12-1-3）が分布の形状を正しく表していないことは明らかである。階級 “400–500” の棒が高くなるのは，ここに観測値が多く集まっているからではなく，階級の幅を 2 倍にしたからである。このような図を用いては誤解を招くだけである。正しくはこの階級に対応する棒の幅を他の 2 倍にし，棒の高さは度数を 2 で割った 12 としなければならない。棒の高さではなく面積が度数と対応するように描くのである。このように作成したヒストグラム（図表 12-1-4）は確かに分布の形状を正しく表現している。正規分布の密度関数を理解するときに必要な知識である（補足 12.3）。

次に分布を数値で表現してみよう。2 つの考え方があり，一つはたくさんの観測値を 1 個当たりに換算して表現するもので，具体的には**平均**と**標準偏差**がある。観測値の合計を個数で割った値が平均というのはいいだろう。標準偏差は分散の

■図表 12-1-1　1日当たり出荷梱数の度数分布表

階級		階級値	度数	相対度数
100	150	125	7	5.4%
150	200	175	3	2.3%
200	250	225	16	12.3%
250	300	275	25	19.2%
300	350	325	31	23.8%
350	400	375	21	16.2%
400	450	425	16	12.3%
450	500	475	8	6.2%
500	550	525	3	2.3%
		合　計	130	100.0%

（注）期間は 2020 年 1 月 6 日から 2022 年 6 月 26 日までで，出荷は原則として週一回行われる。観測値の個数は 130 個ある。階級は，例えば，100 個を超えて 150 個以下としている。

■図表 12-1-2　1日当たり出荷梱数のヒストグラム

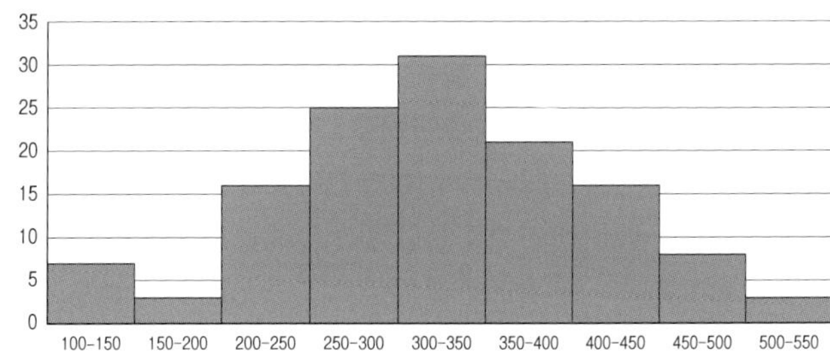

（注）横軸は「階級値」，縦軸は「度数」を表す（以下，本章内のヒストグラムは同様）。

■図表 12-1-3　不適切なヒストグラム

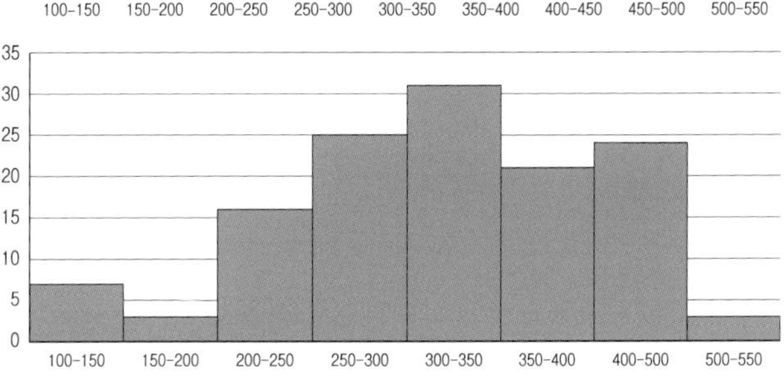

■図表 12-1-4　正しいヒストグラム

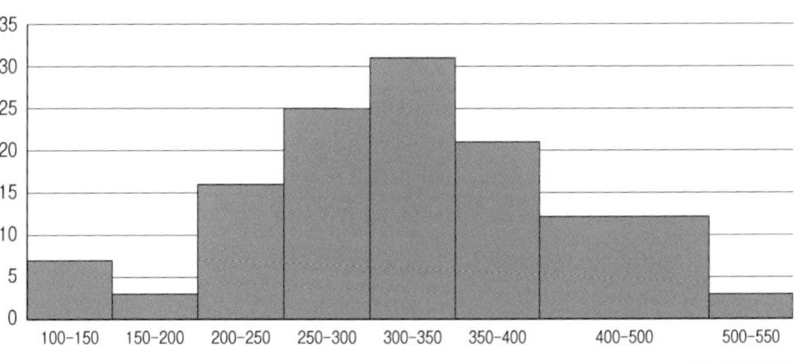

正の平方根のことで，その分散は観測値と平均の差の二乗を合計して個数で割った値である。標準偏差は個々の観測値が平均からどの程度離れているかを表す数値と解釈することができる。1 日当たり出荷梱数は週によって変動するが，平均は 323.1 個，標準偏差は 90.4 個となるので，その多くは 323.1±90.4 個の範囲に含まれると解釈すればよい。平均と標準偏差はより進んだ手法との相性が良く，実際の分析で広く使われている。

もう一つは観測値を小さい順に並べたときの順位に基づいた**中央値**と**四分位点**である。中央値は順位がちょうど真ん中となる値のことで，いうまでもなく観測値の半分は中央値より小さくなる。第 1 四分位点は小さい順に“全体の 4 分の 1”番目となる値，第 3 四分位点は“全体の 4 分の 3”番目となる値のことである。1 日当たり出荷梱数の場合，中央値は 329.9 個，第 1 四分位点は 266.0 個，第 3 四分位点は 384.7 個であった。観測値のちょうど半分は 2 つの四分位点の間に含まれる。平均と標準偏差では言及できない四分位点の利点である。これらの計算方法については公式 12.1 で説明している。

社会科学では分布の形状が片側は急傾斜で，もう一方はなだらかな山型となる場合が多い。所得や収入の分布などは典型的な例である。山の片側がなだらかということは，観測値の集まる範囲から遠く離れたところにも観測値が存在するということである。平均と標準偏差はこうした外れ値の影響を受けやすいが，順位に基づいた中央値と四分位点が影響を受けることはない。中央値と四分位点のもう一つの利点である。歪んだ分布のデータにはこれらを使うべきなのである。

12.2 層 別

1 日当たり出荷梱数の分布は概ね左右対称の山型だが，階級“100–150”にも小さな山があることは既に書いた。原因は性質の異なる観測値が混ざっているからである。性質の異なる観測値が混ざったデータを，違いを無視して分析しても意味はない。このような場合は観測値を適切にグループ分けすることを最初に考えなければならない。この手続きを**層別**にするという。

毎週の出荷梱数は偶然に左右された日々の販売状況をそのまま反映したものではない。卸店からの注文数量に基づいており，注文数量は卸店の持つ在庫量とその出荷先である小売店での販売状況を総合的に判断して卸店が決めたものである。例えば階級“100–150”の小さな山は連休などを前に大量発注した後に在庫調整で

◎公式 12.1　平均と分散，中央値と四分位点

n 個の観測値を $x_1, x_2, \cdots, x_n$ と書くことにする。

●平均 $= \frac{1}{n}\sum_{i=1}^{n} x_i$

●分散 $= \frac{1}{n}\sum_{i=1}^{n}(x_i - \text{平均})^2$

中央値は小さい順に $\frac{n+1}{2}$ 番目の観測値であり，この番号が自然数でない場合は前後の観測値の平均とする。自分の手を見れば分かるだろう。第一四分位点の位置は小さい順に $\frac{n+3}{4}$ 番目である。これは数直線上で 1 から n を 1：3 に内分する点のことである。第三四分位点は 3：1 に内分する点，つまり $\frac{3n+1}{4}$ 番目の観測値となる。この考え方は上位 1%点など任意の分位点を求める際に必要となる。ちなみに中央値の位置は 1：1 に内分する点のことである。

Column 12.1 ● 幾何平均

以下の表は 2011 年の売上高を 100 としたライオンの連結対象（青島ライオンを除く）の売上高の推移を示している（2021 年 12 月期決算説明資料を参考に推計）。

西　暦	2012	2013	2014	2015	2016	2017	2018	2019	2020
売上高（指数）	111	120	125	131	151	159	168	170	183
前年比	1.110	1.081	1.042	1.048	1.153	1.053	1.057	1.012	1.076

前年比から 1 を引いた値が前年からの成長率となる。成長率の分布を調べることが目的であれば 9 年間の平均を求めればいいのだが，普通の平均だと少々具合の悪いことがある。表の前年比は四捨五入しているので正確な値で計算すると，成長率の平均は 7.02%である。しかし，2011 年から毎年 7.02%ずつ成長しても，2020 年の売上高 183 とは一致しない。

$$100 \times (1 + 0.0702)^9 = 184.1554$$

このような場面で用いるのが**幾何平均**である。この例では前年比を全て掛け合わせた積の 9 乗根が幾何平均となる。この値を求めると，

$$\sqrt[9]{1.110 \times 1.081 \times \cdots \times 1.076} = 1.0695$$

だから（実際には正確な値を用いて計算している），幾何平均から求めた成長率は 6.95%となる。毎年 6.95%ずつ成長すれば 2020 年の売上高と等しくなることは，9 乗根の中にある前年比を売上高で表現してみれば明らかだろう。「ライオン統合レポート 2022」にある CAGR（Compound Annual Growth Rate：年平均成長率）とは幾何平均から求めた値なのである。

発注を減らした結果なのである。本当はどのような判断があったのかを調べるべきなのだが，ここでは月別に求めた1日当たり出荷梱数の標準偏差を参考に層別にした（図表 12–2–1）。標準偏差がおよそ100個を超える月は卸店による発注調整があり，それ以外の月は調整が少ない，つまり日々の販売状況を反映していると考えられる。標準偏差の小さい月でのヒストグラムを見ると（図表 12–2–2），分布は階級“300–350”を中心とした左右対称の山型であり，調整の影響が小さいことを示唆している。標準偏差の大きい月については（図表 12–2–3），小売店での企画催事の集中等様々な背景が考えられるため，個別に調べる必要があるだろう。なお，本章ではふれないが，層別の分析を体系的に行う方法には回帰分析という手法があり，様々な場面で利用されている。

12.3 推測統計学

記述統計学の目的は観測値の分布を明らかにすることであり，度数分布表とヒストグラム，それから平均や標準偏差といった指標はそのための方法であった。これから説明する**推測統計学**も目的は同じだが，学ぶ内容は記述統計学と大きく異なっている。推測統計学を必要とする代表的な問題には**標本調査**と**実験データの分析**があるので，これらの説明から話を始めよう。

標本調査とは全体から一部を取ってきて，その一部から全体について推測することである。次頁の補足 12.1 におけるある家電製品の所有率推定の問題は典型的な標本調査の例である。ここで全体つまり東京都の総世帯（令和2年の国勢調査によれば7,227,180世帯）を**母集団**といい，母集団における所有の有無の分布を**母集団分布**という。正確な定義は次節で与えるが，一部つまり選ばれた1,000世帯のことを**標本**という。

これに対してコインの表が出る確率を推定する問題は実験データの分析と呼ばれる。実験データの分析とは確率現象を表す確率分布が関心の対象で，**確率現象**の結果からその確率分布について推測することをいう。ここで確率現象とは実験のことである。確率分布とは想定される実験結果にそれが起こる確率を対応させたものと考えればいいだろう。コインの問題では母集団に相当するものはないが，実験データの分析でも関心の対象となる確率分布を母集団分布という。標本はもちろん1,000回コインを投げた結果である。

どちらの問題でも知りたいことは母集団分布である。標本調査であれば母集団

■図表 12-2-1　月別に求めた平均と標準偏差

月	平　均	最　小	最　大	標準偏差
1	259.0	108.2	467.9	104.1
2	280.0	225.7	352.1	38.3
3	314.2	145.3	449.0	76.3
4	389.1	314.9	500.1	51.9
5	294.0	112.5	459.8	105.3
6	315.7	215.6	378.1	42.9
7	318.8	212.6	423.7	69.6
8	334.9	122.9	514.1	132.2
9	372.7	208.1	504.7	104.1
10	356.9	289.1	470.4	54.6
11	338.9	248.1	397.0	49.5
12	357.9	156.1	476.4	98.0

■図表 12-2-2　標準偏差が小さい月（2～4, 6, 7, 10, 11 月）

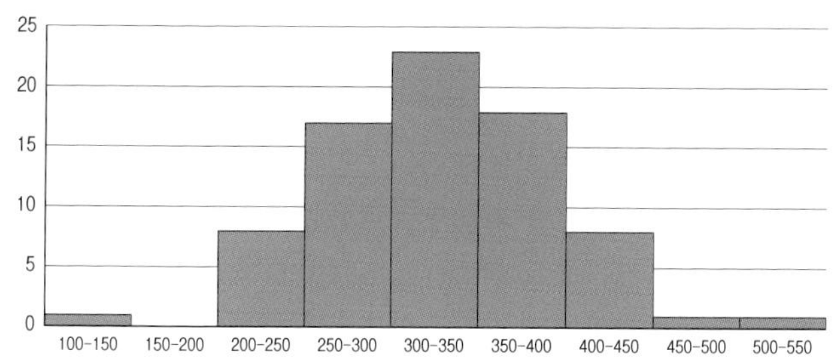

■図表 12-2-3　標準偏差が大きい月（1, 5, 8, 9, 12 月）

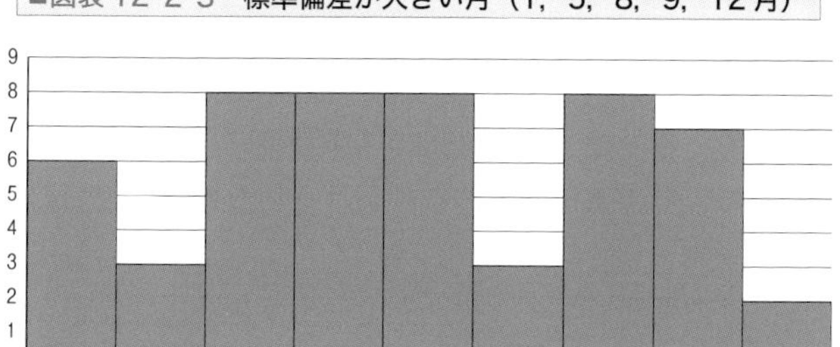

全てを調べれば，実験データの分析なら実験を無限に繰り返せば度数分布表や平均により母集団分布を正確に知ることは可能だが，それができないから推測という手段が必要になるのである。推測統計学で学ぶことは標本という限られた情報から母集団分布の度数分布表や平均などをできるだけ正確に推測する方法となる。例えていうと，肉眼で見えない現象を観測するために顕微鏡や望遠鏡があるわけだが，推測統計学で学ぶことはその現象を表現する方法ではなく（これは記述統計学で学習すること），見えない現象を映し出す顕微鏡や望遠鏡の仕組みである。記述統計学と推測統計学では学ぶ内容が大きく異なると書いたが分かっていただけただろうか。

12.4 推定の考え方

推定とは標本を用いて母集団分布を表現する値，例えば母集団分布の平均や分散を当てることなので，推測統計学の役割は最良の推定方法を提供することとなる。ここで推定量と推定値を区別しておこう。推測統計学では推定方法（推定で使う式）を**推定量**といい，そこにデータを当てはめて求めた値を**推定値**という。最良の推定量は次のように探せばよい。調査や実験をもう一度行えば異なるデータが得られるため，同じ推定量を用いても推定値は異なる値となる。そこで調査や実験を無限に繰り返し，その都度得られる推定値の平均的な推定精度をこの推定量の推定精度とすればよい。こうして様々な推定量を調べ，最も推定精度の高い推定量を最良の推定量と定義するのである。

調査や実験を無限に繰り返すという思考実験では**確率変数**という数学の道具が必要となる。そこでの議論では具体的なデータではなく，観測値を確率変数で置き換えた問題が考察の対象となる（補足 12.2）。正しくは確率変数で表現したデータのことを標本というのである。実験データの分析の場合は当然として，標本調査で確率が出てくるのは無作為抽出の結果が確率現象となるからである。標本調査では母集団の中での値に確率的な性質は一切なく，確定した結果であることを注意しておく。

ところで，所有率の問題もコインの問題も確率変数を用いて書き直してしまえば全く同じ問題となる。推定量の数学的性質を調べる場合は標本調査も実験データの分析も区別する必要はないのである。しかし，経営統計ではこの区別が重要となる。この問題については **12.7 節**で改めて議論しよう。

❖補足 12.1　推定の問題の例

●標本調査の問題

ある家電製品の東京都での世帯普及率を推測するため，無作為に選んだ 1,000 世帯で所有の有無を調べたところ 300 世帯がこの家電製品を所有していた。東京都での世帯普及率を推定しなさい。

●実験データの分析の問題

歪みのあるコインがある。このコインを投げたときに表が出る確率を知りたい。そこで，このコインを 1,000 回投げたところ 300 回表が出た。このコインを投げたときに表が出る確率を推定しなさい。

❖補足 12.2　確率変数を用いた問題の表現

確率変数を用いて補足 12.1 の問題を書き直すと次のようになる。

●標本を $X_1, X_2, \cdots, X_{1000}$ とし，これらは独立にベルヌーイ分布に従うものとする。母比率 p を推定しなさい。

この表現で確率変数とは X_1 や X_2 のことである。これは調査や実験の前，つまり確定できない値を表したものなので，確率変数を説明するには取り得る値（この場合は二通りの値しか取らない）とこれらの値が起こる確率を示せばよい。取り得る値と対応する確率の関係を確率分布という。ベルヌーイ分布とは所有の有無やコインの表裏など二通りの結果しか起こらない現象を表現する確率分布のことである。独立とは確率現象の起こり方が互いに影響しないという意味である。

ベルヌーイ分布では，所有や表など関心のある方の結果に対応した確率変数の値を便宜的に 1 とし，そうでない場合は 0 とするため，確率変数の合計 $\sum_{i=1}^{1000} X_i$ は値が 1 であるものの個数となる。補足 12.1 の問題で 300 世帯や 300 回表とは，このことを表しているのである。

補足 12.1 の問題で求めなければならないのは推定値だが，ここでは最良の推定量を求めることが要求されている。この問題では次頁の公式 12.2 で示す標本比率が最良の推定量となる。

母集団分布の形状をある程度仮定できると，何の仮定もできない場合と比べて精度の高い推定が可能となる。所有率の問題では所有の有無，コインの問題では表裏と，どちらの問題も母集団分布は二通りの結果を表現したものと仮定することができる。当たり前すぎてありがたみが分からないかもしれないが，この仮定があると標本の比率は母集団分布の比率（母比率）を推定する最良の推定量であることを保証できるのである。調査や実験を無限に繰り返して得られる推定値の平均が母比率に一致し（不偏性），不偏性を持つ推定量の中で分散が最小（有効性），つまり最も安定した推定量であることが証明されている。**補足 12.1** の問題では，推定値はいずれも 0.3 となる。

母集団分布に左右対称の山型の形状（正規分布）を仮定できる場合，母集団分布の分散（母分散）の推定では**不偏分散**（**公式 12.2**）が有効性を持つ推定量となる。標準偏差の小さい月の出荷梱数のデータに適用すると不偏分散の値は 4316.28 であった。記述統計学の分散は 4260.23 だから，母分散の推定値は異なる値であることに注意してほしい。母集団分布の平均（母平均）の推定では幸いに記述統計学の平均が有効性を持つ推定量となる。ただし，どちらも平均では紛らわしいので，推定量を意味する場合は**標本平均**といって区別する。

最良とは平均的な推定精度のことだから，手元のデータから求めたその推定値が推定対象の値を上手く当てている保証は全くない。推定対象の値は未知だから，それを確かめる術もない。観測値の個数が少ない場合，推定値は目安として使うべきだろう。推定値を意思決定で使うのであれば次節で説明する仮説検定を用いなければならない。

12.5 仮説検定の考え方

標準偏差の小さい月の出荷梱数の例をもとに，架空の例であるが，以下の問題を考えてみよう。現在の在庫管理システムでは卸店からの 1 日当たり注文梱数の分散を 6400 と設定して最適な在庫量を決めている。出荷梱数（在庫があれば注文梱数と一致）の不偏分散は 4316.28 と設定よりかなり小さいので，これが本当ならシステムの設定を変更しなければならない。しかし，本当のことは分からないし，推定値は目安にしかならない。どのように判断すればいいのだろうか。このような場面で使うのが仮説検定である。

仮説検定とは“母分散は 6400 である”など母集団分布の指標に関する仮説が正

◎公式 12.2　標本平均と不偏分散，標本比率

標本 $X_1, X_2, \cdots, X_n$ は独立とする。このとき母平均の推定量である標本平均と母分散の推定量である不偏分散の定義式は次のようになる。

●標本平均 $= \frac{1}{n}\sum_{i=1}^{n} X_i$

●不偏分散 $= \frac{1}{n-1}\sum_{i=1}^{n}(X_i - \text{標本平均})^2$

母集団分布が正規分布であるときは，これらがいずれも有効性を持つことが証明されている。不偏分散は“観測値の個数－1”で割っているため，記述統計学の分散より必ず大きな値となる。これは記述統計学の分散を母分散の推定で使うと，平均的には過小推定になることを意味している。

補足 12.2 で説明したように，母集団分布がベルヌーイ分布の場合，確率変数の合計は値が 1 であるものの個数となるから，標本平均は値が 1 である確率変数の比率となる。そこで，母比率の推定では標本平均のことを**標本比率**という。データから求めた標本比率の値（推定値）が比率になることも明らかだろう。

❖補足 12.3　正規分布

最も重要な確率分布である。実験データの分析の考え方で説明しよう。実験を無限に繰り返して集めた観測値の相対度数に関するヒストグラムが以下のような左右対称の山型（釣鐘型）となるとき，この確率分布を**正規分布**という。

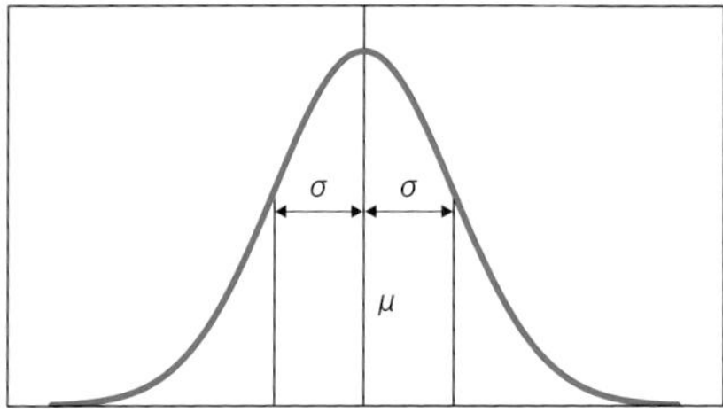

図中の μ は無限に集めた観測値の平均，σ^2 は分散である。言い換えると，これは平均 μ，分散 σ^2 の正規分布ということである。

ヒストグラムは面積が 1（相対度数の合計）となるように描いていることに注意しよう。ヒストグラムが描く曲線を正規分布の密度関数という。密度関数は数式で厳密に定義される。

しいかどうかを判断する手法のことである。仮説検定でも判断の精度を考えなければならないが，この点は後回しにして基本的な考え方から説明しよう。前節の最後で強調したように，仮説が正しくても推定値が仮説の値と一致するはずはなく，多少のずれを認めざるを得ないため，最初のステップはずれを評価する指標を定めることになる。次に仮説は正しいという仮定の下で調査や実験を無限に繰り返し，その都度得られるずれの指標の分布を調べる。そこで指標の99%が含まれる範囲を求めれば，これから調査や実験をして求めるずれの指標は確率99%でこの範囲に含まれることが分かる。

範囲が決まれば判断は以下の二通りとなる。まず，データから求めた値がこの範囲に含まれていれば，仮説が正しくても普通に起こることなので仮説は間違っていると判断することはできない。つまり仮説を受け入れることになるので，仮説を採択するという。含まれない場合は仮説が正しければ1%の確率でしか起こらないことが起きたことになるため，仮説は間違っていると判断する。この場合は仮説を棄却するといい，この確率のことを**有意水準**という。

出荷梱数の問題では，次のような指標が用いられる。

$$(77-1)\times\frac{4316.28}{6400}\cong 51.26$$

この計算式で77は観測値の個数だが，これは本質的でない。重要なのは分数のところで，この部分を見ればずれを比で評価していることが分かるだろう。ずれの範囲は正規分布という母集団分布の仮定から計算することができる。有意水準1%の場合は48.00から111.50の間なので，母分散6400という仮説はぎりぎり採択となる。設定を変える必要はないということである。

12.6 二種類の誤り

検定したい仮説のことを正確には**帰無仮説**という。帰無仮説が棄却されたときに受け入れる仮説は**対立仮説**という。出荷梱数の問題での対立仮説は状況に応じて“母分散≠6400”や“母分散<6400”とすればよい。

仮説検定には第一種の誤りと第二種の誤りという二種類の誤りしかないので（補足12.5），その精度はこれらの誤りを犯す確率によって評価することができる。2つの誤りを犯す確率がゼロに近いほど精度の高い仮説検定ということになるが，残念ながらこれらの確率を同時にゼロに近づけることはできない。そこで採用し

❖補足 12.4　棄却と採択

12.5 節の説明では不十分なので補足しておこう。まず，棄却という判断である。仮説が正しければ1%の確率でしか起こらないことが起きたことになるから不自然という棄却の根拠だが，これにはまだ続きがある。仮説が正しい場合のことしか考えていないからである。仮説が間違っている場合はどうなるだろうか。例えば母分散の値が 4300 であれば，データから求めた不偏分散の値が 4316.28 となるのは，ずれの指標を求めるまでもなく，普通に起こることが起きたという自然な結論となる。仮説が正しいか否かを判断するときに一方は不自然で他方は自然な結論ということなら，仮説は間違っていると判断するのが合理的だろう。これが棄却という判断の根拠なのである。

12.6 節の説明から分かるように，棄却とは仮説をかばいきれなくなって渋々判断した結果だから，非常に強い意味がある。一方，採択にはデータと仮説に矛盾はないという消極的な意味しかないので注意する必要がある。かばえる限りは採択するという性質から，採択となっても正しい仮説を採択（正しい判断）したのか，仮説は正しくないが証拠不十分で採択（第二種の誤り）したのかを区別できないからである。

❖補足 12.5　二種類の誤り

真実は帰無仮説が正しいか否かの二通りしかない。もちろん，分析者は真実を知ることはできない。一方，仮説検定の判断は帰無仮説の棄却と採択の二種類である。この判断が正しいか否かをまとめると次のようになる。

	本当のこと	
検定結果	帰無仮説は真	帰無仮説は偽
棄　却	×第一種の誤り	○正しい判断
採　択	○正しい判断	×第二種の誤り

判断の誤りには二種類ある。正しい帰無仮説を誤って棄却してしまう第一種の誤りと正しくない帰無仮説を誤って採択する第二種の誤りである。自分の下した判断は知っていても真実は未知なので，分析者は誤りを犯したかどうかを知ることはできない。

た考え方は第一種の誤りを犯す確率を有意水準以下にするという条件の下で（問題によっては他の条件が加わる），第二種の誤りを犯す確率を最小にするというものである。母集団分布に正規分布を仮定したときの母平均や母分散の検定などは全てこの考え方に基づいている。このようにして仮説検定の方法，つまりずれの指標や許容範囲の定め方は導出されているのである。第一種の誤りを犯す確率が有意水準と一致することは仮説検定の考え方からも明らかだろう。

古典的な仮説検定の方法が第二種の誤りには目をつぶっても，できる限り第一種の誤りを犯さないようにするという思想の下で設計されている事実は重要である。出荷梱数の問題はこの考え方に合致しているといえるだろうか。第一種の誤りとは帰無仮説“母分散は 6400 である”が正しいのに誤って棄却してしまうことである。実際には注文梱数の分散は変わっていないのに，在庫管理システムを変更しなければならない。システムの変更は生産計画全体に影響を及ぼすため，第一種の誤りだけは何としても避けたいはずである。これに対して第二種の誤りとは帰無仮説は正しくないのに誤って採択してしまうことである。当然，システムを変更する必要はない。この場合は余剰在庫が多少増える程度なので我慢できる範囲内だろう（母分散を多めに見積もることになり突発的な注文増に備えた最適在庫量は多くなってしまう）。そもそも微妙なところを判断することが仮説検定の役割であり，常に大量の在庫があるようでは設定がおかしいことは明らかで，仮説検定をする必要などないのである。出荷梱数の問題は適切な仮説検定の適用といえるだろう。

次に新製品開発の問題を考えてみよう。製薬会社が新薬を発売するには新薬と従来の薬は効果が等しいという帰無仮説を棄却する必要がある。新薬には未知の副作用というリスクがあるため，この問題で絶対に避けなければならないのは第一種の誤りとなる。第二種の誤りを犯すと計画が白紙になるため，製薬会社のみならず新薬を待ちわびている患者にとっても残念な結果となってしまうが，重篤な副作用が生じるよりはましだろう。新薬開発のような臨床試験では仮説検定が適切に行われているのである。

通常の消費財の場合はどうだろうか。制汗剤市場で低迷していたライオンが 2011 年に「Ban」ブランドをリニューアルしたときの話を紹介しよう。当時，ターゲットである若い働く女性の間では汗の臭いを消すことに加えて臭いの予防効果へのニーズが高まっていた。ライオンが開発したナノイオン微粒子を配合した酸化亜鉛配合パウダーによる消臭方法は，競合ブランドとは全く異なる方法で消臭効果と防臭の持続時間で優れた性質を持つものであった。こうした性質は官

Column 12.2 官能評価

官能評価とは，食品であれば甘さや美味しさ，化粧品であれば香りの良さや使い心地といった感覚に対する刺激を人間が評価することである。馴染みのない言葉かもしれないが，日本産業規格（JIS）で詳細に規定された公式の用語である。官能評価を使わないメーカーはほとんどないだろう。官能評価の最大の特徴は測定器ではなく不安定な人間の感覚による測定ということである。そのような測定が必要となる理由は，例えば制汗剤であれば制汗効果や消臭効果が科学的に示されていても，人間がその効果を認識できなければ意味がないからである。だからライオンは官能評価を何度も繰り返したのである。

官能評価とその分析方法は統計学の応用であると同時に，心理学や生理学の知識が要求される学際的な分野でもある。

❖補足 12.6 仮説検定と確率

仮説検定の精度は二種類の誤りを犯す確率で評価すると書いたが，ここに確率が出てくるのは，これからデータを集めて仮説検定をしたときに誤りを犯す確率のことを考えているからである。第一種の誤りを犯す確率が有意水準と一致するという性質も当然分析前の話となる。したがって，帰無仮説が有意水準1%で棄却されたとしても，この判断が間違っている確率は1%と主張することはできない。仮説が正しいかどうかは確定した事実なので，棄却という判断が正しいかどうかも確定した事実である。分析者が知らないだけであり，これは確率現象でないからである。誤解しやすいことなので，注意しなければならない。

有意水準は第一種の誤りを犯す確率のことだから，この値を小さくすれば検定方法という道具の信頼度をいくらでも高めることができる。しかし，道具の信頼度を高めることはできても，棄却という判断が正しいかどうかを議論することはできない。多くの読者は意外に思うかもしれないが，本書で説明した仮説検定の考え方では道具の信頼度を分析後における判断の信頼度につなげることはできない。有意水準という信頼度で棄却という判断を受け入れる，これが棄却という判断に対する正しい態度なのである。

能評価でも確認され，多くの項目で試作品と競合ブランドの効果は等しいという帰無仮説を棄却することができた。最終段階での実使用テストでは使用前評価，使用後評価および購入意向で帰無仮説を棄却できたものの，10 個ある具体的な評価項目で棄却できたのは僅か 1 項目（ニオイ抑制実感）しかなかった。しかし，使用者の自由回答を詳細に調べるとニオイ抑制に加えてデザインの良さを高く評価していることが分かった。新薬のように製品機能を第一義とした新製品の開発であれば研究部門へ逆戻りとなったはずだが，制汗剤は必ずしもそうではないためライオンはブランドのリニューアルを決断した。第一種の誤りは恐れるに足らないが，第二種の誤りを犯すことで発売の機会を失い競合に大きく劣後するリスクの方が大きいと判断したからである。その背景にあるのは科学的な知見とこれまでの調査結果，そして綿密なマーケティング戦略である。効果的なプロモーションを組み立てることで消費者の認識を変えることは可能なのである。結果的にリニューアルは成功し，制汗剤市場での失地を大きく回復することにつながった。

この事例から分かるように，新製品開発の最終段階では仮説検定を現状把握のために使えば十分で，その結果を真に受けるべきではない。帰無仮説が棄却されれば予定通り発売を決定し，採択の場合はマーケティング戦略を再検討すればいいのである。棄却されるまで発売を延期するというのは，仮説検定の性質を考えると愚策といわざるを得ない。

12.7 まとめ

初等的な推測統計学の手法は歴史的な経緯から自然科学の問題を想定したものがほとんどである。臨床試験は当然として，工学に近い出荷梱数の問題で仮説検定の適用が妥当であったのはそのためである。これに対してライオンの事例では仮説検定が本来とは異なる使い方となっていた。経営統計の特徴は用いられる統計手法にあるのではなく解釈や適用の仕方にあると本章の扉に書いたのは，まさにこのことなのである。

推測統計学を必要とする問題に直面したら，それが標本調査と実験データの分析のどちらなのかを最初に考えなければならない。自然科学では分かりやすい問題が多いが，経営統計では区別が難しいことも多い。ここで問題の解釈という作業が必要になるのである。出荷梱数の問題の結論は「データの分散は在庫管理シ

Column 12.3 ● ローレンツ曲線とジニ係数

以下は筆者が 2021 年度のライオンの有価証券報告書を参考に同社の事業セグメントごとの従業員数と事業利益をまとめた表である。ただし，全社的な業務に従事する人たちは除いている。セグメントは従業員 1 人当たり事業利益が小さい順に並べてある。

セグメント	1人当たり事業利益	従業員数	比　率	累　積	事業利益	比　率	累　積
海外事業	1.77	3,394	49.4%	49.4%	6,005	20.1%	20.1%
産業用品事業	3.67	723	10.5%	60.0%	2,650	8.9%	29.0%
一般用消費財事業	7.41	2,568	37.4%	97.4%	19,039	63.8%	92.8%
その他	11.98	179	2.6%	100.0%	2,145	7.2%	100.0%

（注）事業利益の単位は百万円である。

2 つの累積相対値を見れば，海外事業と産業用品事業に所属する従業員は全体の 60%に相当するが，生み出す利益は全体の 29%に過ぎないことが分かるだろう。為替など外部要因の影響を無視して言及すべきではないが，この結果は生産性に懸念があることを示している。こうした傾向は従業員数に関する累積相対値を横軸，利益に関する累積相対値を縦軸にした折れ線グラフ（青線）により，視覚的に理解することができる。この折れ線が経済学で重要なローレンツ曲線である。

全てのセグメントで 1 人当たり利益が等しい場合，海外事業と産業用品事業の利益は全体の 60%となるから，ローレンツ曲線は原点と点 (1, 1) を結ぶ直線となるはずである。この直線を均等配分線という。容易に想像できると思うが，従業員の少ないセグメントが大きな利益を生み出す構造になっているほどローレンツ曲線は右下方向に引っ張られた形状となる。この例では従業員数を用いたが，例えば費用に基づいてローレンツ曲線を描くこともできる。要するにローレンツ曲線は投下した経営資源に対して各セグメントが均等に利益を獲得しているか否かを示しているのである。

この状況を数値化したものがジニ係数である。ジニ係数はローレンツ曲線と均等配分線に囲まれた図形の面積と均等配分線から下の直角二等辺三角形の面積の比と定義される。全てのセグメントで 1 人当たり利益が等しい場合，ジニ係数の値はゼロとなる。この例でのジニ係数は 0.343 とやや大きな値なので，従業員配置の見直しや 1 人当たり利益の小さいセグメントでの成長を加速させる等の戦略的対応を考える必要があるかもしれない。

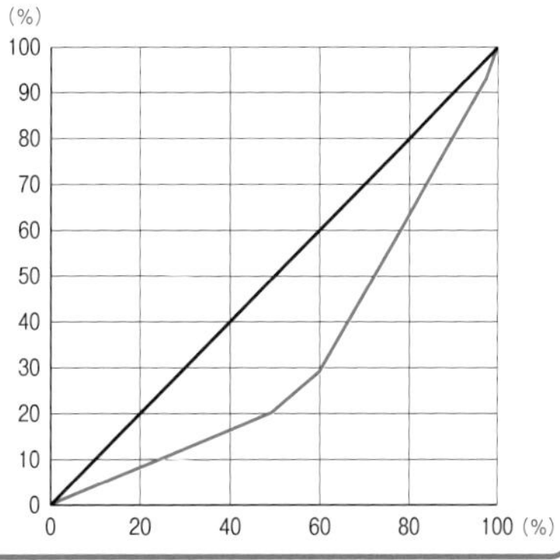

ステムの設定 6400 よりかなり小さいが，本当に小さいとまでは言えない」であった。この結論を現場で共有するには“本当”の意味を誰もが納得できるように説明する必要がある。標本調査と解釈する場合は母集団を考えなければならない。過去の期間を含めたものを母集団とするのは自然だが，現在の分散のことを議論しているのだからあまり古い時期を含めることはできない。そうするとほぼ全数調査ということになり，推測統計学の問題ではなくなってしまう。母集団があいまいなままでは“本当の分散”がどこにあるのかを説明できるはずがないだろう。この問題は実験データの分析と解釈すべきなのである。

12.8 考えてみよう

新製品開発の最終段階では仮説検定の結果を真に受けるなと書いた。もちろん仮説検定に値する新製品の話であり，思い付きのアイデアを AB テストで検証するのとはわけが違う。それでは仮説検定に値する新製品とはどのようなものだろうか。これまで本書で学習した知識を使って考えみよう。臨床試験とは反対で第一種の誤りを恐れる必要はなく，第二種の誤りを問題視する理由は自ずと分かるはずである。

もう一つ考えてほしいことがある。出荷梱数の問題を実験データの分析と解釈するときは何を実験（確率現象）と考えるのだろうか。そして，この解釈がなぜ妥当なのだろうか。よく考えてもらいたい。無作為に選んだ消費者に製品を評価してもらう官能評価は標本調査と解釈すべきなのか，それとも実験データの分析と考えるべきなのだろうか。どちらとも解釈できる側面があるため，簡単に割り切れる問題でないことが分かるだろう。関心を持った読者は既刊『グラフィック経営統計』を読んでいただきたい。

あとがき

皆様，本書を読まれて，どのような感想をお持ちでしょうか。「経営学ってなんか面白いな。経営ってもっと深く勉強したいな。」と思われたら幸いです。是非，興味を持たれたところから学問を深めていっていただきたく思います。

「『ライオン株式会社』という一つの会社の様々な事例を通じて，初学者向けに経営学の入門書を作りたいが，手伝ってもらえませんか。」というお話を，私が2008年から非常勤講師を務める学習院大学経済学部の上田隆穂教授からいただいたのが，この本のはじまりでした。私も様々な経営学の教科書を読みましたが，このような本に出会ったことはありません。「果して完成に至るのだろうか。」と思う反面，「もしそのような入門書があったら面白いだろうな。」と思ったのが，率直な第一印象でした。経営学の理論は，実際の経営に基づくものであり，その理論と実務は常に相乗的な関係にあるといわれています。ですから，理論を実際の事例で説明する，しかも一つの会社の事例で一貫して説明する，というのは，初学者にとって読みやすく，経営学をイメージしやすい，経営学に興味を持ってもらえる可能性の高い本になると思ったからです。

各章をご担当いただいた先生方には，ライオンの社史（100年史，120年史）をはじめ，有価証券報告書，統合レポート，コーポレートガバナンス報告書，決算説明資料，IR（Investor Relations）資料やプレスリリース等，数多の公開資料を参照いただき，また一部社内関係者へのインタビューや事業拠点の見学等も経て，執筆していただきました。限られた頁数の中で多くの情報を平易な内容にまとめていくのは至難の業だったと思います。そして経営の理論と実際を各章見事に融合していただけました。ありがとうございました。

私にとって，入社後39年間勤め，うち役員として12年間務めたライオン株式会社を経営学という軸を基に客観的な視点から改めて見直し，自分なりに考えを整理することができる機会でした。各章の原稿を何度も確認する中で，従前馴染んで使っていた言葉がいわゆる「社内用語」であったことに改めて気付いたりしたのも事実です。また，いま「流行り」の横文字の難解な経営用語に流されるのではなく，平易な言葉で分かりやすく表現し理解してもらうことの難しさも実感しました。このような編著の機会をいただきました学習院大学上田隆穂教授には，深く感謝申し上げます。

そして出版に際し，株式会社新世社取締役編集部長御園生晴彦様，編集部菅野翔太様には，レイアウトや原稿の編集・校正等で適切かつ微細な対応をいただきました。大変ありがとうございました。

本書の編集に際し陰ながら応援を賜り，またお忙しい中，最終校にも目を通していただきました，ライオン株式会社相談役濱逸夫様，ならびに代表取締役会長掬川正純様に感謝申し上げます。

最後に，私の経営企画部時代の同僚であり当時様々なご指導をいただき，偶然にも20余年後のこの機会に再び巡り合うこととなりました株式会社新世社代表取締役社長森平敏孝様に，心より感謝申し上げます。

皆様，ありがとうございました。

2023年4月

台東区蔵前のライオン本社にて　榊原　健郎

参考文献

＊文献末尾に数字がついているものは，本文中の脚注番号と対応している。

はじめに

青島矢一著・榊原清則監修（2022）『経営学入門』東洋経済新報社，6 頁。(1)
伊丹敬之・加護野忠男（2022）『ゼミナール経営学入門 新装版』日本経済新聞出版，vii 頁。(2)
青島矢一著・榊原清則監修（2022）前掲書，1 頁。(3)

序章　経営とは

榊原清則（2013）『経営学入門（上）（下）第 2 版』日経文庫。
ライオン株式会社社史編纂委員会（2014）『ライオン 120 年史』ライオン株式会社。
ライオン株式会社（2022）「ライオン統合レポート 2022」。
　https://www.lion.co.jp/ja/ir/library/ar/2022/pdf/ir2022_A3.pdf（閲覧日：2023 年 1 月 31 日）
ライオン株式会社ウェブサイト「会社概要」。
　https://www.lion.co.jp/ja/company/about/（閲覧日：2023 年 5 月 26 日）
ライオン株式会社ウェブサイト「企業情報 ― 企業理念」。
　https://www.lion.co.jp/ja/company/philosophy/（閲覧日：2023 年 5 月 26 日）

第 1 章　経営史とは

1.1
西田幾多郎（1980）『思索と体験』岩波文庫，104–105 頁。(1)
ライオン株式会社社史編纂委員会（2014）『ライオン 120 年史』ライオン株式会社。
佐々木聡（2022）『グラフィック経営史』新世社。
佐々木聡（2022）「日本の卸売企業進化の経営史的検討の試み ―『流通革命』論とチャンドラー所説の再検証 ―」『マーケティング史研究』第 1 巻第 1 号，マーケティング史学会。
1.2
光吉荒次郎編（1902）『商家之友』第 5 号，時事新報社。
加藤直士（1911）『小林富次郎伝』警醒社書店。
ライオン歯磨株式会社社史編纂委員会（1973）『ライオン歯磨 80 年史』ライオン歯磨株式会社。
ライオン油脂株式会社社史編纂委員会（1979）『ライオン油脂 60 年史』ライオン油脂株式会社。
ライオン株式会社社史編纂委員会（1992）『ライオン 100 年史』ライオン株式会社。
ライオン株式会社社史編纂委員会（2014）前掲書，ライオン株式会社。
1.3
光吉荒次郎編（1902）前掲書，時事新報社。
加藤直士（1911）前掲書，警醒社書店。
平尾太郎編（1929）『平尾賛平商店 50 年史』株式会社平尾賛平商店。
小林富次郎編（1935）『歯磨の歴史』株式会社小林商店。
服部之總（1940）『初代長瀬富郎伝』花王石鹸 50 年史編纂委員会。
ライオン歯磨株式会社社史編纂委員会（1973）前掲書，ライオン歯磨株式会社。
ライオン油脂株式会社社史編纂委員会（1979）前掲書，ライオン油脂株式会社。
ライオン株式会社社史編纂委員会（1992）前掲書，ライオン株式会社。
ライオン株式会社社史編纂委員会（2014）前掲書，ライオン株式会社。
1.4
光吉荒次郎編（1902）前掲書，時事新報社。
加藤直士（1911）前掲書，警醒社書店。
平尾太郎編（1929）前掲書，株式会社平尾賛平商店。
小林富次郎編（1935）前掲書，株式会社小林商店。
服部之總（1940）前掲書，花王石鹸 50 年史編纂委員会。
ライオン歯磨株式会社社史編纂委員会（1973）前掲書，ライオン歯磨株式会社。

ライオン油脂株式会社社史編纂委員会（1979）前掲書，ライオン油脂株式会社。
ライオン株式会社社史編纂委員会（1992）前掲書，ライオン株式会社。
ライオン株式会社社史編纂委員会（2014）前掲書，ライオン株式会社。
1.5
光吉荒次郎編（1902）前掲書，時事新報社。
加藤直士（1911）前掲書，警醒社書店。
平尾太郎編（1929）前掲書，株式会社平尾賛平商店。
小林富次郎編（1935）前掲書，株式会社小林商店。
ライオン歯磨株式会社社史編纂委員会（1973）前掲書，ライオン歯磨株式会社。
ライオン油脂株式会社社史編纂委員会（1979）前掲書，ライオン油脂株式会社。
株式会社クラブコスメチックス（1983）『クラブコスメチックス80年史』株式会社クラブコスメチックス。
斎藤毅憲（1983）『上野陽一 ― 人と業績 ―』学校法人産業能率大学。
ライオン株式会社社史編纂委員会（1992）前掲書，ライオン株式会社。
佐々木聡（1998）『科学的管理法の日本的展開』有斐閣。
株式会社クラブコスメチックス（2003）『百花繚乱 クラブコスメチックス百年史』株式会社クラブコスメチックス。
ライオン株式会社社史編纂委員会（2014）前掲書，ライオン株式会社。
1.6
株式会社小林商店（1937）『第39回営業報告書』。
ライオン歯磨株式会社社史編纂委員会（1973）前掲書，ライオン歯磨株式会社。
ライオン油脂株式会社社史編纂委員会（1979）前掲書，ライオン油脂株式会社。
日本歯磨工業会史編纂委員会（1991）『日本歯磨工業会史』日本歯磨工業会。
ライオン株式会社社史編纂委員会（1992）前掲書，ライオン株式会社。
佐々木聡（2007）『日本的流通の経営史』有斐閣。
ライオン株式会社社史編纂委員会（2014）前掲書，ライオン株式会社。
1.7
服部之總（1940）前掲書，花王石鹸50年史編纂委員会。
ライオン歯磨株式会社社史編纂委員会（1973）前掲書，ライオン歯磨株式会社。
K. ウィンナッカー著，児玉信次郎・関英夫・向井幸雄訳（1974）『化学工業に生きる』鹿島研究所出版会。
ライオン油脂株式会社社史編纂委員会（1979）前掲書，ライオン油脂株式会社。
加藤邦興（1980）『化学の技術史』オーム社。
中曽根弓夫（2007）「石鹸・合成洗剤の技術発展の系統化調査」『国立科学博物館　技術の系統化調査報告』第9集。
https://sts.kahaku.go.jp/diversity/document/system/pdf/033.pdf（閲覧日：2023年6月2日）
ライオン株式会社社史編纂委員会（1992）前掲書，ライオン株式会社。
三木春逸・三木晴雄（1992）『石けん屋さんが書いた石けんの本』三水社。
佐々木聡（2007）前掲書，有斐閣。
ライオン株式会社社史編纂委員会（2014）前掲書，ライオン株式会社。
佐々木聡（2016）『産業経営史シリーズ10 石鹸・洗剤産業』日本経営史研究所。
石けん百貨株式会社ウェブサイト「石鹸の製造方法(1) 鹼化法と中和法」。
https://www.live-science.com/honkan/soap/soapmanufact02.html（閲覧日：2023年6月2日）
株式会社大阪エースウェブサイト「石けんはどうやって作られているの？～製造方法について～」。
https://cocoon-soap.com/readpost/00013/(閲覧日：2023年6月2日)
1.8
日本油脂工業会編（1972）『油脂工業史』日本油脂工業会。
ライオン歯磨株式会社社史編纂委員会（1973）前掲書，ライオン歯磨株式会社。
ライオン油脂株式会社社史編纂委員会（1979）前掲書，ライオン油脂株式会社。
荻野圭三（1974）『改訂増補 合成洗剤の知識』幸書房。
中曽根弓夫（2007）前掲書。
ライオン株式会社社史編纂委員会（1992）前掲書，ライオン株式会社。
三木春逸・三木晴雄（1992）前掲書，三水社。
財団法人日本経営史研究所・花王株式会社社史編纂室（1993）『花王史100年（1890～1990年）』花王株

式会社。
佐々木聡（1999）「ライオン油脂における三強政策の展開」『経営論集』第46巻第2号，明治大学経営学研究所。
佐々木聡（2007）前掲書，有斐閣。
ライオン株式会社社史編纂委員会（2014）前掲書，ライオン株式会社。
佐々木聡（2016）前掲書，日本経営史研究所。
1.9
ライオン歯磨株式会社社史編纂委員会（1973）前掲書，ライオン歯磨株式会社。
ライオン油脂株式会社社史編纂委員会（1979）前掲書，ライオン油脂株式会社。
荻野圭三（1974）『改訂増補 合成洗剤の知識』幸書房。
日本石鹸洗剤工業会編（1981）『油脂石鹸洗剤工業史－最近10年の歩み－』日本石鹸洗剤工業会。
日本石鹸洗剤工業会編（1992）『油脂石鹸洗剤工業史－1980年代の歩み－』日本石鹸洗剤工業会。
ライオン株式会社社史編纂委員会（1992）前掲書，ライオン株式会社。
財団法人日本経営史研究所・花王株式会社社史編纂室（1993）前掲書，花王株式会社。
佐々木聡（2007）前掲書，有斐閣。
ライオン株式会社社史編纂委員会（2014）前掲書，ライオン株式会社。
佐々木聡（2016）前掲書，日本経営史研究所。
1.10
日本石鹸洗剤工業会編（1981）前掲書，日本石鹸洗剤工業会。
日本石鹸洗剤工業会編（1992）前掲書，日本石鹸洗剤工業会。
ライオン株式会社社史編纂委員会（1992）前掲書，ライオン株式会社。
日本石鹸洗剤工業会編（2000）『油脂石鹸洗剤工業史－1990年代の歩み－』日本石鹸洗剤工業会。
日本石鹸洗剤工業会編（2011）『油脂石鹸洗剤工業史－2000年代の歩み－』日本石鹸洗剤工業会。
ライオン株式会社社史編纂委員会（2014）前掲書，ライオン株式会社。
佐々木聡（2016）前掲書，日本経営史研究所。
ライオン株式会社ウェブサイト「掬川正純が語るLIONの未来」。
https://www.lion.co.jp/ja/vision2030/future/（閲覧日：2023年6月2日）

第２章　経営戦略とは

ライオン株式会社（2021）「中長期経営戦略フレーム「Vision 2030」策定のお知らせ」。（1）
https://ssl4.eir-parts.net/doc/4912/tdnet/1932886/00.pdf（閲覧日：2023年6月7日）
Porter, M. E.（1980）*Competitive Strategy: Techniques for Analyzing Industries and Competitors*, New York, NY: Free Press.（2）
ライオン歯科衛生研究所ウェブサイト「歯みがき100年物語 歯みがき習慣には欠かせない！洗面所の普及に務めたライオン」。（3）
https://www.lion-dent-health.or.jp/100years/article/familiar/006.htm（閲覧日：2023年3月27日）
Porter, M. E. (1980) *Competitive Strategy: Techniques for Analyzing Industries and Competitors*, New York, NY: Free Press.（4）
Prahalad, C.K., Hamel, G. (1990) "The core competence of the corporation", *Harvard Business Review*, 68 (3), pp.79–91.（5）
Kim, W. C., & Mauborgne, R. (2014) *Blue ocean strategy, expanded edition: How to create uncontested market space and make the competition irrelevant*, Harvard business review Press.（6）
Schumpeter, J. A.著，中山伊知郎・東畑精一訳（1937）『経済発展の理論 企業者利潤・資本・信用・利子および景気の回転に関する一研究』岩波書店。（7）
Chesbrough, H. W. (2006) "The era of open innovation", *Managing innovation and change*, 127(3), pp.34–41.（8）
Teece, D. J., Pisano, G., & Shuen, A. (1997) "Dynamic capabilities and strategic management", *Strategic Management Journal*, 18(7), pp.509–533.（9）

第３章　経営組織とは

Simmel, George. (1955) *Conflict & The Web of Group-Affiliations*, New York: Free Press.（1）
ライオン株式会社社史編纂委員会（2014）『ライオン120年史』ライオン株式会社，349–352頁。（2）
ライオン株式会社社史編纂委員会（2014）前掲書，321–323頁。（3）
ライオン株式会社社史編纂委員会（2014）前掲書，329頁。（4）

ライオン株式会社社史編纂委員会（2014）前掲書，265–266 頁。(5)
Weber, Max. (1968) *Economy and Society*, Berkeley, CA: University of California Press.（6）
ライオン株式会社社史編纂委員会（2014）前掲書，338–340 頁。(7)
Bartlett, Christopher A., and Sumantra Ghoshal. (1989) *Managing Across Borders: The Transnational Solution*, Cambridge, MA: Harvard Business School Press.（8）
ライオン株式会社社史編纂委員会（2014）前掲書，312–314 頁。(9)
ライオン株式会社社史編纂委員会（2014）前掲書，342–343 頁。(10)
ライオン株式会社社史編纂委員会（2014）前掲書，306–307 頁。(11)

第４章　マーケティングとは

今井秀之（2016）「ブランディングを成功させる：ブランド価値評価指標の活用」朝野熙彦編『マーケティング・サイエンスのトップランナーたち：統計的予測とその実践事例』東京図書株式会社，210–233 頁。
上田隆穂・澁谷覚・西原彰宏（2020）『グラフィック マーケティング』新世社。(1，2，3，4)
花王ミュージアム・資料室編（2012）『花王 120 年』花王株式会社。
小林喜一編（1951）『小林富次郎傳』ライオン歯磨株式会社。
小林富次郎編（1935）『歯磨の歴史』株式会社小林商店。
日経クロストレンド 2018 年 11 月号「決断の裏側：成功企業の選択と挫折の軌跡」，2–5 頁。
日経 TRENDY 2018 年 3 月号「技あり！仕事人 第 64 回新習慣の仕掛け人 社内外で「仲間」を増やして大局観を持った戦略を立てる」，140–141 頁。
日経ビジネス 2003 年 12 月 15 日号「あなたの知らないヒット商品 流行の法則 2　3 つの S（surprise scene segment）で消費者をつかめ」，34–37 頁。
日経ビジネス 2004 年 6 月 28 日号「化粧品・日用品 安売り店が続々開店 カネボウ再生後に一波乱」，155 頁。
日経ビジネス 2017 年 3 月 20 日号「企業研究 Vol.112 ライオン（日用品）組織変えず魂を覚醒」，88–91 頁。
日経ビジネス 1981 年 9 月 21 日号「ニューズレター マーティング」，170 頁。
ライオン株式会社社史編纂委員会編（1992）『ライオン 100 年史』ライオン株式会社。
ライオン株式会社社史編纂委員会編（2014）『ライオン 120 年史』ライオン株式会社。
ライオン歯磨株式会社社史編纂委員会（1973）『ライオン歯磨 80 年史』ライオン歯磨株式会社。
ITmedia ビジネスオンラインウェブサイト「「1 日 3 回」が歯磨き粉市場に起こした“大逆転”とは？ ライオンがしかけた啓蒙マーケティングのすごみ」。
https://www.itmedia.co.jp/business/articles/2103/26/news012.html（閲覧日：2023 年 6 月 7 日）
株式会社幸書房ウェブサイト「ライオンがオーラルケアセミナーを開催」。
http://www.saiwaishobo.co.jp/yushi/?time=20140310095831JST&&fnum=2014&&cate[]=1（閲覧日：2023 年 6 月 7 日）
株式会社幸書房ウェブサイト「ライオンが「クリニカ」オーラルケアセミナーを開催」。
http://www.saiwaishobo.co.jp/yushi/?time=20150318134532JST&&fnum=2015&&cate[]=0（閲覧日：2023 年 6 月 7 日）
株式会社幸書房ウェブサイト「ライオンが「クリニカ Kid's」をリステージ 0 才からの予防歯科の実践，習慣化へ」。
http://www.saiwaishobo.co.jp/yushi/?time=20170119110900JST&&fnum=2017&&cate[]=0（閲覧日：2023 年 6 月 7 日）
株式会社幸書房ウェブサイト「花王がライフステージに合わせたオーラルケアを提案」。
http://www.saiwaishobo.co.jp/yushi/?time=20130527114732JST&&fnum=2013&&cate[]=0（閲覧日：2023 年 6 月 7 日）
日本マーケティング協会ウェブサイト。
https://www.jma2-jp.org/jma/aboutjma/jmaorganization（閲覧日：2023 年 6 月 7 日）
ライオン株式会社ウェブサイト。
https://www.lion.co.jp/ja/（閲覧日：2023 年 6 月 7 日）
ライオン株式会社ブランド「クリニカ」のウェブサイト。
https://clinica.lion.co.jp/（閲覧日：2023 年 6 月 7 日）

第５章　グローバル・ビジネスとは

大石芳裕（2008）「グローバル・マーケティングの展望」日本商業学会『流通研究』第 11 巻第 2 号，39–54 頁。

新宅純二郎（2009）「新興国市場開拓に向けた日本企業の課題と戦略」『JBIC 国際調査室報』第 2 号，53–66 頁。

Christensen C. M. (1997) *The Innovator's Dilemma: When New Technologies Cause Great Firms to Fail*, Harvard Business School Press.（玉田俊平太監修，伊豆原弓訳（2001）『イノベーションのジレンマ－技術革新が巨大企業を滅ぼすとき』翔泳社）(2)

Hymer, S. (1960) *The international operations of national firms, a study of direct foreign investment*, Ph.D Dissertation, The MIT Press.（宮崎義一編訳（1979）『多国籍企業論』岩波書店）(1)

経済産業省（2015）『第 45 回海外事業活動基本調査』。

財務省（2015）『対外・対内直接投資の推移』。

Fortune (2022) *Fortune Global 500*.

IMF (2023) *World Economic Outlook 2023*.

第６章　イノベーション・マネジメントとは

ライオン株式会社ウェブサイト「トップ」。(1)
https://top.lion.co.jp/(閲覧日：2023 年 6 月 8 日)

ライオン株式会社ウェブサイト「歯みがき 100 年物語」。(2)
https://www.lion-dent-health.or.jp/100years/(閲覧日：2023 年 6 月 8 日)

ライオン株式会社ウェブサイト「製品 Q&A」。(3)
https://faq.lion.co.jp/?page=2000（閲覧日：2023 年 6 月 8 日）

提示する各事例は，ライオン株式会社社史編纂委員会（2014）『ライオン 120 年史』ライオン株式会社に依拠している。(4)

榎啓一・工藤秀雄（2015）「i モード開発プロジェクト：プロジェクト統括者の視点から」『日本情報経営学会誌』Vol.36, No.1, 33–40 頁。

一橋大学イノベーション研究センター編（2017）『イノベーション・マネジメント入門 第 2 版』日本経済新聞出版社。

井上義朗（2004）『コア・テキスト 経済学史』新世社。

近能善範・高井文子（2019）『コア・テキスト イノベーション・マネジメント』新世社。

ライオン株式会社社史編纂委員会（2014）『ライオン 120 年史』ライオン株式会社。

Schumpeter, J.A. (1934) *The Theory of Economic Development: An Inquiry into Profits, Capital, Credit, Interest and the Business Cycle*, Harvard University Press.（塩野谷祐一・中山伊知郎・東畑清一訳（1977）『経済発展の理論：企業者利潤・資本・信用・利子および景気の回転に関する一研究』岩波書店）

第７章　経営情報システムとは

島田達巳・高原康彦（2007）『経営情報システム』日科技連。

宮川公男・上田泰編著（2014）『経営情報システム』中央経済社。

M. ハマー, J. チャンピー著，野中郁次郎監訳（2002）『リエンジニアリング革命：企業を根本から変える業務革新』日経ビジネス人文庫。

経営情報学会情報システム発展史特設研究部会編（2010）『明日の IT 経営のための情報システム発展史 総合編』専修大学出版局。

経済産業省（2018）「DX レポート～IT システム『2025 年の崖』の克服と DX の本格的な展開～」。

経済産業省（2020）「DX レポート 2」。

ライオン株式会社社史編纂委員会編（2014）『ライオン 120 年史』ライオン株式会社。

第８章　流通論とは

東伸一・三村優美子・懸田豊・金雲鎬・横山斉理（2022）『流通と商業データブック－理論と現象から考える－』有斐閣。

榊原健郎（2010）『マーケティング・チャネル政策の再構築』唯学書房。

佐々木聡（1999）「ライオン油脂における三強政策の展開」『経営論集』第 46 巻第 2 号，明治大学経営学研究所。

鈴木安昭・田村正紀（1980）『商業論』有斐閣，64–66 頁。(2)

鈴木安昭著，東伸一・懸田豊・三村優美子補訂（2016）『新・流通と商業［第6版］』有斐閣，4–5頁。（1）
鈴木安昭著，東伸一・懸田豊・三村優美子補訂（2016）前掲書，161–163頁。（3）
鈴木安昭著，東伸一・懸田豊・三村優美子補訂（2016）前掲書，224–226頁。（5）
孫一善（1993）「高度成長期における流通システムの変化ー石鹸・洗剤工業を中心にー」『経営史学』第27巻第4号，経営史学会，43–44頁。（10）
田村正紀（2001）『流通原理』千倉書房。
日経ＭＪ（流通新聞）2019年8月21日号。（4）
ライオン歯磨とライオン油脂の合併により1978年にライオン製品株式会社が誕生したため，戦前からのライオン歯磨の卸店組織「ライオン会」とライオン油脂の卸店会「ライオン石鹸会」を発展的に解消し，1978年に新たな卸店組織「ライオン会」を立ち上げた。ライオン株式会社社史編纂委員会編（2014）『ライオン120年史』ライオン株式会社，100頁。（6）
ライオン株式会社社史編纂委員会編（2014）『ライオン120年史』ライオン株式会社，241頁。（7）
ライオン株式会社ウェブサイト「卸店との連携」。（7）
https://www.lion.co.jp/ja/sustainability/businesscustom/distributor/（閲覧日：2023年6月30日）
日経NEEDS業界解説レポート「日用品・生活用品卸」（2023年6月12日）。（8）
小林哲・南知惠子（2004）『流通・営業戦略』有斐閣，39–42頁。（9）
矢作敏行（1996）『現代流通』有斐閣，67–69頁。（9）
ライオン株式会社社史編纂委員会編（2014）前掲書，78頁。（11）
日本経済新聞2023年7月19日号「ライオンなど10社が連合　荷下ろし4割短縮　24年問題で」。（12）

第９章　ヒューマン・リソース・マネジメントとは

Devanna, M. A., Fombrun, C. J. and Tichy, N. M. (1984) “A Framework for Strategic Human Resource Management”, Fombrun, C. J. Tichy, N. M. and Devanna, M. A., *Strategic Human Resource Management*, John Wiley and Sons, pp.33–51.
竹内規彦（2017）「戦略的人的資源管理研究における従業員モチベーション」『日本労働研究雑誌』684，4–15頁。
ライオン株式会社ウェブサイト「従業員とともに」。
https://www.lion.co.jp/ja/sustainability/employee/（閲覧日：2022年12月1日）
Ulrich, D. (1997) *Human resource champions*, Harvard Business School Press.（梅津祐良訳（1997）『MBAの人材戦略』日本能率協会マネジメントセンター）（1）
厚生労働省「新規学卒者の離職状況」。
https://www.mhlw.go.jp/stf/seisakunitsuite/bunya/0000137940.html（閲覧日：2022年12月2日）
島貫智行（2022）「人的資源管理とは何か」西村孝史・島貫智行・西岡由美編著『1からの人的資源管理』碩学舎，1–14頁。
西村孝史（2023）「昇進管理と異動・配置」守島基博・島貫智行編著『グラフィック ヒューマン・リソース・マネジメント』新世社，123–142頁。
ライオン株式会社ウェブサイト「人材開発」。
https://www.lion.co.jp/ja/sustainability/employee/development/（閲覧日：2022年12月1日）
西岡由美（2022）「社員区分制度と社員格付け制度」西村孝史・島貫智行・西岡由美編著『1からの人的資源管理』碩学舎，43–57頁。
日本生産性本部（2017）『第15回 日本的雇用・人事の変容に関する調査報告 日本的雇用・人事システムの現状と課題 2016年度調査版』生産性出版。
濱口桂一郎（2021）『ジョブ型雇用とは何か：正社員体制の矛盾と転機』岩波新書。
労務行政（2014）「社員の行動変容につなげるため，積極的なチャレンジを高くする制度に」『労政時報』3876号（2014年10月24日），47–58頁。
金井壽宏（2005）『リーダーシップ論』日本経済新聞社。（2）
労務行政（2022）「ライオン 管理職を対象に，社内での関係性のリデザインを図る「関係性向上プログラム」を実施」『労政時報』4036号（2022年6月10日），92–101頁。
藤村直子（2021）「リモート前後の新入社員に聞く，入社1年目オンボーディング実態調査」リクルートマネジメントソリューションズ『RMS message』No,63，23–30頁。
Methot, J. R., Rosado-Solomon, E. H., Downes, P. E., & Gabriel, A. S. (2021). “Office chitchat as a social ritual: The uplifting yet distracting effects of daily small talk at work”, *Academy of Management Journal*, 64(5), pp.1445–1471.

第 10 章　企業会計とは

伊藤邦雄（2022）『新・現代会計入門 第 5 版』日本経済新聞出版。
桜井久勝（2023）『財務会計講義 第 24 版』中央経済社。
桜井久勝・須田一幸（2023）『財務会計・入門 第 16 版』有斐閣アルマ。
岡本清（2000）『原価計算 6 訂版』国元書房。
ペイトン・リトルトン著，中島省吾訳（1958）『会社会計基準序説』森山書店。
アメリカ会計学会編，飯野利夫訳（1969）『基礎的会計理論』国元書房。

第 11 章　経営財務とは

境睦・落合孝彦（2019）『グラフィック経営財務』新世社。
ライオン株式会社（2022）「ライオン統合レポート 2022」。
https://www.lion.co.jp/ja/ir/library/ar/2022/pdf/ir2022_A3.pdf（閲覧日：2023 年 1 月 31 日）
ライオン株式会社「有価証券報告書」2017～2021 年版。
ライオン株式会社（2022）「LION's SUSTAINABILITY 2022」。
https://www.lion.co.jp/ja/sustainability/report/pdf/lions-sdgs-2022.pdf（閲覧日：2023 年 6 月 29 日）
ライオン株式会社（2022）「中期経営計画『Vision2030 1st STAGE』策定のお知らせ」。
https://www.nikkei.com/nkd/disclosure/tdnr/dd4541/（閲覧日：2023 年 6 月 29 日）

第 12 章　経営統計とは

森治憲（2020）『グラフィック経営統計』新世社。
倉田博史・星野崇宏（2009）『入門統計解析』新世社。
竹村彰通（2020）『現代数理統計学』学術図書出版社。
ライオン株式会社（2022）「ライオン統合レポート 2022」。
https://www.lion.co.jp/ja/ir/library/ar/2022/pdf/ir2022_A3.pdf（閲覧日：2023 年 1 月 31 日）

索　引

さ　行

た　行

な　行

や　行

ら　行

わ　行

数字・欧字

編者紹介

上田　隆穂（うえだ　たかほ）

学習院大学経済学部教授

1978年　東京大学経済学部卒業。1978～1980年　東亜燃料工業株式会社（現・ENEOS株式会社）勤務。1985年　一橋大学大学院商学研究科博士課程単位取得退学。2000年　博士（経営学）（学習院大学）。

主な著書に『マーケティング価格戦略』（単著，1999年）有斐閣，『グラフィック マーケティング』（共著，2020年）新世社。

榊原　健郎（さかきばら　たけお）

ライオン株式会社　アドバイザー・学習院大学経済学部非常勤講師

コマニー株式会社　社外取締役・オイレス工業株式会社　社外監査役・株式会社DACホールディングス　顧問

1983年　学習院大学経済学部卒業。同年ライオン株式会社入社，経営企画部長，リビングケア事業部長，執行役員ヘルスケア事業本部長，執行役員兼ライオン商事株式会社（現・ライオンペット株式会社）代表取締役社長を経て，2016～2022年　取締役上席執行役員。1991年　慶應義塾大学大学院経営管理研究科修士課程修了（経営学修士）。2009年　千葉商科大学大学院政策研究科博士課程修了（博士（政策研究））。

主な著書に『マーケティング・チャネル政策の再構築』（単著，2010年）唯学書房，『ケースに学ぶマーケティング』（分担執筆，2015年）有斐閣。

執筆者紹介【担当章順】

はじめに　上田　隆穂（うえだ　たかほ）　学習院大学経済学部教授（編者）

序　　章　榊原　健郎（さかきばら　たけお）　ライオン株式会社　アドバイザー（編者）

第 1 章　佐々木　聡（ささき　さとし）　明治大学経営学部教授

第 2 章　深見　嘉明（ふかみ　よしあき）　東京理科大学経営学部准教授

第 3 章　中野　勉（なかの　つとむ）　青山学院大学大学院国際マネジメント研究科教授

第 4 章　西原　彰宏（にしはら　あきひろ）　亜細亜大学経営学部准教授

第 5 章　井上　真里（いのうえ　まさと）　中央大学商学部教授

第 6 章　工藤　秀雄（くどう　ひでお）　西南学院大学商学部教授

第 7 章　河合亜矢子（かわい　あやこ）　学習院大学経済学部教授

第 8 章　伊藤　匡美（いとう　まさみ）　亜細亜大学経営学部教授

第 9 章　西村　孝史（にしむら　たかし）　東京都立大学経済経営学部准教授

第 10 章　大塚　成男（おおつか　しげお）　熊本学園大学大学院会計専門職研究科教授

第 11 章　落合　孝彦（おちあい　たかひこ）　多摩大学経営情報学部教授
境　睦（さかい　むつみ）　桜美林大学大学院国際学術研究科教授

第 12 章　森　治憲（もり　はるのり）　東京都立大学経済経営学部教授

あとがき　榊原　健郎

グラフィック経営学ライブラリー1
グラフィック　**経営学入門**

2023年9月25日 ©　　初　版　発　行

編著者　上田隆穂　　発行者　森平敏孝
　　　　榊原健郎　　印刷者　小宮山恒敏

【発行】　　株式会社　**新世社**
〒151-0051　東京都渋谷区千駄ヶ谷1丁目3番25号
編集☎(03)5474-8818(代)　　サイエンスビル

【発売】　　株式会社　**サイエンス社**
〒151-0051　東京都渋谷区千駄ヶ谷1丁目3番25号
営業☎(03)5474-8500(代)　振替　00170-7-2387
FAX☎(03)5474-8900

印刷・製本　小宮山印刷工業(株)
《検印省略》

ISBN 978-4-88384-374-9
PRINTED IN JAPAN

サイエンス社・新世社のホームページのご案内
https://www.saiensu.co.jp
ご意見・ご要望は
shin@saiensu.co.jp　まで.